中國學術思想 研究輯刊

十二編

林慶彰 主編

第 **39** 冊

朱熹對道家評論之研究

江右瑜 著

花木蘭文化出版社

國家圖書館出版品預行編目資料

朱熹對道家評論之研究／江右瑜 著 — 初版 — 新北市：花木
蘭文化出版社，2011〔民 100〕
目 4+184 面；19×26 公分
（中國學術思想研究輯刊 十二編：第 39 冊）
ISBN：978-986-254-679-6（精裝）
1.（宋）朱熹　2.學術思想　3.道家
030.8　　　　　　　　　　　　　　　　　　100016076

ISBN-978-986-254-679-6

中國學術思想研究輯刊
十二編　第三九冊　　　　　　ISBN：978-986-254-679-6

朱熹對道家評論之研究

作　　　者　江右瑜
主　　　編　林慶彰
總 編 輯　杜潔祥
出　　　版　花木蘭文化出版社
發 行 所　花木蘭文化出版社
發 行 人　高小娟
聯絡地址　新北市永和區中正路五九五號七樓
　　　　　　電話：02-2923-1455 ／傳眞：02-2923-1452
網　　　址　http://www.huamulan.tw 信箱 sut81518@gmail.com
印　　　刷　普羅文化出版廣告事業
封面設計　劉開工作室
初　　　版　2011 年 9 月
定　　　價　十二編 55 冊（精裝）新台幣 90,000 元

朱熹對道家評論之研究

江右瑜　著

作者簡介

江右瑜，臺灣省彰化縣人。國立彰化師範大學國文系博士。現為台中教育大學兼任助理教授。

提　　要

　　儒、釋、道三教交互的融攝交鋒是宋代學術的特色，也是宋代理學形成的原因之一，然以捍衛儒學為首要任務的理學家，處在此氛圍下，又無法置外於時代風潮時，將如何安頓儒、道間的衝突？本論文則取朱熹，作為理學家處理儒、道問題之代表。

　　此處論文題目「道家」是取廣義之意，包含老、莊以迄道教等。本論文共七章，架構上可分兩部分，二、三、四章為分論，各針對朱熹對老子、莊子及道教的進行評論；五、六章則為綜論，分別對「道與釋」、「道與儒」的相關問題進行分梳。

　　由本論文的研究可知：朱熹認為道家之所以為異端，其弊病即在於道體及工夫兩方面。道家不識道德實理，是對道的誤解，而無成德的格物工夫更是道家主要的弊病。至於朱熹較稱許處為道家的養生之法，但此部分仍只有消極的認可，而無積極的肯定；至於道家人物的評價上，朱熹明顯對於老子的批評較莊子為嚴厲，甚至提到「莊子承自子夏」的說法；再者，詳考辨是朱熹對古籍的一貫態度，其對道家經典亦不偏廢，對於道家丹書，亦頗多涉獵。朱熹對道家的評論，有批判處，亦有讚許處，但大體上朱熹仍是以儒家的本位批評道家，以儒家仁義道德的內涵作為評論道家之判準。

目

次

第一章 緒 論

第一節 問題之提出

一、時代背景概述

　　魏晉以來儒、道、釋三家的思想互有消長，北宋時，釋、道二家的影響甚至凌駕於儒學之上，朱熹就曾感慨「今老、佛之宮遍滿天下，大郡至踰千計，小邑亦或不下數十，而公私增益，其勢未已。至於學校，則一郡一縣僅一置焉，而附郭之縣或不復有。其盛衰多寡之相絕至於如此，則於邪正利害之際亦已明矣。」〔註1〕而在其重整白鹿洞書院時亦稱：「此山老、佛之祠蓋以百數，兵亂之餘，次第興葺，鮮不復其舊者，獨此儒館莽爲荊榛。」〔註2〕可見當時釋、道二家的勢力遠盛於儒學。

　　在學術思潮上，承續於唐代的儒學復興運動，排道、釋，立道統成爲宋代儒者的主要課題。北宋初期，由於政治上採用三教並用的政策，〔註3〕「三

〔註1〕 〔宋〕朱熹：《朱熹集》（北京：四川教育出版社，1996年）（二）卷十三〈延和奏箚七〉，頁531。

〔註2〕 《朱熹集》（二）卷十六〈繳納南康任滿合奏稟事件狀・四〉，頁646。此篇名〈乞百鹿洞書狀〉。

〔註3〕 北宋君王對儒、道、釋三家皆採寬容並存的態度，比如太宗時，一方面大修宮觀，另一方面亦重開譯經院，崇尚釋教。眞宗時，三教的思想達到高峰，眞宗作《崇儒術論》（見《宋史》〈本紀第八〉〔臺北：鼎文書局，1978年〕，頁152。）；又作〈崇釋論〉，謂「釋氏戒律之書與周、孔、荀、孟，跡異道同。」（見李燾：《續資治通鑑長編》〔臺北：世界書局，1974年〕卷四十五，頁6。）

教並崇」成為當時士大夫的主要風貌，其間雖有孫復、胡瑗、石介等人大力提倡儒學，但多由倫理上批道、釋，大體仍未脫韓愈的論點；直至張載、二程之學興起，儒學復興的思潮始進入一個新的階段。〔註4〕此時經由儒學內部的自省轉化，與魏晉以來儒、道、釋三家長期的交互衝擊和融攝，學術思想正走向一個整合、深化的過程。儒學一方面融攝道、釋二家的長處，另一方面也對道、釋二家提出了本質上的批判。

處於宋初「三教並崇」的學術氛圍下，當時理學家多有出入道、釋的學習經驗，如張載曾「訪諸釋、老之書，累年盡究其說，知無所得，反而求之《六經》」。〔註5〕伊川作〈明道先生行狀〉時亦云：「先生為學：自十五六時，聞汝南周茂叔論道，遂厭科舉之業，慨然有求道之志。未知其要，泛濫於諸家，出入於老、釋者幾十年，返求諸《六經》而後得之。」〔註6〕朱熹為學的歷程中，早年亦曾出入釋、老，遇延平後始盡棄其學，專務孔、孟聖賢之道。〔註7〕這些出入道、釋的經歷，使得理學家們對道、釋二家的思想有相當的了解，「闢異端」時也就較能扣緊思想理論的核心進行本質上的批判，朱熹即曾反省了前人排道、釋之缺失曰：

> 韓退之、歐陽永叔所謂扶持正學，不雜釋、老者也。然到得緊要處，
> 更處置不行，更說不去。便說得來也拙，不分曉。緣他不曾去窮理，
> 只是學作文，所以如此。（《朱子語類》（八）卷一三七，頁3276。）

朱熹所謂的「要緊處」即是「理」，指的即是儒學與道、釋本質上的差異。韓愈、歐陽修雖也主張尊儒學，排道、釋，但他們未能深入道、釋的思想，去

並利用「天書下降」及「神人降言」的神蹟，鞏固政權，亦使道教的勢力大興（見李燾《續資治通鑑長編》）。直至徽宗時，儒學黨爭未息，佛教又被視為「夷狄之教」，道教於政治上的勢力始一枝獨秀。

〔註4〕 徐洪興：《思想的轉型──理學發生過程研究》（上海：上海人民出版社，1996年）一書中，將北宋排佛、道思潮分為兩期，其曰：「前期一般以宋仁宗慶曆之際的孫復、石介、歐陽修、李覯為代表，此期批判的重點較多地是契于『用』這個層面，理論的突破有一些但不多；後期則以宋神宗熙豐前後的張載、二程等理學家為代表，其批判的重點轉移到了心性道德即『體』的層面，故理論突破較多。」（頁143）

〔註5〕 〔宋〕張載：《張載集》（臺北：漢京文化事業公司，1983年。）〈呂大臨橫渠先生行狀〉，頁381。

〔註6〕 〔宋〕程顥、程頤：《二程集》（臺北：漢京文化事業公司，1983年。）（一）〈河南程氏文集卷第十一·明道先生行狀〉，頁638。

〔註7〕 關於朱熹出入釋、老的學習歷程，將於下小節中予以說明。

進行理論基礎上的批駁，使得闢異端止於書面工夫。朱熹標舉出「理」，作爲正統與異端的主要區別，意味著朱熹時對道、釋兩家的批評，已走向一種思想本質上的深入探討與批評。

二、朱熹思想之發展與轉變

（一）早年出入道、釋的情形

朱熹與道家的關係，受其早年的學習經歷影響很大。朱熹生於宋高宗建炎四年（西元 1130 年），卒於光宗慶元六年（西元 1200 年）。其一生的學術宏大廣博，思想的形成與發展屢經曲折。朱熹早年受學於家庭，其父朱松（韋齋先生）曾師事羅從彥（豫章先生），以二程之學親授熹，並及於文、史各類。〔註 8〕十四歲時韋齋死，朱熹承父命受學於劉子翬（字彥沖，世稱屏山先生）、劉勉之（字侄中，世稱白水先生）及胡憲（字原仲，號籍溪先生）三家，《朱子年譜》載：

> 當韋齋疾革時，手自爲書，以家事屬少傅劉公子羽，而訣於籍溪胡憲原仲、白水劉勉之致中、少傅之弟屏山劉子翬彥沖。且顧謂先生曰，此三人者，吾友也，學有淵源，吾所敬畏，吾即死，汝往父事之，而唯其言之聽。〔註 9〕

三先生待朱熹如子姪，白水並以其女妻之。然不數年，二劉公相繼下世，獨事籍溪胡公最久。韋齋及三先生之學大體皆爲二程之再傳或三傳，〔註 10〕基本上雖爲儒家，但又同好佛、老，朱熹即曾回憶言：

> 初師屏山籍溪。籍溪學於文定，又好佛、老；以文定之學爲論治道

〔註 8〕朱熹曾云：「紹興庚申，熹年十一歲，先君罷官行朝，來寓建陽登高丘氏之居。暇日，手書此賦以授熹，爲說古今成敗興亡大致，慨然久之。」（見《朱熹集》（九）續集卷八，〈跋韋齋書昆陽賦〉，頁 5291。）又云：「熹年十三四時，受其（二程）說於先君，未通大義而先君棄諸孤。」（見《朱熹集》（七）卷七十五〈論語要義目錄序〉，頁 3924。）可知其父所授之學廣泛，除了二程之學外，亦包括詩賦等方面。

〔註 9〕王懋竑：《宋・朱子年譜》（臺北：臺灣商務印書館，1987 年）卷一上，頁 3。

〔註 10〕《宋元學案》中云：「白水、籍溪、屏山三先生，晦翁所嘗師事也。白水師元城，兼師龜山；籍溪師武夷，又與白水同師譙天授；獨屏山不知師。三家之學略同，然似皆不能不雜於禪，故五峰所以規籍溪者甚詳。」見〔清〕黃宗羲著，全祖望補修：《宋元學案》（臺北：華世出版社，1987 年）（三）卷四十三〈劉胡諸儒學案〉，頁 1395。

則可，而道未至。然於佛、老亦未有見。屏山少年能爲舉業，宦莆田，接塔下一僧，能入定數日。後乃見了老，歸家讀儒書，以爲與佛合，故作〈聖傳論〉。其後屏山先亡，籍溪在。某自見於此道未有所得，乃見延平。（《朱子語類》（七）卷一○四，頁 2619。）

又云：

先君子少日喜與物外高人往還。（《朱熹集》（七）卷八十四〈書先吏部與淨悟書後〉，頁 4344。）

可知朱熹的父親與三先生雖有伊洛淵源，但未見有深刻體會，且其皆興趣廣泛，亦頗好佛、老二家，不執於一家一派。朱熹受其影響，早年曾「出入釋、老」，其曰：

熹天資魯鈍，自幼記問言語不能及人。以先君子之餘誨，頗知有意於爲己之學，而未得其處，蓋出入於釋、老者十餘年。近歲以來，獲親有道，始知所向之大方。〔註11〕

又云：

某舊時亦要無所不學，禪、道、文章、楚辭、詩、兵法，事事要學，出入時無數文字，事事有兩冊。一日忽思之曰：「且慢，我只一箇渾身，如何兼得許多！」自此逐時去了。大凡人知箇用心處，自無緣及得外事。（《朱子語類》（七）卷一○四，頁 2620。）

朱熹自述早年的學習經歷是出入釋、老，廣涉文史百家，當時詩文中亦不時顯露道、釋同參的思想，〔註12〕並已涉獵於《參同契》，〔註13〕這些早年的學習經歷對朱熹的思想影響甚大。劉述先曾對此做一說明，茲節錄於下，以爲

〔註11〕《朱熹集》（三）卷三十八〈答江元適〉，頁 1727。關於此文，王懋竑《宋·朱子年譜》以爲作於甲申年，錢穆據夏炘的考據，認爲應成於癸未年，爲延年死前一年，時朱熹三十四歲。參見王懋竑《宋·朱子年譜》卷一上，頁 23。及錢穆《朱子新學案》（臺北：三民書局，1989 年）（三）〈朱子從遊延年始末〉，頁 5。

〔註12〕如《朱熹集》中〈宿武夷觀妙堂二首〉、〈久雨齋居誦經〉、〈讀道書作六首〉等詩皆作於此時。由於相關的資料甚多，此處不擬贅述，詳細說明參見錢穆《朱子新學案》（三）〈朱子從遊延年始末〉一章。

〔註13〕《朱熹集》（七）卷八十四〈題袁機仲所校參同契後〉，頁 4361。云：「予頃年經行順昌，憩篔簹鋪，見有題『煌煌靈芝，一年三秀。予獨何爲？有志不就』之語於壁間者……慶元丁巳八月七日，再過其處，舊題固不復見，而屈指歲月，忽忽餘四十年，此志眞不就矣。道間偶讀此書，并感前事，戲題絕句：『鼎鼎百年能幾時？靈芝三秀欲何爲？金丹歲晚無消息，重歎篔簹壁上詩。』」慶元丁巳年朱熹已六十八歲，可知其二十餘歲時即有志於《參同契》一書。

此時期思想的一個總結：

> 實則朱子雖則對他少年所學不甚滿意，但這一個時期對他的思想的
> 潛在的影響是不可忽視的。他早年曾經好道，晚年注《參同契》，此
> 乃是一例。朱子論《易》，兼重義理象數，或者也可能是受到少年時
> 代的影響。他十九歲時用禪家語入應試文，後來乃感覺到禪是彌近
> 理而大亂眞，因而形成諸多忌諱，這些都不能不說是對他少年時的
> 體會的一種反激。〔註14〕

（二）思想的轉變與形成

及至往見李延平，朱熹的學術始爲轉變。高宗紹興二十三年（西元 1153
年），朱熹二十四歲初見延平，但並未拜師，五年後戊寅春再訪，直至三十一
歲時始正式受學，紹興三十二年重謁，次年興隆元年（西元 1163 年）延平即
作古，是時朱熹三十四歲。十一年間四謁延平，遂使朱熹「盡棄所學而師事
焉」。〔註15〕

李延平，師承羅豫溪，屬龜山道南一脈，與韋齋爲同門。《朱子年譜》曰：

> 李先生諱侗，字愿中，受學羅公，實得其傳，同門皆以爲不及。然
> 樂道不仕，人罕知之。沙縣鄧迪天啓嘗曰：愿中如冰壺秋月，瑩澈
> 無瑕。韋齋深以爲知言。先生少耳熟焉。至是將赴同安，特往見之。
>
> 〔註16〕

朱熹往見延平，與庭訓有關。韋齋與延平同爲豫溪門生，但延平較得羅公之
學。朱熹少時常聽父親提起，後將去同安赴任時，即往見延平。至於延平的
爲學特色，《宋元學案》云：

> 其始學也，默坐澄心，以驗夫喜怒哀樂未發之前氣象爲何如。久之，

〔註14〕 劉述先：《朱子哲學思想的發展與完成》（臺北：臺灣學生書局，1995 年），頁
　　　　 6。且劉氏又說明朱熹出入佛、老的經歷並不影響其學習儒學，其曰：「朱子從
　　　　 十幾歲時起即留意於禪，但無一日不讀儒書。由此可見他並沒經歷一個階段專
　　　　 崇佛、老貶低儒學。他只是好同惡異，看不到兩者之間的分疏罷了。」（頁13）
〔註15〕 趙師夏〈跋延平答問〉云：「文公幼孤，從屏山劉公學問。及壯，以父執事延
　　　　 平而已。至於論學，蓋未之契，而文公每誦其所聞，延平亦莫之許也。文公
　　　　 領簿同安，反復延平之言，若有所得，於是盡棄所學而師事焉。」轉引自錢
　　　　 穆《朱子新學案》（三）〈朱子從遊延年始末〉頁 2。趙師夏爲朱熹門生，字致
　　　　 道。亦爲朱熹之孫婿，其師事朱熹甚晚，但爲期頗長。此處參考陳榮捷：《朱
　　　　 子門人》（臺北：臺灣學生書局，1982 年），頁 293。
〔註16〕 《宋·朱子年譜》卷一上，頁 8。

而知天下之大本眞在乎是也。既得其本，則凡出于是者，雖品節萬
殊，曲折萬變，莫不該攝洞貫，以次融釋，各有條理，如川流脈絡
之不可亂。大而天地之所以高厚，細而品彙之所以化育，以至經訓
之微言，日用之小物，玩之于此，無一不得其衷焉。由是操存益固，
涵養益熟，泛應曲酬，發必中節。〔註17〕

延平之學重視體驗踐履，「默坐澄心」、「操存涵養」爲其主要思想。其與先前
三先生之學風迥然不同，因此朱熹初見延平時，延平對其學頗不認可，朱熹
亦對延平存有質疑，《朱子語類》中載：

某年十五六時，亦嘗留心於此（禪）。一日在病翁所會一僧，與之語。
其僧只相應和了說，也不說是不是；卻與劉說，某也理會得箇昭昭
靈靈底禪。劉後說與某，某遂疑此僧更有要妙處在，遂去扣問他，
見他說得也煞好。及去赴試時，便用他意思去胡說。是時文字不似
而今細密，由人粗說，試官爲某說動了，遂得舉。（時年十九。）後
赴同安任，時年二十四五矣，始見李先生。與他說，李先生只說不
是。某卻倒疑李先生理會此未得，再三質問。李先生爲人簡重，卻
是不甚會說，只教看聖賢言語。某遂將那禪來權倚閣起。意中道，
禪亦自在，且將聖人書來讀。讀來讀去，一日復一日，覺得聖賢言
語漸漸有味。卻回頭看釋氏之說，漸漸破綻，罅漏百出！（《朱子語
類》（七）卷一〇四，頁2620。）

延平對朱熹早年出入佛、老的進路頗不以爲然，朱熹反倒疑延平不識妙理。
可見初次的相會，兩人並不契合。在那次的會談中，延平只教朱熹讀聖賢書，
做日用間的著實工夫。〔註18〕別後朱熹順從延平之意而把禪擱下，專心於儒
學。之後幾年，其學漸漸轉變，逐漸無意於折衷老、佛之學，〔註19〕而歸嚮

〔註17〕《宋元學案》（三）卷三十九〈豫章學案〉，頁1278。
〔註18〕《朱子語類》（七）卷一百一，頁2568。云：「某舊見李先生時，說得無限道
理，也曾去學禪。李先生云：『汝恁地懸空理會得許多，而面前事卻又理會不
得！道亦無玄妙，只在日用間著實做工夫處理會，便自見得。』後來方曉得
他說，故今日不至無理會耳。」
〔註19〕《朱熹集》（一）卷二〈示諸同志〉，頁66。詩云：「深慚未聞道，折衷非所寧。
眷焉撫流光，中夜歎以驚。高山徒仰止，遠道何由征？」錢穆考據此詩成於
丙子秋，朱熹二十七歲，且謂詩中「『高山仰止』，即一意歸嚮儒學也。『折衷
非所寧』，則於老、釋異端，無意再作調停。趙師夏《跋延平答問》記朱子自
謂『好同而惡異』，即是不認道、釋爲異端。」見《朱子新學案》（三）〈朱子

儒學。〔註 20〕至第二次會面延平時，兩人討論已能相得。第三次會面時則正式拜師受學。延平之死對朱熹的打擊很大，一直到朱熹四十三歲，確立「中和新說」時，其學已幾經轉折。

　　朱熹雖受延平的影響頗深，但師徒二人之學實則並不相同。關於朱熹得於延平者，約可歸納有三：「一曰須於日用人生上融會；二曰須看古聖經義；又一曰理一分殊，所難不在理處，乃在分殊處。」〔註 21〕至於其異者則包括：為學性格上，延平持守，朱熹廣博；工夫上，延平重視默坐澄心的踐履工夫，而不事講解，朱熹則相反地以窮理致知為進路；論學焦點上，延平乃承明道直下把握天命流行之體的直貫型態，朱熹則順伊川分解式的橫攝系統。〔註 22〕尤其是朱熹早年出入釋、老的求學背景，使其對延平的「默坐澄心」始終無法真正契合，亦導致日後中和新、舊說的產生。所以牟宗三即謂「延平雖供給朱熹一入路，一題目，而文章卻是朱熹自己作。當延平在時，其所開說，朱熹並不領略。及延平沒，朱熹自己用心時，卻又走向繼承伊川之糾結而前進，未能由其師之超越體證而悟入也。」〔註 23〕

（三）對時弊的批評

　　由於朱熹早年出入老、佛之學，思想的成形屢有曲折，使其對時弊有較深入的感受，其曰：

> 大抵舊來多以佛、老之似亂孔、孟之真，故每有過高之弊。近年方
> 覺其非，而亦未能盡革，但時有所覺，漸趨平穩耳。順之此病尤深，
> 當痛省察矯揉也。（《朱熹集》（四）卷三十九〈答許順之〉，頁 1790。）

朱熹自承早年曾「以佛、老之似亂孔、孟之真」，故常常有所言過高之弊病，

從遊延平始末〉，頁 19。

〔註 20〕朱熹癸酉年初見延平後，往任同安，因吏事不安貼，其第二年仍抱有鍊形羽化乞僊之想，然其後詩作漸少，是朱熹「且將聖人書來讀，覺得聖賢言語漸漸有味」（《朱子語類》（七）卷一〇四，頁 2620。），逐漸歸向儒學之時。甲戌、乙亥兩年，即朱熹二十五、六歲之時，則為主要的轉捩點。心境之轉變可由其時之詩文作品中窺之。關於此詳細的論述參見《朱子新學案》及《朱子哲學思想的發展與完成》二書。

〔註 21〕此三大綱是據錢穆所言，參見《朱子新學案》（三）〈朱子從遊延平始末〉，頁 35。

〔註 22〕此處關於延平與朱熹學術之差異，參考劉述先《朱子哲學思想的發展與完成》第二章〈朱子從學延平的經過〉的論述。

〔註 23〕牟宗三：《心體與性體》（臺北：正中書局，1969 年）（三），頁 9。

其後雖加以醒悟，但仍未能完全盡除，而此亦是當世學者易犯的毛病，因此
朱熹以此訓示門人云：

> 熹頑鈍之學，晚方自信。每病當世道術分裂，上者入於佛、老，下
> 者流於管、商，學者既各以其所近便先入者爲主，而又驅之以其好
> 高欲速之心，是以前者既以自誤而遂以自欺，後者既爲所欺而復以
> 欺人。文字愈工，辨說愈巧，而其爲害愈甚。（《朱熹集》（六）卷六
> 十〈答周南仲〉，頁 3086。）

朱熹感慨當世學者「各以其所近便先入者爲主」，好高欲速，不願著實做工夫，
遂「上者入於佛、老，下者流於管、商」。當時學者「以佛、老之似亂孔、孟
之眞」的弊病，即是起於無切實的下學工夫。

此外，朱熹亦批評當時的政治環境，助長了老、釋之學的發展，其曰：

> 王氏得政，知俗學不知道之弊，而不知其學未足以知道，於是以老、
> 釋之似亂周、孔之實，雖新學制，頒經義，黜詩賦，而學者之弊反
> 有甚於前日。建炎中興，程氏之言復出，學者又不考其始終本末之
> 序，而爭爲妄意躐等之說以相高。是以學者雖多，而風俗之美，終
> 亦不迨於嘉祐治平之前，而況欲其有以發明於先王之道乎？（《朱熹
> 集》（三）卷三十四〈與東萊論白鹿書院記〉，頁 1498。）

朱熹批評王安石得政後，欲矯正章句文義之俗學，反以老、釋之道爲道，其
弊更甚。建炎中興後，雖程氏之學復起，但學者又迷其門徑，不知始終本末
之序，而妄意於躐等之說，遂流爲好高之弊，仍無法擺脫老、釋之迷妄。

可知不獨世人如此，連儒門學者亦雜有老、釋之言，其云：

> 蓋自鄒孟氏沒而聖人之道不傳，世俗所謂儒者之學，內則局於章句
> 文詞之習，外則雜於老子、釋氏之言，而其所以修己治人者，遂一
> 出於私智人爲之鑿，淺陋乖離，莫適主統，使其君之德不得比於三
> 代之隆，民之俗不得躋於三代之盛。若是者，蓋已千有餘年於今矣。
> （《朱熹集》（七）卷七十八〈袁州州學三先生祠記〉，頁 4079。）

又云：

> 自孟氏以至于周、程，則其晦者千五百年，而其明者不能以百歲也。
> 程氏既沒，誦說滿門而傳之不能無失，其不流而爲老子、釋氏者幾
> 希矣。然世亦莫之悟也。（《朱熹集》（七）卷八十〈邵州州學濂溪先
> 生祠記〉，頁 4142。）

當時的儒學已是「內則局於章句文詞之習，外則雜於老子、釋氏之言」，所謂仁義道德的修己治人之學，變爲私智的人爲之鑿，早已背離三代聖人之統。朱熹極爲推崇濂溪與二程，認爲儒學自孟氏以降，由濂溪、二程承續之，然程氏既沒，儒學遂又消沈，後傳多失，更多流爲老、釋之徒。其大力批判老、釋之學對當時學界的危害，及對儒學亦受染指，孔、孟道統岌岌可危的情形感到憂心。因此，朱熹以重建道統爲己任，而闢佛、老異端則爲其學術之首要工件。

由朱熹的求學過程可知，朱熹對儒、道的態度，是經過了一番曲折和轉變。雖然在其思想的規模成形後，確立了闢異端、立道統的基本原則，然早年出入釋、道的經歷與廣涉諸子、文、史的爲學態度，對其一生的學術影響深遠。再加上當時道、釋學風籠罩整個時代，朱熹如何能擺脫老、佛二家的影響，挺立儒學的孔、孟道統，更是一個艱鉅的任務，所以朱熹亦不免感慨「近年方覺其非，而亦未能盡革」。〔註24〕

三、文獻回顧與研究目的

朱熹作爲宋代理學的代表者，一方面集北宋諸儒之大成，建立一套完整的思想體系；另一方面又高幟著儒學道統的觀念，以闢異端、振興儒學爲首要任務，其捍衛儒學的立場相當鮮明。然早年出入道、釋的經歷，對其思想理論亦產生一定的影響，比如解經時取老、莊之說爲例；對道教丹經《參同契》的喜愛，延續至晚年爲其作《考異》等，皆是其思想中不可忽略的一環。且在「三教並崇」的思潮下，如何安頓儒、道間的差異，取捨儒、道間的優劣？不僅是朱熹所要面對的主要課題，亦是整個宋代理學家所普遍面臨的基本議題，因此本文以朱熹爲研究對象，探討其對儒、道思想的分判與融攝，以一窺宋代儒、道互動的概況。

回顧學界既有的研究成果，對於朱熹「闢異端」的相關論述甚多。至於朱熹與道、釋二家的關係，學者則多著力於其與佛家間的取捨，相較之下，對朱熹與道家關係的探討則較爲缺乏，尤其是專題式的論述更是少見。現有的資料中，主要有：

（一）范壽康《朱子及其哲學》一書中有一章專門論述〈朱子與道教〉，

〔註24〕《朱熹集》（四）卷三十九〈答許順之〉，頁 1790。

文中主要舉朱子對道教典籍，如《河圖》、《洛書》《太極圖》、《先天圖》、《周易參同契》與《陰符經》等書的重視，來說明朱熹受道教的影響，其中范氏將《陰符經考異》歸爲朱熹作品，此種看法現已爲學界所質疑。范氏將道教的圖說象數之學批評爲迷信、神秘之說，故視此部分爲朱熹「智者千慮，必有一失」的缺失。〔註25〕

（二）錢穆《朱子新學案》共五冊包含五十四個專題，其中有〈朱子論述孔門以下歷代諸儒並附其論莊、老〉一文，然論莊、老的部分多只條列出朱熹的評語，而未深入探討。但是，在其他專題中則屢屢有涉及朱熹對老、莊及道教的相關論述。〔註26〕

（三）陳榮捷對這方面的論述則較多，首先在其《朱子新探索》〔註27〕一書中論及〈朱子與道士〉、〈儒、道之比較〉、〈解老〉、〈評老子〉、〈老子亦有所見〉、〈朱子贊揚莊子〉等篇，皆對朱熹與道家的關係做了多面向的說明；而在《朱學論集》〔註28〕一書中則是收有〈朱子評老子與論其與「生生」觀念之關係〉一文，論述朱熹對老子的批評主要分爲倫理與哲學兩方面，文中並由《朱子語類》中論《老子》第六章「谷神不死」數語，來探討老子思想對朱熹「生生」觀念的影響。陳氏此論點對朱熹與道家的關係，提供了相當積極且正面的看法。〔註29〕

（四）其他專著中的資料則有：陳正夫、何植靖《朱熹評傳》中有一小節論〈朱熹哲學與儒、佛、道融合的思想潮流〉；〔註30〕孫以楷〈朱

〔註25〕范壽康：《朱子及其哲學》（臺北：臺灣開明書局，1995年）全書分十四章，其中第十二章則爲〈朱子與道教〉。

〔註26〕錢穆：《朱子新學案》對朱熹的思想做了全面的研究，其首篇爲〈朱子學提綱〉可謂爲此書之大綱。

〔註27〕陳榮捷《朱子新探索》（臺北：臺灣學生書局，1988年），此書包括了一百二十六篇短文，對朱熹的生平事蹟做了相當廣泛且全面的介紹。

〔註28〕陳榮捷：《朱學論集》（臺北：臺灣學生書局，1988年），書中共收錄了十五篇論文集，內容包括朱熹本身思想的研究外，亦探討了後世朱學，比如元、明、清各代朱學的發展，末篇並論述了歐美朱子學的發展現況。

〔註29〕此一文又收錄於陳榮捷《新儒學論集》（臺北：中研院文哲所籌備處，1995年）中，但其文經過萬先法翻譯，故文中字句略有差異，篇名亦改爲〈朱子對老子學之評價〉。

〔註30〕陳正夫、何植靖：《朱熹評傳》（江西：江西人民出版社，1984年）。

熹與道家〉收於《朱子學刊》第四輯；〔註31〕鄒永賢《朱熹思想叢論》書中有〈朱熹與道文化〉一文；〔註32〕馮達文〈程朱理學與老學〉則收於《道家文化研究》第六輯；〔註33〕楊曉塘主編的《程朱思想新論》中則收有張京華〈朱子道家（道教）觀與佛學（佛教）觀簡述〉一文。〔註34〕

（五）至於期刊論文方面：〔註35〕劉仲宇〈道教影響下的朱熹〉〔註36〕、黃廣琴〈朱熹的理學與道家、道教的關係〉〔註37〕、詹石窗〈論朱熹對道教的影響〉〔註38〕、陳正夫〈儒、佛、道的融合與程朱理學〉〔註39〕、陳國錫〈朱熹理學與儒、佛、道的關係〉〔註40〕、柳存仁〈朱熹與《參同契》〉〔註41〕及秦家懿〈朱熹與道教〉〔註42〕等皆為此方面的重要資料。

現有研究的成果大體如上，〔註43〕近來有關道教與道家後學的相關研究，逐漸得到一個較廣泛的重視，朱熹與道家、道教關係的問題得以獲得更多面向的思考空間。因此本論文以「朱熹對道家的評論」為研究對象，在既有的研

〔註31〕孫以楷：〈朱熹與道家〉，收於《朱子學刊》（福建：福建人民出版社）1991年2期（總四輯）。

〔註32〕鄒永賢：《朱熹思想叢論》（福建：廈門大學出版社，1993年）。

〔註33〕陳鼓應編：《道家文化研究》第六輯（上海：上海古籍出版社，1995年）。

〔註34〕楊曉塘主編：《程朱思想新論》（北京：人民出版社，1999年）。

〔註35〕有關論文期刊的資料參考林慶彰《朱子學研究書目》、吳以寧《朱熹及宋元明理學研究資料》及中興大學圖書館所編的《朱熹傳記資料》等書。

〔註36〕劉仲宇：〈道教影響下的朱熹〉，收於《中州學刊》（1988年1月，第1期總號第43期）。

〔註37〕黃廣琴：〈朱熹的理學與道家、道教的關係〉，收於《湘潭大學學報社會科學版》（1988年7月，第3期總號第40期）。

〔註38〕詹石窗：〈論朱熹對道教的影響〉，收於《福建師範大學學報哲學社會科學版》（1989年1月，第1期）。

〔註39〕陳正夫：〈儒、佛、道的融合與程朱理學〉，收於《江西大學學報》1990年四月。

〔註40〕陳國錫：〈朱熹理學與儒、佛、道的關係〉，收於《江西師院學報》1992年四月。

〔註41〕柳存仁：〈朱熹與《參同契》〉，收於《國際朱子學會議論文集》（臺北：中研究文哲所籌備處，1993年）。此文中對《參同契》的性質與朱熹注《參同契》的主旨，做了相當詳細的論述。

〔註42〕秦家懿：〈朱熹與道教〉，收於《國際朱子學會議論文集》，文中除了論述朱熹對道教《參同契》、《陰符經》及長生術的態度，並對朱熹與道家思想的關係作了說明。

〔註43〕上述所言的資料是側重於「朱熹與道家」的議題上，至於宋明理學與道家，或是宋代儒、道衝突的問題，則不列入。

究基礎上，藉由朱熹對道家評論的態度與評價的結果，進一步論述朱熹思想中對道家的定位和立場。希望一方面對朱熹思想中儒、道、釋三家會通的問題做一補充，以期對朱熹的思想有更全面且深入的了解；另一方面則希冀藉由朱熹爲中心，做爲探討宋代儒、道、釋三教交攝的一個進路。

第二節　研究範疇與論文架構

一、朱熹所論道家之傳承

《朱子語類》中論及〈老、莊、列子〉時言：

> 儒教自開闢以來，二帝三王述天理，順人心，治世教民，厚典庸禮之道；後世聖賢遂著書立言，以示後世。及世之衰亂，方外之士厭一世之紛拏，畏一身之禍害，耽空寂以求全身於亂世而已。及老子倡其端，而列禦寇、莊周、楊朱之徒和之。孟子嘗闢之以爲無父無君，比之禽獸。然其言易入，其教易行。當漢之初，時君世主皆信其說，而民亦化之。雖以蕭何、曹參、汲黯、太史談輩亦皆主之，以爲眞足以先於六經，治世者不可以莫之尚也。及後漢以來，米賊張陵、海島寇謙之之徒，遂爲盜賊。曹操以兵取陽平，陵之孫魯即納降款，可見其虛繆不足稽矣。（《朱子語類》（八）卷一二五，頁 2993。）

此段話可謂是朱熹對道家由老、莊以迄道教整個發展過程的一個概述。朱熹認爲道家起於亂世，是由老子倡其端，列禦寇、莊周、楊朱之徒附和之。而思想的特色則爲「厭一世之紛拏，畏一身之禍害，耽空寂以求全身於亂世而已」，全以亂世中保全其身爲主要目的，既無儒教先聖先賢之理，亦非治世教民之道，故只爲無父無君之禽獸之說。然因其說易入易行，漢時得到君王及時人的信從，以爲此足以治世，當時如蕭何、曹參、汲黯和太史談等人，即爲其間代表。至於後漢以降，以張陵、寇謙之爲代表，但朱熹視此二人只爲貪生怕死之盜賊，認爲此學說遂更形虛繆卑陋。

此處，朱熹將道家由先秦至漢的發展約分爲三階段：首先是先秦時，爲道家理論思想的開展期，由老子啓其端，列、莊、楊三人承之，其中將楊朱歸爲道家之徒，用意在突顯老子虛寂自私的思想，以對比於儒家之治世教民；漢代，則爲發展的第二階段，是理論思想的落實期，此時將老子思想結合了

政治上的權謀數術而爲黃老之學，當時上至君王，下至文武臣民皆主張以此學說治世，可見其說之盛行，然對於此時文、景帝所締造的太平治世，朱熹則解釋爲「小道易行，易見效」，〔註44〕認爲此說終非大道，只是因爲「小道」易收短期之效，並相應於古代特定之時代背景，〔註45〕始有治世的成果，而非指此說眞足以治世化民；至於漢後，道家發展爲具有宗教色彩的道教，朱熹對此的批判更爲強烈，認爲其間的道家人物皆屬盜賊無恥之輩。

二、範疇之界定

　　朱熹將道家發展分爲先秦、兩漢及漢後三階段，其中道家主要人物以老、列、莊、朱四人爲代表，但朱熹對此四人的論述各有輕重多寡之別，比如《朱子語類》中，其論道家思想，論及老、莊、列三人的思想與著作，並及於《參同契》、修養、與道教等項，然其對列子的評語只有「平淡疏曠」〔註46〕數字，其云：

> 老子説他一箇道理甚縝密。老子之後有列子，亦未甚至大段不好。説列子是鄭穆公時人。然穆公在孔子前，而列子中説孔子，則不是鄭穆公時人，乃鄭頃公時人也。列子後有莊子，莊子模倣列子，殊無道理。爲他是戰國時人，便有縱橫氣象，其文大段豪偉。（《朱子語類》（八）卷一二六，頁 3008。）

老子是道家思想的開端，理論自有其縝密處。至於列子與莊子，兩人書中重疊之處甚多，因列子書中提及孔子，故當爲鄭頃公時人，而較戰國時的莊子爲先，則《莊子》一書可謂是模倣《列子》所作，只是《莊子》雖爲模倣《列子》，但其論理縱橫氣象、文辭大段豪偉，皆遠較列子爲佳。〔註47〕所以《列

〔註44〕《朱子語類》（四）卷四十九，頁 1200。
〔註45〕《朱子語類》（三）卷四十四，頁 1128。云：「如漢高祖、唐太宗，未可謂之仁人。然自周室之衰，更春秋戰國以至暴秦，其禍極矣！高祖一旦出來平定天下，至文、景時幾致刑措。自東漢以下，更六朝五胡以至於隋，雖曰統一，然煬帝繼之，殘虐尤甚，太宗一旦埽除以致貞觀之治。」漢文、景之治及唐貞觀之治，皆是起於暴秦與殘虐的煬帝之後，民心疲備思靜，故易能諦造太平之治。
〔註46〕《朱子語類》（八）卷一二五，頁 2988。
〔註47〕朱熹稱莊子「爲他是戰國時人，便有縱橫氣象，其文大段豪偉。」（《朱子語類》（八）卷一二六，頁 3008。）對於《列子》一書，朱熹則稱其風格爲「迂僻」（《朱子語類》（八）卷一二五，頁 2991。）、「溫純」（《朱子語類》（八）卷一二五，頁 2991。），文辭氣象顯然較爲平淡。

子》雖較《莊子》為先，但一方面其思想已收攝於《莊子》一書中，另一方面其文章又不如莊子佳，故朱熹多將列、莊合稱，或取莊子為代表。

至於楊朱，雖然朱熹將其視為道家人物，也屢謂楊朱之學出於老子，[註48]強調楊朱與老子的關係。然朱熹著作中，對楊朱個人的評述並不多，除了「拔一毛以利天下不為也」的愛身主張外，很少引及楊朱其他之思想，《朱子語類》中即謂：

> 如老子之學全是約，極而至於楊氏不肯拔一毛以利天下，其弊必至此。（《朱子語類》（二）卷二十七，頁707。）

又云：

> 問：「楊氏愛身，其學亦淺近，而舉世宗尚之，何也？」曰：「其學也不淺近，自有好處，便是老子之學。」（《朱子語類》（八）卷一二五，頁2987。）

楊朱的思想以「愛身」為主，而此主張不論是好處或是弊病，皆是承自老子而來，是老子自私思想的末流。除此之外，楊朱亦少見其他獨特的思想，因此朱熹論及道家典籍時並不取楊朱，《朱子語類》中即言：

> 道家之書只《老子》、《莊》、《列》及丹經而已。（《朱子語類》（八）卷一二六，頁3013。）

道家經典中以《老子》、《莊子》、《列子》三書及後世道教的丹經為代表。此處包括了《列子》，卻未提及楊朱。楊朱於道家思想中的地位，顯較列子為低。

朱熹所提及道家思想的代表人物中，列子的思想包含在《莊子》中，楊朱亦無獨特的主張，故主要以老子及莊子為中心，因此本論文取老子和莊子為道家人物的代表，分章論述朱熹對其的看法。

兩漢時道家思想的代表是雜揉君術的黃老之學，關於這方面，朱熹多只由現實層面的史事政蹟上加以評述，而未就思想內容上予以探討，且評論的資料並不多，故本論文只將之置於第五章〈對老、佛異端的評論〉中的一節，與「佛老」、「道家」等詞結合，作為朱熹對「異端」的整體論述。

〔註48〕對於楊朱與老子間的關係，《朱子語類》中言：「楊朱之學出於老子，蓋是楊朱曾就老子學來，故莊、列之書皆說楊朱。孟子闢楊朱，便是闢莊、老了。」（《朱子語類》（八）卷一二五，頁2987。）「楊朱乃老子弟子，其學專為己。」（《朱子語類》（四）卷六十，頁1447。）「楊朱看來不似義，他全是老子之學。」（《朱子語類》（四）卷五十五，頁1321。）「楊朱即老子弟子。」（《朱子語類》（八）卷一二六，頁3007。）認為楊朱之學是承自老子而來。

　　至於漢後的重點，即是「道教」。關於道教，朱熹視其爲道家後學的發展，《朱子語類》載：

　　　　某問：「道家之説，云出於老子。今世道士又卻不然。今之傳，莫是
　　　　張角術？」曰：「是張陵，見《三國志》。他今用印，乃『陽平治都
　　　　功印』。張魯起兵之所，又有祭酒，有都講祭酒。魯以女妻馬超，使
　　　　爲之。其設醮用五斗米，所謂『米賊』是也。向在浙東祈雨設醮，
　　　　拜得腳痛。自念此何以得雨？自先不信。」（《朱子語類》（八）卷一
　　　　二六，頁 3033。）

朱熹依於正史的記載，認爲道教起於張陵，其以五斗米設醮，評者謂之「米賊」。道家本起於老子，後漢以後卻發展爲祝禳之術，以張陵與寇謙之爲代表，然朱熹認爲兩人皆爲盜賊之輩，其中米賊張陵，設醮行法，以法愚民，〔註49〕爲道教之始。雖然道教的起源可謂是虛謬卑陋，但朱熹對之亦不全然否定，其對道教的經典多所涉獵，甚至爲《周易參同契》作《考異》；對道教的煉丹之法亦有所研究，並取之以說明爲學之道。因此本論文第四章中即以「道教」作爲論述的重點。

　　此外，朱熹在分判儒學與異端時，屢屢取《易》爲論述的主軸，一方面透過對《易》的說解，闡釋儒家的義理之學；另一方也藉由《易》學以批駁道家「有、無」思想的空虛與謬誤，故本論文第六章即以《易》爲中心，釐析朱熹對儒、道交鋒議題的態度。

三、論文架構

　　本論文共分爲七章，除了第一章的〈緒論〉及第七章的〈結語〉外，主體的部分有五章。此五章論文的進行，大體上又可區分爲分論與綜論兩大部分。

　　第二、三、四章爲分論的部分，取老子、莊子、道教爲三大議題。由上節中，可知朱熹認爲道家思想的發展，是由老子奠其基，其後莊子加以承繼與開展。兩人雖有所承繼，但又各有差別。朱熹對老、莊二人亦各有許多單獨的論述，態度與評價互有差異，爲了突顯兩人的重要性與同異點，故分別置於二、三章中，做爲論文主體的開端，側重的是朱熹對老、莊思想間不同的評述；接著，第四章則是以「道教」的相關論述爲主，道家思想於老、莊

〔註49〕《朱子語類》（八）卷一二五，頁 3006。云：「道家行法，只是精神想出，恐
　　　　人不信，故以法愚之。」

之後，逐漸走向長生禳祝的宗教性質，此種道家後學與先秦老、莊的思想型態雖有所關聯，卻又大不相同，朱熹對此亦頗有心得，故於此章中予以說明。

分論之後的第五、六章則爲綜論。此部分打破人物或型態的界際，純由整體的道家思想爲論述對象，而依序取之與佛、儒二家相較：第五章是「道、釋」間的比較，朱熹以老、佛爲異端之學的代表，然老、佛間是否有同異處？而兩者的優劣高下又是如何？是此章中欲解決的問題；至於第六章則是「儒、道交鋒」的時代課題，捍衛儒學，立道統、斥異端，是朱熹學術的基本態度，但對於道家，朱熹著重的焦點爲何？其對道家評論又是否合理？論文進行至此，已經由前述各章的討論中，析釐出一條儒、道會通的脈絡，即是《易》。因此本章即以《易》爲主軸，透過對《易》經傳之引證詮解的差異，試圖對上述的問題尋求適當的解答，並對朱熹的批評作一番後設的反省。經由分論與綜論的層層分析深入，以期對朱熹的道家評述有全面且深入的解析。

四、資料運用

本論文是以「朱熹對道家的評論」爲核心，藉由朱熹對道家思想的詮解進路，以探索朱熹對儒與道、正統與異端間的基本態度，一方面試圖析釐出朱熹作爲一個儒者面對道家的眞實立場；另一方面也透顯宋代理學中儒家與道家間的關係。道、釋二家雖同爲異端之學，然當時釋氏的勢力遠盛於道家，批評的焦點遂多以釋氏爲重。相形之下，朱熹對於道家較缺乏專題式的論述，其相關資料亦只散見於書札與語錄中，尤其朱熹論解儒家經書時，屢取道家之說以爲佐證，不論是正面的引證或負面的對比，皆可見朱熹對道家的基本態度。因此，本論文中所引的資料，許多是以儒、道對比的方式來進行。

再者，論文的研究議題是以朱熹個人的思想爲主體，因此研究的資料主要鎖定於朱熹的著作。現存的朱熹著作中，《四庫全書》即收錄有四十餘種，其中關於道家的論述，又多見於與友人的書札答辯，或是與門生的論學言談間，因此在論述的過程中大量參考了《朱熹文集》與《朱子語類》二書。

此外，論文的進行中亦有一些字詞的運用及標註上的特殊情形，先於此予以說明：

（一）在朱熹的著作中，「道家」一詞是一個較寬泛的指稱，泛指老、列、莊三家，及後世的道家、道教等。比如《朱子語類》中「道家」一詞即出現近七十處，其中有用以指稱老、莊之學，亦有指道教者，

〔註50〕用法並不固定。因此本論文中所述及「道家」一詞時，則是
取廣義的定義，包括論文題目所指的「道家」亦是如此。

（二）朱熹著作中，關於老、莊、列三人的並稱各有不同，包括有「老、
莊」、「莊、老」、「莊、列」及「老、莊、列」等多種用法，然詳細
分析，這些用法間又無特殊的差異，故僅於此加以說明，而於論文
中不再予以區分。

（三）版本問題：本論文之主要資料爲《文集》及《朱子語類》。其中《文
集》一書，是取四川教育出版社，於一九九六年所出版的版本，此
書是以《四部叢刊》影印本爲底本，校以淳熙本及宋浙本，再參照
相關資料而成。此書在出版時改名爲《朱熹集》，本論文中即採用
此名。再者，此論文將屆完成之際，臺灣允晨出版社於二〇〇〇年
二月新出版一套《朱熹文集》，共十冊，謂爲現今版本最齊全，校
勘最完整的《文集》，並經中央研究院漢籍資料庫所採用。筆者取
之與四川教育出版社的《朱熹集》相較，兩版本間並無明顯的出入，
故特於此加以說明。至於《朱子語類》，則是取臺灣文津出版社，
一九八六年五月之版本。

第三節　本研究的限制與前瞻

一、研究限制

本論文藉由朱熹與時人間之書札往來，及與弟子門生的論學記錄中，試
圖梳理出朱熹對道家形象的藍圖，而經由分論與綜論的層層分析中，可知朱
熹對道家的批評實則是以儒家本位爲出發點，認可的部分雖有，卻多是枝節

〔註50〕「道家」一詞有用以指稱老、莊者，如「佛氏要空此心，道家要守此氣，皆
是安排。」（《朱子語類》（七）卷一一三，頁2742。）「道家說半截有，半截
無，已前都是無，如今眼下卻是有，故謂之無。」（《朱子語類》（八）卷一二
六，頁3012。）
亦有用以指稱道教者，如《朱子語類》中有「道家存想」（《朱子語類》（一）
卷八，頁142。）；「如道家說，眞有箇『三清大帝』著衣服如此坐耳！」（《朱
子語類》（二）卷二十五，頁621。）「道家行法，只是精神想出，恐人不信，
故以法愚之。」（《朱子語類》（八）卷一二五，頁3006。）此「道家」一詞皆
是意指具宗教色彩的道教。

細目，至於主體上道論的內容，朱熹抨擊的立場則是絲毫不妥協。

透過基本文獻的探討與分析，大體可呈現朱熹對「道家」的態度與評論，但本論文亦有一些猶待於突破的困境：

（一）資料型態上的限制

朱熹論學的風格，喜歡旁徵博引，廣涉諸子經史百家，對於道家思想，多缺乏專題式的討論，且「語錄」的論述型態常常因時因地而有輕重取捨的差異。以同為異端之學的釋、道二家為例，因為當時釋氏的勢力較盛於道家，故朱熹曾為了批佛做過〈釋氏論〉，《近思錄》中〈辨異端〉一卷亦皆以釋氏的論述為主，相較之下，對道家的評論則只散見於書札語錄中，甚至很多時候是用於解經時，引為佐證，或是負面的對比之用。另一方面，由於是做為引證，故常因不同的情形而有寬緊不同的標準，如針對老子的道論，二程曾言「老子『谷神不死』一章最佳」。朱熹承引此說，加以詮解「谷神」一詞，而賦予其儒家「生生」之意；但在論及道體創生的過程時，其則批評「道生一」與「有生於無」中「生」一詞，只為單一的直貫意，而批評道家為「不識道」。同樣是道體的創生作用，立場與用意的不同，批評的態度即有所差異。此些問題常形成論述上的盲點，且因相關資料的不足，及筆者能力上的限制，難於本論文中得到一個強而有力的論證，故僅能暫時提出相關的質疑，以待日後的深究與解決。

（二）思想史上的龐雜

任何一位思想家皆無法置外於其所處的時代背景。就北宋學術的發展而言，縱向地論，朱熹師承濂、洛之學，其學不僅與濂溪、二程相近，亦有取自張載、邵雍之處，可謂為北宋儒學之集大成者。然在匯流各家學術的同時，亦顯露出朱熹的主張與立場，因此若要明瞭朱熹思想的形成，則須對五子的學說加以探討，析其異同，始能呈現出朱熹思想中承繼與創新的特性。而橫向地論，與時人友朋間往來答辯、切磋論證是朱熹論學的一大特色，不論是與季通、象山的書札往返，或是對蘇氏蜀學的大肆批評，其間都包含了許多對儒、道本體的區分，以及對道教思想的陳述。若能加以探究這些主要論友的思想，立場相近者求其契合處，立場對立者視其爭議點，藉由雙向的對話衝擊，相信將能對朱熹的思想有更完整且全面的了解。本論文中雖已盡量如實地呈現了朱熹的評論，但囿於時間與能力的限制，研究的範圍只以朱熹為主，雖亦略有旁及四子及象山之說，但多未加以深入論述，此是本論文處理

上的一大困境，亦是未來可再開展的方向。

二、研究前瞻

藉由上述的處理，對於朱熹思想當能有更深入的了解，進而試圖在此研究的基礎上，開展一些面向：

（一）對於朱熹道統觀的補充

老子與莊子為道家思想的代表，歷來學者多合而稱之。朱熹雖也有並稱的情形，但更重視兩者間的分說，強調老、莊思想的差異，尤其是有意地著墨於莊子與孔門的關聯，是朱熹論述莊子之主軸。此外，朱熹對《老》、《莊》中的少數篇章，亦見有以儒解道的情形。可知，朱熹雖以老、莊為異端邪說，但關於老、莊思想的內涵與傳承，朱熹曾予以全面的反省，甚至欲由不同的詮解中對道家的思想重新定位。此就朱熹的道統觀而言，提供了一個獨特的思考面向。

（二）對宋代儒、道交攝情形的展現

儒、道、釋三教間的攻擊對立與涵攝雜揉，是宋代學術發展的一個主要課題。而朱熹對道家的評論，實質上也是此時代課題下的產物，其一方面扮演攻擊對立的角色，積極地捍衛儒家的道統地位；另一方面又無法完全割捨道、釋二家的影響，而具有涵攝雜揉的色彩。因此，朱熹思想中無可避免地有些模糊地帶，亦造成朱熹後學間的爭辯與分歧，若將焦點放大，這些矛盾與爭議亦可謂為當時學術現況的縮影。因此，由朱熹自身思想的模糊處以及與時人論證的爭議點，或可做為進一步探討宋代儒、道交攝的另一進路。

第二章　對老子之評論

　　《論語》記載了「孔子問禮於老聃」一事，然老聃與老子是否為同一人？若老聃即為老子，則孔子為何要問禮於「害倫理，棄禮義」的老子？宋儒對此問題甚表關注，[註1] 朱熹亦對此提出自己的看法，其曰：

　　　孔子問老聃之禮，而老聃所言禮殊無謂。恐老聃與老子非一人，但不可考耳。（《朱子語類》（八）卷一二六，頁 3009。）

《論語》中有孔子問禮於老聃的記載，然今《老子》一書中並不言禮，故朱熹對老聃是否為老子一事提出質疑。《朱子語類》又載：

　　　郭德元問：「老子云：『夫禮，忠信之薄而亂之首。』孔子又卻問禮於他，不知何故？」曰：「他曉得禮之曲折，只是他說這箇無緊要底物事，不將為事。某初間疑有兩箇老聃，橫渠亦意其如此。今看來不是如此。他曾為柱下史，故禮自是理會得，所以與孔子說得如此好。只是他又說這箇物事不用得亦可，一似聖人用禮時反若多事，所以如此說。〈禮運〉中『謀用是作，而兵由此起』等語，便自有這箇意思。」（《朱子語類》（八）卷一二五，頁 2997。）

對於門人的提問，朱熹解釋因老子曾為史官，自是懂得禮，只是凡事簡忽，視用禮為多事，「以為不足道，故一切掃除了」。[註2] 朱熹既不推翻《論語》的說法，但也強調縱使有孔子問禮於老子一事，只是表示老子知禮卻未必瞭解禮的重要性。這種知禮而不屑行禮的態度，也是朱熹對老子思想的基本看法。

〔註1〕 關於「孔子問禮於老聃」一事，劉荀、程頤、歐陽修、蘇軾、胡宏等人皆曾提出看法，或否定或贊同，且由此討論而引申為孔、老「道」之同異的議題。

〔註2〕 《朱子語類》（四）卷六十，頁 1447。

朱熹對佛、老異端的批評向來嚴厲，其曾言：「大凡老子之言，與聖人之言全相入不得也。雖有相似處，亦須有毫釐之差，況此本不相似耶？」〔註3〕老子被視為異端而大受抨擊，主要在於其思想與周、孔聖人之言有許多根本上的差異。此差異包括道體及實理兩方面，至於老子的養生之道則為朱熹較認可的部分。

第一節　察理不精

「道」、「有無」等觀念是老子思想的中心，也是老子形上道體的重要概念，但針對老子此說，朱熹卻批評其為「察理不精」，反駁老子有關道體的相關論述，並藉由對《老子》「谷神不死」說的重新詮釋，將老子之道體賦予儒家的生生之意。

一、道體方面的謬誤

關於老子道論方面的批評，散見於朱熹的著作中，尤其在論《易傳》義理或是周敦頤的《太極圖說》時，朱熹常取老子之言以為對比，藉以說明儒、道之間的差別，這些差別主要包括宇宙的創生過程及道體「有無」的內容：

（一）創生過程

朱熹對於「道」的論述，承自周敦頤的《太極圖說》，以「太極」作為「道」之代稱。「太極之義，正謂理之極致耳」〔註4〕、「總天下萬物之理，便是太極」，〔註5〕朱熹認為宇宙最高的絕對本體就是「太極」，太極既是萬事萬物的根源，也是永恆至善的理則。

「太極」一辭，本出於道家，〔註6〕朱熹亦不否認，但對於「太極」的內容，朱熹則是承自周敦頤之說，而與道家的思想有別，其在解釋《易傳》的內容時，取老子之說相較曰：

〔註3〕《朱熹集》（三）卷三十二〈答張敬夫〉，頁1389。
〔註4〕《朱熹集》（三）卷三十七〈答程可久〉，頁1660。
〔註5〕《朱子語類》（六）卷九十四，頁2375。
〔註6〕「太極」一詞，最早見於《莊子‧大宗師》：「夫道……在太極之先而不為高，在六極之下而不為深。」然唐成玄英《疏》云：「太極，五氣也。」此處的「太極」是指氣，且於道之下，非與道同義。見郭慶藩輯：《莊子集釋》（臺北：華正書局，1994年），頁247。

太極之義，正謂理之極致耳。有是理即有是物，無先後次序之可言。
故曰「易有太極」，則是太極乃在陰、陽之中，而非在陰、陽之外
也。……有是理即有是氣，氣則無不兩者。故《易》曰「太極生兩
儀」，而老子乃謂道先生一，而後一乃生二，則其察理亦不精矣。老、
莊之言大抵類此。（《朱熹集》（三）卷三十七〈答程可久〉，頁 1660。）

朱熹認爲太極爲形上之理，是陰、陽二氣之理，且太極在陰、陽中，而非在
陰、陽外，理、氣不雜不離，理寓於氣中，理、氣並無先後次序可言。以此
朱熹批判老子「道先生一，而後一乃生二」的觀念是「察理不精」。

《老子》第四十二章中云：

道生一，一生二，二生三，三生萬物。萬物負陰而抱陽，沖氣以爲
和。〔註7〕

此處揭櫫的是老子的宇宙生成論，由一生二、二生三、三生萬物，所描述的
即是「道」創生萬物的活動歷程。「道」本是「無」，是非一非二，絕對無偶，
與物不同，此形上之「無」，必須下落到有形質的「有」始能生成萬物，「天
下萬物生於有，有生於無」。〔註8〕宇宙萬物的創生過程中，「無」是先於「有」，
「有」即是「一」，「一」再生「二」，此「二」是指陰、陽二氣，而「三」則
是指陰、陽二氣相合後形成一均調和諧的狀態，〔註9〕萬物即是在此和諧的狀
態下生成。依老子的說法，宇宙萬物的生成是有其先後次序可言，由道至有，
有至陰、陽，陰、陽合和以爲三，三再生萬物。

然而，朱熹對《老子》此章有較不同的詮解，在〈答程泰之〉一文中，
其對於「道生一，一生二，二生三。」一句的註解云：

熹恐此「道」字即《易》之太極，「一」乃陽數之奇，「二」乃陰數
之偶，「三」乃奇偶之積。其曰「二生三」者，猶所謂二與一爲三也。
若直以「一」爲太極，則不容復言「道生一」矣。詳其文勢，與《列
子》「易變而爲一」之語正同。所謂「一」者，皆形變之始耳，不得
爲非數之一也。（《朱熹集》（三）卷三十七〈答程泰之〉，頁 1666。）

朱熹言「恐」此處之「道」即爲《易》之「太極」，顯然以《易》解《老》，

〔註7〕　樓宇烈校釋：《王弼集校釋‧老子道德經注》（臺北：華正書局，1992 年），頁 117。
〔註8〕　《王弼集校釋》〈老子道德經注‧四十章〉，頁 110。
〔註9〕　據陳鼓應云：「三：有兩種說法：（一）陰、陽相合所形成的一個均調和諧的
　　　　狀態。（二）陰、陽相合而形成『和氣』。」引自陳鼓應：《老子今註今譯及評
　　　　介》（臺北：臺灣商務印書館，1991 年），頁 159。

只是其個人臆測的看法。其認為「道生一」，則「道」與「一」非為一物，若「道」等同於《易》之「太極」，則「一」即非「太極」，故朱熹取《列子》「易變而為一」的說法，視「一」為形變之始，而解為「陽數之奇」，則「二」即為「陰數之偶」。「一」是指陽，「二」是指陰，「三」是陰、陽相合，如此則老子所言的宇宙創生的過程，變成——太極生陽，陽生陰，陰、陽合為三，三再生萬物。藉由《易》與《列子》，朱熹對老子此章予以重新的詮解，亦架構出另一種新的創生型態。

朱熹將《老子》的宇宙生成論分為太極與陰、陽三層，由陽而生陰，此種說法皆與朱熹理氣觀不合。朱熹論理氣，強調相雜相合，一體之兩分，「太極即在陰、陽裏……。自見在事物而觀之，則陰、陽涵太極。推其本。則太極生陰、陽。」〔註10〕太極雖為陰、陽之本源，但太極與陰、陽並非獨立二物，而是太極包涵於陰、陽二氣之中，「有是理即有是物」理與物之間並無次序可言；其論陰、陽，亦主張「陰、陽只是一氣，陽之退便是陰之生，不是陽退了又別有箇陰生。」〔註11〕陰、陽只是代表一氣之消息，若是強要區分，陽是形而上者，是始，陰是形而下者，是終。〔註12〕然「陰、陽動靜又各互為其根」〔註13〕陰、陽雖可分說，而實是一。

因此《朱子語類》卷一二五論老子書時，對於〈道生一章第四十二〉的評論為：

> 一便生二，二便生四。老子卻說「二生三」，便是不理會得。（《朱子語類》（八）卷一二五，頁2998。）

又云：

> 「道生一，一生二，二生三。」不合說一箇生一箇。（《朱子語類》（八）卷一二五，頁2998。）

言「二生三」，忽略了陰、陽並存不雜的關係；言「一箇生一箇」，更是分道、陰、陽為先後之分。由此可知，朱熹對老子「察理不精」的批評，主要針對二點：一是反對「道先生一」所言的理氣二分，因所謂太極先生陽，則太極

〔註10〕《朱子語類》（五）卷七十五，頁1929。
〔註11〕《朱子語類》（四）卷六十五，頁1602。
〔註12〕《朱子語類》（六）卷九十四，頁2390。言：「且如造化周流，未著形質，便是形而上者屬陽。才麗於形質，為人物，為金、木、水、火、土，便轉動不得，便是形而下者屬陰。」此處將陰、陽分為形上與形下。
〔註13〕《朱子語類》（三）卷三十二，頁823。

（理）與陰、陽二氣並非相合，兩者有先後次序之別；二是反對「一乃生二」之陰、陽二分，因由陽而後生陰，則陰、陽裂分為先後兩者。朱熹理論中「理、氣」、「陰、陽」雖可分說，但實為一體，老子的錯誤就在於只著重分解的說明，忽略兩者之間相合的關係。

（二）以有、無為二

除了有關老子「道生一」章的批評，朱熹對老子「有」、「無」的觀念亦持否定的態度，朱熹云：

> 《易》不言有、無。老子言「有生於無」便不是。（《朱子語類》（八）卷一二五，頁 2998。）

這是針對《老子》四十章「天下萬物生於有，有生於無」一文的批評，和「道生一」章相似，朱熹反對老子將「有」、「無」分為先後二物，並取周敦頤之《太極圖說》相較。〈答陸子靜〉一文中云：

> 熹詳老氏之言有、無，以有、無為二；周子之言有、無，以有、無為一，正如南北水火之相反。更請子細著眼，未可容易譏評也。（《朱熹集》（三）卷三十六〈答陸子靜〉，頁 1579。）

老子與周子雖皆言「有、無」，但老子將「有、無」分說，視為二物；周子則是以「有、無」為一，兩人的「有、無」觀是恰為相反的。周敦頤的有、無觀主要見於《太極圖說》「無極而太極」的議題上，而此亦是朱、陸爭辯的焦點之一。

朱熹對周敦頤極為尊崇，視其為宋代理學之始，〔註 14〕並分別為《太極圖說》、《通書》二書作解，又云「先生之學，其妙具於《太極》一圖，《通書》之言，皆發此《圖》之蘊」，〔註 15〕可見其對「太極」觀念的重視。然《太極圖說》開宗明義謂「無極而太極」，「無極」一詞來自道家，〔註 16〕遂使《圖

〔註 14〕二程早年嘗從遊於周敦頤，然此後不甚推說，亦未言及《太極圖說》。至朱熹時始加以尊崇，又謂二程之學得於濂溪，其謂：「惟先生，道學淵懿，得傳於天。上繼孔顏，下啟程氏。使當世學者，得見聖賢千載之上，如聞其聲，如睹其容。授受服行，措諸事業，傳諸永久而不失其正。其功烈之盛，蓋自孟氏以來，未始有也。」（《朱熹集》（八）卷八十六〈奉安濂溪先生祠文〉，頁 4428。）對濂溪可謂推崇極至，其又為《通書》及《太極圖說》作解，並將《太極圖說》置為《近思錄》之首，可見其對濂溪及《太極圖說》的重視，亦確立了濂溪於宋明理學的地位。

〔註 15〕《朱熹集》（七）卷七十五〈周子太極通書後序〉，頁 3942。

〔註 16〕「無極」一詞最早見於《老子》與《莊子》。王弼本《老子》第二十八章云：

說》的地位受到質疑，陸象山即爲此「太極無極」之辯，與朱熹書札往返，爭論再三，〔註17〕朱熹則力辯周子之說與道家有別。

首先，朱熹對「無極而太極」一詞加以論述云：

> 「無極而太極」，只是無形而有理。周子恐人於太極之外，更尋太極，故以無極言之。（《朱子語類》（六）卷九十四，頁2366。）

「太極」實爲「無極」，又曰：

> 聖人謂之太極者，所以指夫天地萬物之根也。周子因之而又謂之無極者，所以著夫無聲無臭之妙也。然曰「無極而太極」、「太極本無極」，則非無極之後別生太極，而太極之上先有無極也。又曰「五行陰、陽，陰、陽太極」，則非太極之後別生二五，而二五之上先有太極也。以至於成男成女，化生萬物，而無極之妙蓋未始不在是焉。（《朱熹集》（四）卷四十五〈答楊子直〉，頁2154。）

「無極」即是「太極」，兩者並非二物，非有先後之別。「太極」本是天地萬物的根源，言「無極」只是用以強調太極「無聲無臭」的狀態，此「無」並非是虛空寂滅的無，〔註18〕而是無形跡的形上之體；而言「太極」則是強調有理，但此「有」亦非是物之「有」，而是有「二氣五行之理」。〔註19〕朱熹又強調分言此兩者的重要性，其謂：

> 不言「無極」，則太極同於一物，而不足爲萬化之根；不言太極，則

「爲天下式，常德不忒，復歸於無極。」然今認定此爲衍文，詳細論述請參考陳鼓應《老子今註今譯》頁123及王淮《老子探義》頁115；而《莊子》書中，〈逍遙遊第一〉曰：「吾驚怖其言，猶河漢而無極也。」〈在宥第十一〉亦云：「入無窮之門，以遊無極之野。」此兩處中，「無極」一詞皆爲無窮極之意。

〔註17〕 周敦頤《太極圖說》的爭議，原本起自朱熹與陸梭山，之後象山爲其兄做辯解，與朱熹展開書信論辯。象山之言主要見於〈與朱元晦〉中，象山認爲《六經》中未見「無極」一詞，可知聖人只言「太極」不言「無極」，故主張〈太極圖〉非周子所作，且「無極」一詞本來自老子，爲異端之弊，其曰「老氏之學不正，見理不明，所蔽在此。」（見《陸九淵集》（臺北：里仁書局，1981年），頁24。朱、陸兩人並對「極」的釋義，進行一番爭辯。

〔註18〕 《朱熹集》（三）卷三十六〈答陸子靜〉，頁1577。云：「周子之所謂無，是果虛空斷滅，都無生物之理耶？此又理有未明而不能盡乎人言之意者六也。老子『復歸於無極』，無極乃無窮之義，如莊生『入無窮之門以遊無極之野』云爾，非若周子所言之意也。今乃引之，而謂周子之言實出於彼，此又理有未明，而不能盡乎人言之意者七也。」

〔註19〕 《朱子語類》（六）卷九十四，頁2365。

「無極」淪於空寂，而不能爲萬物之根。(《朱熹集》(三) 卷三十六
〈答陸子美〉，頁 1567。)

太極與無極，兩者實爲一體，不可分割，若不言「無極」則失其形上道體的
狀態；若不言「太極」則無法說明其生成萬物的特性。此無極即太極，是爲
萬化萬物之根源，可謂是「實有而非物、本無而不空的實體」。〔註20〕

因此，朱熹對老子的「有、無」觀大加批評，在〈答楊子直〉一文中云：

此一圖之綱領，《大易》之遺意，與老子所謂物生於有，有生於無，
而以造化爲眞有始終者正南北矣。(《朱熹集》(四) 卷四十五〈答楊
子直〉，頁 2154。)

《朱子語類》中亦提及：

今日「而」，則只是一理。「無極而太極」，言無能生有也。(《朱子語
類》(六) 卷九十四，頁 2368。)

朱熹雖然認可「無極而太極」是用以說明無能生有，但宇宙的創生是沒有終
始的，此「無」與「有」並非獨立二物，兩者亦沒有先後次序，不是先有無
極，再生出太極，而是無中涵有，有中涵無，兩者相依而不雜。因此，朱熹
認爲周子此「有、無」是合而爲一。

而反觀老子之言「物生於有，有生於無」，兩者有時間先後之關係，則是
將「有」、「無」視爲獨立二物，「無」先生「有」，「有」再生萬物，宇宙的生
成變化則有前後始終之別。「無」只爲形上的虛無，無法直接生成萬物，必須
通過「有」以造化；「有」只爲形質的有，而缺乏形上的根源意義。

朱熹不僅視老子之有、無爲二，亦對《老子》「道可道」一章予以重新斷
句，《朱子語類》曰：

問：「《老子》『道可道』章，或欲以『常無』、『常有』爲句讀，而『欲』
字屬下句者，如何？」曰：「先儒亦有如此做句者，不妥帖。」(《朱
子語類》(八) 卷一二五，頁 2994。)

<hr>

〔註20〕萬榮晉：《中國哲學範疇導論》(臺北：萬卷樓圖書公司，1993 年)，頁 61。
其曰：「宋、元、明、清時期，不管是哪一派的哲學家，隨著理學思潮的興起
和發展，都在注《易》的形式下，對『太極』進行了廣泛的探索，把對太極
的認識推向一個新的高峰。……把太極規定爲實有而非物、本無而不空的實
體，是對以往哲學思辨的理論總結，表示他們力圖克服道家、玄學、佛學本
體論『陷於空寂』的理論局限，又要力圖克服樸素經驗論者把太極視爲普通
一物的直觀性。」

又云：

> 今讀老子者亦多錯。如《道德經》云「名非常名」，則下文有名、無名，皆是一義，今讀者皆將「有、無」作句。又如「常無欲，以觀其妙；常有欲，以觀其竅」，只是說「無欲、有欲」，今讀者乃以「無、有」為句，皆非老子之意。（《朱子語類》（八）卷一二五，頁 2990。）

關於此章的斷句，自王安石始主張斷句為「無，名天地之始；有，名萬物之始。故常無，欲以觀其妙；常有，欲以觀其徼」，〔註21〕朱熹對此提出批評，認為老子的「有、無」既是分為二物，則為空虛斷滅，不足以生成萬物，所以老子的「有、無」是不可以作為「天地之始」與「萬物之母」的，故將此段斷句為「無名，天地之始；有名，萬物之母。故常無欲，以觀其妙；常有欲，以觀其徼。」朱熹極力抨擊老子的「有、無」思想，強調儒、道間的差異，並再次說明周子的「有、無」與老子的「有、無」是極不相同的，甚至是完全相反。

雖然周敦頤的《太極圖說》帶有濃厚的道家色彩，但是透過朱熹的闡釋，此說成為儒家形上義理的重要論述，朱熹並以此建構其自身的宇宙本體論，也證成其理氣論之體系。其間，朱熹屢屢藉由對《老子》的重新詮解，以對比出儒、道之間的差異，擺脫「太極」與道家的關連，其認為老子在宇宙創生過程及道體內容上的不同看法，皆是老子在道體方面「察理不精」所犯的謬誤。

二、有關道論的稱許處

朱熹對老子道體的評價雖以負面居多，但也謂老子「它做許多言語，如何無可取？」〔註22〕朱熹對老子並全然的否定，其認為老子思想中仍有可取之處，比如《老子》中「谷神不死」及對「仁」的形容，皆是《老子》道論中難得的佳處。

〔註21〕關於《老子》首章原文為：「道可道，非常道；名可名，非常名。無，名天地之始；有，名萬物之母。故常無，欲以觀其妙；常有，欲以觀其徼。此兩者，同出而異名，同謂之玄。玄之又玄，眾妙之門。」對此部分文句的斷句，歷來有兩種：（一）「無名，天地之始；有名，萬物之母。故常無欲，以觀其妙；常有欲，以觀其徼。」早在嚴遵、王弼時即作此解，後世亦多循之；（二）如上，以「有」、「無」為讀，自王安石始作此解。詳細論述參考陳鼓應《老子今註今譯及評介》，頁 48。

〔註22〕《朱子語類》（八）卷一二五，頁 2994。

（一）「谷神不死」之生生之意

《二程集》云：

> 莊生形容道體之語，儘有好處。老氏「谷神不死」一章最佳。〔註23〕

程頤在評論老、莊論道體時，讚揚《老子》「谷神不死」章為佳。程子雖稱許此章，但相關論述並不多，其如何取老子之說亦難以得知。〔註24〕然朱熹卻多次提及程頤此讚許之語，甚至認為程子有取於老氏「生生之意」，《朱子語類》言：

> 問「谷神不死」。曰：「谷之虛也，聲達焉，則響應之，乃神化之自然也。『是謂玄牝』。玄，妙也；牝，是有所受而能生物者也。至妙之理，有生生之意焉，程子所取老氏之說也。」（《朱子語類》（八）卷一二五，頁2995。）

朱熹認為老子所言之「谷神不死」，是用以形容道的生生之意，且此至妙之「生生」之理亦為程頤所採用。

「生生」的觀念出於《易・繫辭上》所言之「生生之謂易」，至二程時加以發揮，其曰「『生生之謂易』，是天之所以為道也。天只是以生為道，繼此生理者，即是善也。」〔註25〕又曰「『生生之謂易』，生生之用神也。」〔註26〕「生生」是指天道創生的作用，為儒家道體之體現。而「谷神不死」則出自《老子》第六章，原文為：

> 谷神不死，是謂玄牝。玄牝之門，是謂天地根。綿綿若存，用之不勤。〔註27〕

此章用「谷神不死」來形容道體，強調其虛空靈妙的變化與幽微不絕的根源作用。老子所言的「道」是一種「虛」的境界，其作用則是透過「無限妙用」而來，〔註28〕故曰「虛而不屈，動而愈出」，〔註29〕道與萬物間的關係亦為「萬

〔註23〕《二程集》（一）〈河南程氏遺書卷第三〉，頁64。
〔註24〕二程雖屢言生生之理，但並未明言取於老子「谷神不死」一意，陳榮捷對此曾言「謂程子有取于老氏生生之意。此中關係有何根據，朱子並未言明。程子所言，並無建立谷神與生生之關係之痕跡。吾人敢謂此為朱子本人解釋程子之意而已。」見〈朱子評老子與論其與「生生」觀念之關係〉收於《朱學論集》，頁110。
〔註25〕《二程集》（一）〈河南程氏遺書卷第二上〉，頁29。
〔註26〕《二程集》（一）〈河南程氏遺書卷第十一〉，頁128。
〔註27〕《王弼集校釋》〈老子道德經注・第六章〉，頁16。
〔註28〕牟宗三：《中國哲學十九講》（臺北：臺灣學生書局，1983年），頁106。云：

物作焉而不辭，生而不有，爲而不恃，功成而弗居」。〔註30〕此創生型態實與儒家《易傳》所言之「生生」有所差別。今朱熹不僅讚揚老子之說，甚至認爲程頤的「生生」之意是取自老子，其態度甚爲特殊。

對此，近世學者亦曾加以評論。陳榮捷即對朱熹此說相當重視，認爲「此處『取』爲收而用之之意，而非只謂老子之言有可取處」。亦即是此語不僅爲讚美之詞，而是指程子思想中「生生」的觀念是取自老子「谷神不死」的說法。陳氏更進一步申述「是則生生與谷神之關係，實是朱子本人意，……而朱子自以爲來自程子者也。」如此而論，此段之意義有三：「一則可以見朱子之對于老子之極力攻擊並非不留餘地。二則老子思想並非全然虛靜無爲。三則理學『生生』之重要基本觀念竟可謂來自老子。」依陳氏所言，朱熹此說並非符合程頤原意，但卻對理學與道家的關係，提供了相當正面且創新的論證。因爲其不僅推翻了老子只爲虛靜無爲的批評，另一方面也積極拉近理學與老子的關係，理學與老子並非是對立的，而是有所承繼的。〔註31〕

至於朱熹所言的「生生」與老子「生生」之意的差別，唐君毅於論「太極」之意時，即曾分析了兩者的不同，其云：

> 老子、王弼，皆未言生生之理生生之道。而王弼、老子之理之道之
> 生物，又是生之而任之復歸於無者，故其說終不免歸於「以無爲本
> 而虛載群生」之論。……中國哲學家中，最重生生之道之理，而視
> 之爲萬物之一原所在，而詳發其蘊者，則爲宋儒之朱子。朱子之所
> 論，既近承周、張、二程之言生生之理生生之道，遠本於《易傳》
> 之言生生之易，與《中庸》之言天之生物之道，而亦遙契孟子之言
> 「生則惡可已」，與孔子之言天道之見於「四時行，百物生」之旨。
> 〔註32〕

「道家的『道』之具體的妙用即『玄』，固然必須要和天地萬物連在一起來說。但這時說創生，創造的意義就不顯，而生就是不生之生，這才是道家的本義、眞實的意義。何謂不生之生？這是消極地表示生的作用，……在道家生之活動的實說是物自己生自己長。」道家之生爲境界型態的「不生之生」，與儒家妙用的實有型態不同。

〔註29〕《王弼集校釋》〈老子道德經注·第五章〉，頁14。
〔註30〕《王弼集校釋》〈老子道德經·第二章〉，頁6。
〔註31〕陳氏之說見〈朱子評老子與論其與「生生」觀念之關係〉一文，收於《朱學論集》，頁99。
〔註32〕唐君毅：《中國哲學原論·導論篇》（臺北：臺灣學生書局，1986年），頁459。

唐君毅認爲老子、王弼所言的「道」，是一種「生之而任之復歸於無者」的「以無爲本」的創生型態，並未具有生生之理。而中國哲學家中最重生生之理者爲朱熹，朱熹所言之生生是一種生生不息的流行天理，是上承孔、孟、《中庸》、《易傳》，以迄周、張、二程諸儒，可謂是儒家道統一脈相傳而來，此生生之理爲萬物之所在，亦是萬物之指導原則，〔註33〕與老子所代表的道家之「生」絕不相類。

今觀朱熹著作中，多次論及「谷神不死」的概念，《朱子語類》卷一二五中，即花許多的篇幅來說解《老子》此章，並分別爲「谷神」、「玄牝」及「谷神不死」等語詞做詮解，且於論述過程中回答「老子之言，似有可取處？」的問題時，云「它做許多言語，如何無可取？」顯示朱熹對老子此章的重視。其言「谷神」爲：

> 谷只是虛而能受，神謂無所不應。它又云：「虛而不屈，動而愈出。」
> 有一物之不受，則虛而屈矣；有一物之不應，是動而不能出矣。(《朱
> 子語類》(八)卷一二五，頁2994。)

朱熹分別解釋「谷」、「神」二字，又云「谷神是那箇虛而應物底物事」〔註34〕以「谷神」來說明道的特性，強調自然的神化是玄虛而受物，因爲受物所以能生物。至於《老子》「谷神不死，是謂玄牝。」之「玄牝」一語，朱熹則認爲是「玄，妙也；牝，是有所受而能生物者也」，「谷神」之所以不死，正是其受物而能生物之特性，所以謂其爲「至妙之理，有生生之意焉」。其謂「玄牝蓋言萬物之感而應之不窮，又言受而不先。」〔註35〕認爲玄牝爲萬物之根，莫之能感卻變化無窮。道創生萬物的過程是幽玄不測、無跡可尋的，玄虛而不停竭，此至妙之理，即是天下萬物生成之根源。

持平而論，朱熹強調「谷神不死」具有創生萬物的作用，然其所謂之「生」，實則與老子、程子並不盡同。老子之道爲「虛」，故其「生」是一種「生之而

〔註33〕關於朱熹所言的「生生之理」，唐君毅解釋曰：「此乃特重此道之永遠在前爲導之義。而自萬物之創生言，則萬物未生之際，只能說寂，其由未生而生，此中之先有者，亦只能是一由未生至生之一道一理，在前爲導，而物則依此生之道生之理以生。此即見天德天理天道之流行，於萬物之相繼而生生不已的歷程中。此則中國傳統思想共有之大義，而爲朱子之所發揮，以成其以此理此道爲太極，以主乎一切流行之氣之中之思想。」見《中國哲學原論・導論篇》，頁460。

〔註34〕《朱子語類》(八)卷一二五，頁2995。

〔註35〕《朱子語類》(八)卷一二五，頁2995。

任之復歸於無者」的玄虛妙用；而程子之「道」爲實，故其「生」是承《易傳》而來，是「天地生物之心是仁」，〔註36〕此「生」是包含「仁」之天道天理。因此，朱熹認爲程子有取於老子「谷神」之生生之意，實則是模糊了兩者間「道」體的差異，一方面強調老子「谷神」虛而能受的特性，另一方面則淡化了程子道論中「仁」之道德本質。「生生」觀念原是儒家傳統對道體作用的說明，亦是宋明理學中程、朱一派對於道體的重要概念，今朱熹反言程子有取於老子，或可視是宋明理學中儒、道雜揉現象的一種反映。

（二）論「仁」

與上文相較，朱熹對老子關於「仁」方面的稱許，即單純許多。朱熹論「仁」時取老子之說以形容仁體，其曰：

> 耳之德聰，目之德明，心之德仁，且將這意去思量體認。將愛之理在自家心上自體認思量，便見得仁。仁是箇溫和柔軟底物事。老子說：「柔弱者，生之徒；堅強者，死之徒。」見得自是。看石頭上如何種物事出！（《朱子語類》（一）卷六，頁114。）

這裏取老子「柔弱者，生之徒；堅強者，死之徒。」〔註37〕一句來形容「仁」的特性。「仁」是朱熹思想中一個很重要的概念，其承襲二程之說再加以發揮，提出「心之德，愛之理」爲仁的定義，並曰「仁之爲道，乃天地生物之心，即物而在。」〔註38〕此天地之心的仁是必須於心上體認思量的。而對於「仁」的狀態，其曰「仁是個溫和柔軟底物事」，因爲如同老子所言「柔軟者，生之徒；堅強者，死之徒。」〔註39〕所有的物事，唯有在柔軟的狀態下，才能充滿韌性蘊含生機；相反地，若是在堅硬的狀態下，則僵硬外露，容易招致搐擊，面對衝擊也容易斷傷。朱熹特別指出「仁」的柔軟特性，顯然是對老子「柔能克剛」的主張相當認同，所以取其言以爲論證，以強調「仁」充滿韌性與生機的意義。

〔註36〕《朱子語類》（六）卷九十五，頁2440。此是門生問及伊川「心，生道也。人有是心，斯具是形以生。惻隱之心，生道也。」之意，朱熹解釋曰：「天地生物之心是仁。人之稟賦，接得此天地之心，方能有生。故惻隱之心在人，亦爲生道也。」

〔註37〕《王弼集校釋》〈老子道德經注・七十六章〉，頁185。

〔註38〕《朱熹集》（六）卷六十七〈仁說〉，頁3543。

〔註39〕《王弼集校釋》〈老子道德經注・第七十六章〉，頁185。原文次序有異，當爲：「堅強者，死之徒；柔弱者，生之徒。」

　　朱熹對「仁」的概念，討論相當廣泛，闡發極為精細，其將「仁」提升至宇宙界，做為天理下降於人心之表現，「仁」一詞可謂為朱熹思想中的重要概念。而對此重要概念，朱熹取老子之言以為說明，可知朱熹對老子思想中某些方面仍給予了相當的肯定。

第二節　不見實理

　　除了道論上的「察理不精」外，老子對人文禮義的否定，也是朱熹抨擊的另一個焦點，對此朱熹批評其是「不見實理」。〔註40〕

　　「理」的探討，是宋明理學的主要課題，程、朱一系中即以「理」為思想中心，其理是含有實在內容，且具有實踐性的，〔註41〕二程時常言「常理」、「正理」、「實理」，朱熹著作中則屢屢提及「實理」一詞，其曰：

>　　蓋性中所有道理，只是仁義禮智，便是實理。吾儒以性為實，釋氏
>　　以性為空。（《朱子語類》（一）卷四，頁64。）

「實理」的內容即是仁義禮智，是君君臣臣、父父子子、夫夫婦婦之理。〔註42〕又云：

>　　伊川所謂「人雖無邪心，苟不合正理，乃邪心也」。佛氏之學，超出
>　　世故，無足以累其心，不可謂之有私意。然只見他空底，不見實理，
>　　所以都無規矩準繩。（《朱子語類》（三）卷四十一，頁1047。）

實理是具有規範性質，是人文社會的禮儀規準。朱熹論「實理」時，常取釋氏之「空理」與之並論，以強調儒家「實理」的道德內涵和社會規範的實踐作用，《論語或問》中即言：

>　　吾之所謂道者，君臣父子夫婦昆弟朋友，當然之實理也。彼之所謂

〔註40〕　《朱子語類》（三）卷四十一，頁1047。

〔註41〕　鄧克銘：《宋代理概念之開展》（臺北：文津出版社，1993年），頁2，言：「程頤與朱子之『理』觀，具有濃厚的形而上性格，然而『理』之觀念，並非只是一種抽象的思惟，而且是具有實在內容之『實理』。經由人之實踐活動，理觀念可以轉化為一定的規範型式，而具有指導功能。」

〔註42〕　《朱子語類》（四）卷六十三，頁1538。：「正淳云：『某雖不曾會禪，然看得來，聖人之說皆是實理。故君君臣臣，父父子子，夫夫婦婦，皆是實理流行。釋氏則所見偏，只管向上去，只是空理流行爾。』曰：『他雖是說空理，然真箇見得那空理流行。自家雖是說實理，然卻只是說耳，初不曾真箇見得那實理流行也。釋氏空底，卻做得實；自家實底，卻做得空，緊要處只爭這些子。』」

道，則以此爲幻爲妄而絕滅之，以求其所謂清淨寂滅者也。〔註43〕

孔、孟聖人之言皆是「實理」，此理不只是一個形上的玄虛的理，而是具有實質內涵，此實質內涵就是仁義禮智，是三綱人倫之理。「理」是朱熹學說的重點，朱熹認爲形上至善的道，也就是理，藉由人顯現出來，落實在人文社會中，而成爲具體的禮儀規範，「理」不僅是宇宙最高的形上根源，也是人倫義理之依據。此處特標舉出「實理」一詞，非是「理」外別有另一個理，而是用以強調「理」所包含的道德內涵。其認爲老子否定人文倫理，正是不明白此「實理」。

一、害倫理

對於老子人倫方面的批評，朱熹常謂其「害倫理」，甚至取鄉原相比，謂老子的爲害更甚於鄉原，其曰：

> 老子不似鄉原。鄉原卻尚在倫理中行，那老子卻是出倫理之外。它自處得雖甚卑，不好聲，不好色，又不要官做，然其心卻是出於倫理之外，其說煞害事。如鄉原，便卻只是箇無見識底好人，未害倫理在。（《朱子語類》（八）卷一三六，頁 3242。）

朱熹認可老子是個有見識的人，但卻著力於出倫理之外，而鄉原雖無見識，卻仍是在倫理中行，所以仍可算是個好人，以此而論，老子還劣於德之賊的鄉原。顯然朱熹對老子倫理方面的評價甚低。

（一）無 理

朱熹認爲老子之所以出於倫理之外，在於老子不見實理，不瞭解仁義禮智之人倫道理。《朱子語類》卷六十云：

> 孔、孟見實理，把作合做底看。他（指老子）不見實理，把做無故不肯爲。（《朱子語類》（四）卷六十，頁 1447。）

又言：

> 如釋氏便只是說「空」，老氏便只是說「無」，卻不知道莫實於理。（《朱子語類》（六）卷九十五，頁 2436。）

上節論道體內容時，曾言及老子「以有、無爲二」，以「無」爲宇宙萬物之根源，此「無」不僅代表道體的作用，亦指道體的內容。因此，此處朱熹批評

〔註43〕 〔宋〕朱熹：《論語或問》卷九，收於《景印文淵閣四庫全書・四書或問》（臺北：商務印書館，1984 年），頁 197～351。

老子不明白「理」是具有道德的實質內涵，所以徒以虛靜無爲爲主旨，而不肯有所作爲。眞正的「理」應是實理，但佛、老只由「空、無」言理，此「不見實理」是儒、道間的差異，也是釋、老主要的弊端。

老子以道爲無，不識人倫日用之實理，對於人文社會中的「道德仁義」亦是一概棄之，對此朱熹加以批評曰：

> 老子說：「失道而後德。」他都不識，分做兩箇物事，便將道做一箇空無底物事看。吾儒說只是一箇物事，以其古今公共是這一箇，不著人身上說，謂之道。德，是全得此道於己。他說：「失道而後德，失德而後仁，失仁而後義。」若離了仁義，便是無道理了，又更如何是道！（《朱子語類》（一）卷十三，頁231。）

《老子》第三十八章曰：「上德不德，是以有德；下德不失德，是以無德。……故失道而後德，失德而後仁，失仁而後義，失義而後禮。」〔註44〕老子認爲人文社會的仁義道德皆只是人爲的桎梏，所以否定這些人文規範。但朱熹批評老子此說不僅析有、無爲二，亦分道、德爲二物，因爲仁義之德是天道下落於人身之體現，亦是人文社會的基本規範。今言「失道而後德」，將道與仁義分離，使形上形下全然截而爲二，遂使道喪失實踐的特性，而徒具形上意義，亦使人文社會中的道德規範，失去天道的依據。

朱熹更進一步對老子之「以德報怨」予以批評：

> 「以德報怨」，於怨者厚矣，而無物可以報德，則於德者不亦薄乎！……「以直報怨」則不然，如此人舊與吾有怨，今果賢邪，則引之薦之；果不肖邪，則棄之絕之，是蓋未嘗有怨矣。老氏之言死定了。孔子之言意思活，移來移去都得。（《朱子語類》（三）卷四十四，頁1136。）

此處比較孔子的「以直報怨」與老子的「以德報怨」，朱熹認爲老子之說不合理，是對怨者過於寬容，對德者反而無以回報，不若孔子之言適當合理。老子以道爲「無」，也消解了人倫日用中的道德規範，使得人行爲舉止無所依循，才會產生對怨者厚矣、對德者無以報的失當情形。而此皆是肇因於老子之「不見實理」。

（二）簡　忽

朱熹認爲老子雖然不見仁義禮智之實理，但老子並非不瞭解人倫之禮。

〔註44〕《王弼集校釋》〈老子道德經注・第三十八章〉，頁93。

相反地，老子是相當明瞭人文禮儀，只是不肯去做，《朱子語類》云：

> 他曾爲柱下史，故禮自是理會得，所以與孔子說得如此好。只是他
> 又說這箇物事不用得亦可，一似聖人用禮時反若多事，所以如此說。
> （《朱子語類》（八）卷一二五，頁 2997。）

又云：

> 他本周家史官，自知禮，只是以爲不足道，故一切埽除了。（《朱子
> 語類》（四）卷六十，頁 1447。）

朱熹多次提及「孔子問禮於老聃」一事，認可老子爲柱下史，自然對禮明瞭
更甚於孔子，只是老子對禮的態度過於忽視，認爲禮是多餘而不願爲，故一
切皆捨棄了。這種簡忽的態度，使老子知倫理而不行倫理。

　　朱熹批評老子知禮而不行禮是因爲過於簡忽，接著朱熹又分別了「有本
領的簡」與「無本領底簡」的差異，朱熹晚年論《論語·雍也篇》中「居敬
而行簡」一章時曰：

> 「居敬行簡」，是有本領底簡。「居簡行簡」，是無本領底簡。程子曰：
> 「居敬則所行自簡。」此是程子之意，非仲弓本意也。（《朱子語類》
> （三）卷三十，頁 763。）

又曰：

> 程子謂敬則自然簡，只說得敬中有簡底人，亦有人自處以敬而所行
> 不簡，卻說不及。聖人所以曰居敬，曰行簡，二者須要周盡。（《朱
> 子語類》（三）卷三十，頁 763。）

又曰：

> 徒務行簡，老子是也，乃所以爲不簡。（《朱子語類》（三）卷三十，
> 頁 765。）

這裡比較了仲弓的「居敬行簡」與老子「徒務行簡」。仲弓的「居敬行簡」是
內在重視守敬的工夫，外在則以簡靜爲主；〔註45〕而老子「徒務行簡」，則是
忽略內在的修養，否定「敬」的實踐功夫，而專行簡忽之事，此時的「簡」

〔註45〕關於「簡」的意思，《朱子語類》又曰：「復問：『何謂簡？』曰：『簡是凡事
　　　據見定。』又曰：『簡靜。』復問：『「簡者不煩之謂」，何謂煩？』曰：『煩是
　　　煩擾。』又曰：『居敬是所守正而行之以簡。』」（《朱子語類》（三）卷三十，
　　　頁 762。）又曰：「胡問：『何謂行簡？』曰：『所行處簡要，不恁煩碎，居上
　　　煩碎，則在下者如何奉承得！故曰「臨下以簡」，須是簡。』」（《朱子語類》（三）
　　　卷三十，頁 763。）

是無根基，無修養工夫做依據的「簡」，故反而不是真正的「簡」了。朱熹還指出伊川「居敬則心中無物而自簡」〔註46〕之說，未合儒家本意，認為此種說法只強調內在的「居敬」，而忽略外在的「行簡」，以為居敬了自然能行簡，偏重本、內的修養，而忽略末、外的功夫。其強調「居敬」和「行簡」的工夫「二者須要周盡」。又言：

> 「世間有那居敬而所行不簡。如上蔡說，呂進伯是簡好人，極至誠，
> 只是煩擾。便是請客，也須臨時兩三番換食次，又自有這般人。又
> 有不能居敬，而所行卻簡易者，每事不能勞攘得，只從簡徑處行。
> 如曹參之治齊，專尚清靜，及至為相，每日酣飲不事事，隔牆小吏
> 酣歌叫呼，參亦酣飲歌呼以應之，何有於居敬耶！據仲弓之言，自
> 是兩事，須子細看始得。」又曰：「須是兩頭盡，不只偏做一頭。如
> 云內外，不只是盡其內而不用盡其外；如云本末，不只是致力於本
> 而不務乎其末。居敬了，又要行簡。聖人教人為學皆如此，不只偏
> 說一邊。」（《朱子語類》（三）卷三十，頁763。）

朱熹強調「居敬」、「行簡」是兩件工夫，「居敬是自處以敬，行簡是所行得要。」〔註47〕內心要恭敬自持，行為要恰如其分，兩者不能作一事觀，亦不能或偏，就如同本末體用是不能只專做一頭。朱熹並舉例說明，專務居敬卻不能行簡者，即如呂進伯，行事甚為繁雜累贅；而不能居敬卻行簡易者，則如曹參，徒尚無為而失規矩。其中曹參之治齊，正是襲自老子清虛寡慾之效，〔註48〕所以失其本而專力其末，終是不事事。聖人重視本末內外的工夫須兩頭盡，始能內外貫通，老子之弊即在於專務外在的無為，忽視內在持敬復禮的工夫。

〔註46〕《朱子語類》（三）卷三十中云：「仲弓謂『居敬而行簡』，固是居敬後自然能簡，然亦有居敬而不行簡者。蓋居敬則凡事嚴肅，卻要亦以此去律事。凡事都要如此，此便是居敬而不行簡也。」（頁762）「居敬、行簡，是兩件工夫。若謂『居敬則所行自簡』，則有偏於居敬之意。」（頁762）朱熹認為伊川之言只偏重內在之居敬，以為只要能做到「居敬」的工夫，自然能行簡，未合仲弓本意。

〔註47〕《朱子語類》（三）卷三十，頁764。云：「問：『居敬則內直，內直則外自方。居敬而行簡，亦猶內直而外方歟？若居簡而行簡，則是喜靜惡動、怕事苟安之人矣。』曰：『程子說「居敬而行簡」，只作一事。今看將來，恐是兩事。居敬是自處以敬，行簡是所行得要。』」此處朱熹反駁了程子所謂居敬自能行簡的說法，認為居敬與行簡是兩種工夫，不可偏廢一方。

〔註48〕參見下文〈為政之道〉。

二、權詐之術

對於老子思想，程、朱理學家多視其為「權詐之術」，程子就曾云「老子語道德而雜權詐，本末舛矣」，〔註49〕其斥老子不僅理論思想上失其本末，為人也是要弄權謀詐術，故運用於治道上，演變為申、韓之術及秦之愚民苛政，為後世政治立一惡範。朱熹承襲程子之說，對此嚴厲批判，由「為人之道」與「為政之道」兩方面批評老子為自私心毒。

（一）為人之道

朱熹屢屢言及老子的為人是自私、占便宜的，其曰：

> 死生有命，當初稟得氣時便定了，便是天地造化。只有許多氣，能保之亦可延。且如我與人俱有十分，俱已用出二分。我才用出二分便收回，及收回二分時，那人已用出四分了，所以我便能少延。此即老氏作福意。老氏惟見此理，一向自私其身。（《朱子語類》（一）卷三，頁 43。）

人能保氣則可養生延年，老子的思想正是很懂得保氣，尤其懂得自私以保氣，「如我與人俱有十分，俱已用出二分。我才用出二分便收回，及收回二分時，那人已用出四分了，所以我便能少延。」其以自私其身為養生之道，故朱熹批評老子為狡詐占便宜的人，其云：

> 常見畫本老子便是這般氣象，笑嘻嘻地，便是箇退步占便宜底人。
> 雖未必肖他，然亦是他氣象。（《朱子語類》（八）卷一二五，頁 2996。）

朱熹謂「老子窺見天下之事，卻討便宜置身於安閑之地」，〔註50〕老子亦是有見識的人，能識得天下事理，只是一向「自私其身」，凡事皆以自身利益為主，以退步占便宜為養生之道。老子「收藏，不放散」的特色，〔註51〕在朱熹看來，皆是出此自私功利之見。

老子自私之學發揮到極至則為楊朱之學，朱熹曰：

> 如老子之學全是約，極而至於楊氏不肯拔一毛以利天下，其弊必至此。（《朱子語類》（二）卷二十七，頁 707。）

又云：

> 楊朱乃老子弟子，其學專為己。……老子窺見天下之事，卻討便宜

〔註49〕 《二程集》（二）〈河南程氏粹言卷第一〉，頁 1180。
〔註50〕 《朱子語類》（四）卷六十，頁 1447。
〔註51〕 《朱子語類》（六）卷八十七，頁 2259。

> 置身於安閑之地，云「清靜自治」，豈不是與朱同？（《朱子語類》
> （四）卷六十，頁1447。）

老子對於倫理禮教過於簡約，全以自私其身爲用，其流弊則爲「不肯拔一毛以利天下」的楊朱之學。朱熹認爲老子因對禮過於簡忽，只以自身利害爲考量，對外界陌不關心，遂全以自私功利之爲己爲用。楊朱承此說發展爲「拔一毛以利天下不爲也」的自私愛身之說，因此朱熹屢言「老便只是楊氏。人嘗以孟子當時只闢楊、墨，不闢老，不知闢楊便是闢老」〔註52〕、「楊朱看來不似義，他全是老子之學」，〔註53〕朱熹認爲楊朱乃老子弟子，楊氏正爲老子自私之學的代表人物。

老子以自私爲考量，對應於外在人事，則以權術狡詐爲手段，朱熹即多次用「老子之術」一詞，來強調老子權術的特性，並批評老子「心最毒」，其云：

> 老子之術，謙沖儉嗇，全不肯役精神。（《朱子語類》（八）卷一二五，
> 頁2987。）

又曰：

> 老子之術，須自家占得十分穩便，方肯做；才有一毫於己不便，便
> 不肯做。（《朱子語類》（八）卷一二五，頁2987。）

老子「謙沖儉嗇」的思想，是以自身的方便爲考量的基準，若有一絲損己則絕不肯爲之，故老子之術只是自私功利之術，純以自身之利益爲主。《朱子語類》中云：

> 老子之意正不如此，只是要柔伏退步耳。……它只要退步不與你爭。
> 如一箇人叫哮跳躑，我這裏只是不做聲，只管退步。少間叫哮跳躑
> 者自然而屈，而我之柔伏應自有餘。老子心最毒，其所以不與人爭
> 者，乃所以深爭之也，其設心措意都是如此。閑時他只是如此柔伏，
> 遇著那剛強底人，它便是如此待你。（《朱子語類》（八）卷一三七，
> 頁3266。）

又言：

> 老子之術，自有退後一著。事也不攙前去做，說也不曾說將出，但
> 任你做得狼狽了，自家徐出以應之。如人當紛爭之際，自去僻靜處
> 坐，任其如何。彼之利害長短，一一都冷看破了，從旁下一著，定

〔註52〕《朱子語類》（二）卷二十四，頁587。
〔註53〕《朱子語類》（四）卷五十五，頁1321。

是的當。此固是不好底術數，然較之今者浮躁胡說亂道底人，彼又
較勝。(《朱子語類》(七) 卷一二０，頁 2913。)

朱熹認為老子「柔弱無為」的清虛之學，只是權術的表現。老子先自處於低
下柔弱處，當別人紛爭之時，他既不參與也不說解，只是居於一旁冷眼旁觀，
並私下養精蓄銳，等待別人氣力用盡，他才從容使力，遂是無人能擋。「老氏
之學最忍，它閑時似箇虛無卑弱底人，莫教緊要處發出來，更教你枝梧不住」。
〔註 54〕老子之術是巧用機關、處處算計的，表面上是不與人爭，然事實上卻
私下計較盤算著勝人之道，所以說老子的心是最狠毒陰險的。朱熹此處的批
評可謂是嚴厲至極。

但朱熹又言老子之學雖為不好的術數，但較之「今者浮躁胡說亂道底人，
彼又較勝」。老子雖是巧用機關術數，但終是識得天下道理，知道「物極必反」、
「柔能勝剛」之道，所以自居於低、柔之地，以勝強、剛者。由此而論，老
子的手段雖為可議，但所本之原則卻仍是有些道理在，所以較之那些不識理
而胡說亂道的時人為勝。此處朱熹對老子術數的批評似乎有所緩和，然此是
與「浮躁胡說亂道底人」相比，針砭時弊的意義較大，非可謂是對老子術數
的認可。

再者，因為自私，所以老子不僅占便宜，也無責任感，其曰：

老子是箇占便宜、不肯擔當做事底人，自守在裏，看你外面天翻地
覆，都不管，此豈不是少恩？(《朱子語類》(八) 卷一三七，頁 3253。)

老子只要占便宜，卻不肯去擔當做事，任外面天翻地覆，亦置之不管，故不
僅是自私，亦是少恩。又云：

老子說話大抵如此。只是欲得退步占姦，不要與事物接。如「治人
事天莫若嗇」，迫之而後動，不得已而後起，皆是這樣意思。(《朱子
語類》(八) 卷一二五，頁 2996。)

老子不僅不肯擔當做事，甚至不要與事物接，其言「治人事天莫若嗇」，因為
唯有收斂，才是養生之理，〔註 55〕所以對待人事應以「嗇」為原則，必須至
「迫而後動，不得已而後起」至不得已處始與物相接，而平常時候則是「自
要尋箇寬閒快活處，人皆害它不得」。〔註 56〕純以自私功利為主，對於外在的

〔註 54〕《朱子語類》(八) 卷一二五，頁 2987。
〔註 55〕關於老子的養生之法詳本章第三節。
〔註 56〕《朱子語類》(七) 卷一百，頁 2544。

事物，多不理會，更無意去擔當。

　　《史記》中言，申、韓之學慘覈少恩，皆是出於老子。後世對於此說，多為老子加以辯解，但朱熹卻持認同的態度，認為老子自私、不肯擔當做事的個性，即是「少恩」，甚至進一步解釋、老子與申、韓間的關係，其云：

> 老子說話都是這樣意思。緣他看得天下事變熟了，都於反處做起。
> 且如人剛強咆哮跳躑之不已，其勢必有時而屈。故他只務為弱。人
> 纔弱時，卻蓄得那精剛完全；及其發也，自然不可當。故張文潛說
> 老子惟靜故能知變，然其勢必至於忍心無情，視天下之人皆如土偶
> 爾。其心都冷冰冰地了，便是殺人也不恤，故其流多入於變詐刑名。
> 太史公將他與申、韓同傳，非是強安排，其源流實是如此。(《朱子
> 語類》(八) 卷一二五，頁 2997。)

老子識得天下之理，了解物極必反的變化規律，所以純由反處說，自處柔弱之地，以養精蓄銳，待別人剛強之勢已頹，再發用勝人。如此巧用權術，必然會導致冷酷無情，視他人如物，運用於治道上，即成為殺人不眨眼的嚴法酷刑，因此太史公將老子與申不害、韓非同傳，是其來有自的。朱熹又云「故為其學者多流於術數，如申、韓之徒皆是也。其後兵家亦祖其說，如《陰符經》之類是也。」〔註 57〕老子後學流為兩者，一為術數，如申、韓之徒；二為兵家，如《陰符經》等書，術數兵刑皆為老子自私之學的流衍。

　　因此，在《朱子語類》第一二六卷，批評釋氏異端的同時，朱熹並總結了佛、老之異同。其言：

> 佛氏之失，出於自私之厭；老氏之失，出於自私之巧。厭薄世故，
> 而盡欲空了一切者，佛氏之失也；關機巧便，盡天下之術數者，老
> 氏之失也。故世之用兵算數刑名，多本於老氏之意。(《朱子語類》
> (八) 卷一二六，頁 3013。)

朱熹認為「自私」同為佛、老異端之失，所不同的是佛家之失在於「自私之厭」，佛家以萬法為空，消解世事倫常，著重在去人身的執著；而老子正好相反，其過份看重人身，凡事皆以保全其身為主旨，遂成為自私權謀之術，故言其失在「自私之巧」。老子以自私為主旨，巧用機關術數以為己用，發展至極則將為無情少恩的刑殺術法，後世之用兵算術刑名皆可謂是由老子此說而來。

〔註 57〕《朱子語類》(八) 卷一二五，頁 2996。

（二）為政之道

老子之學雖強調收歛，不與事接，但那只是老子的手段，老子的最終目的仍是要取天下，而這也就是老子權謀之用意。朱熹言：

> 今觀老子書，自有許多說話，人如何不愛！其學也要出來治天下，清虛無爲，所謂「因者君之綱」，事事只是因而爲之。（《朱子語類》（八）卷一二五，頁 2987。）

老子之學也是要講治道的，老子的爲政之道就是「清虛無爲」。此處「因者君之綱」一句出於《鬼谷子》，〔註58〕朱熹引此兵家之書以喻老子之治道，顯然用以強調老子與術數兵刑的關係。

老子自私權詐之學不僅表現在爲人上，也反映在治道上。老子雖爲「全不事事」，對道德事理一概簡忽，但並非是謂其完全無所作爲，相反地，老子的「無爲」只是權術的手段，是用以取天下的奇招，朱熹曰：

> 他說「以正治國，以奇用兵，以無事取天下」。據他所謂無事者，乃是大奇耳。故後來如宋齊丘遂欲以無事竊人之國。（《朱子語類》（八）卷一二五，頁 2996。）

「以正治國，以奇用兵，以無事取天下」〔註59〕即是老子治國取天下的方法，可知其所謂的「無事」實是運用了退步以占便宜的權謀方法，只是一種手段，背後仍有取天下的積極目的。後世如宋齊丘等人即是欲效此法以竊人之國，可見此說之爲害甚鉅。

老子既曰無爲，又爲取天下，此種至柔至反的說法，亦正是其思想的特色，朱熹云：

> 如云「致虛極，守靜篤」之類，老子初間亦只是要放退，未要放出那無狀來。及至反一反，方說「以無事取天下」，如云「反者道之動，弱者道之用」之類。（《朱子語類》（八）卷一二五，頁 2987。）

老子以「致虛極，守靜篤」爲主，然「反者道之動，弱者道之用」，虛柔至極

〔註58〕《史記》〈太史公自序〉中引司馬談〈論六家要旨〉，提及道家思想「虛者道之常也，因者君之綱也」之語，司馬貞《史記索隱》曰：「『故曰：聖人不朽』至『因者君之綱』，此出《鬼谷子》，遷引之以成其章，故稱『故曰』也。」然今本《鬼谷子》中未見此句。

〔註59〕《朱子語類》（八）卷一二五，頁 2996。云：「常見畫本老子便是這般氣象，笑嘻嘻地，便是箇退步占便宜底人。雖未必肯他，然亦是它氣象也。只是他放出無狀來，便不可當。如曰『以正治國，以奇用兵，以無事取天下』，他取天下便是用此道。」

至，則爲無爲以取天下，又曰：

> 如云「推天下之至柔，馳騁天下之至堅」，又云「以無爲取天下」，
> 這裏便是它無狀處。據此，便是它柔之發用功效處。（《朱子語類》
> （八）卷一三七，頁 3266。）

「正言若反」是老子論述的方式，其立論多由反方而言，認爲「反者道之動，弱者道之用」，柔弱發揮至極至，則天下莫能與之禦，則反爲天下之至堅，故「以無事取天下」表面上居於「無事」的樣態，事實上卻是以無事爲手段，以達到取天下的目的。

老子以「無爲」取天下，治道上亦標舉「無爲而治」爲原則。關於「無爲而治」的觀念，《論語》中孔子亦曾提及，〔註60〕朱熹弟子曾對此提問於朱熹，朱熹回答曰：

> 不必老子之言無爲。孔子嘗言：「無爲而治者，其舜也與！夫何爲哉？
> 恭己正南面而已矣。」老子所謂無爲，便是全不事事。聖人所謂無
> 爲者，未嘗不爲，依舊是「恭己正南面而已矣」；是「己正而物正」，
> 「篤恭而天下平」也。後世天下不治者，皆是不能篤恭盡敬。若能
> 盡其恭敬，則視必明，聽必聰，而天下之事豈有不理！（《朱子語類》
> （二）卷二十三，頁 537。）

關於上文，賀孫另錄云：「老子所謂無爲，只是簡忽。聖人所謂無爲，卻是付之當然之理。」〔註61〕朱熹比較孔子與老子的「無爲而治」，其謂孔子之無爲仍是有爲，是「視必明，聽必聰」篤恭盡敬，是「爲政以德」敬崇天理，順天道以行而不妄作作爲，但也因爲有爲故能無爲，爲政者「己正而物正」以身化民，則萬物自然合乎天道，大道必能彰明，天下也就能太平。反觀老子之「無爲」，卻是「全不事事」放任而無所作爲，對於應行之理簡約忽略，不能篤盡恭敬，則天下如何能治？

再者，老子治道上「無爲而治」的主張，實則包括了權謀之術。〔註62〕

〔註60〕〔宋〕朱熹：《四書章句集注》（臺北：鵝湖出版社，1984 年），頁 162。《論語・衛靈公》中言：「子曰：『無爲而治者，其舜也與？夫何爲哉，恭己正南面而已矣。』」朱熹注云：「無爲而治者，聖人德盛而民化，不待其有所作爲也。獨稱舜者，紹堯之後，而又得人以任眾職，故尤不見其有爲之跡也。恭己者，聖人敬德之容。既無所爲，則人之所見如此而已。」

〔註61〕《朱子語類》（二）卷二十三，頁 537。

〔註62〕老子之權謀治術發展爲日後的黃老之學，其中又以張良與漢文、景帝爲代表。此方面的相關論述，將於第五章第三節〈黃老之學〉再加以說明，此處只著

朱熹認爲老子的權詐之術衍爲法家之申、韓，亦落實於後世政治上，比如張良、漢文景帝、曹參及宋仁宗等人，皆是以老子之學治國的，尤其是張良，最習得老子的權詐之術，「老子不犯手，張子房其學也。」〔註63〕老子自私不擔當事的權術，被張良落實運用於政治上，朱熹云：

> 如所謂「代大匠斲則傷手」者，謂如人之惡者，不必自去治它，自有別人與它理會。只是占便宜，不肯自犯手做。……如子房爲韓報秦，攛掇高祖入關，及項羽殺韓王成，又使高祖平項羽，兩次報仇皆不自做。後來定太子事，它亦自處閒地，又只教四老人出來定之。（《朱子語類》（八）卷一二五，頁2987。）

張良習得老子闔闢之術，主張遇惡人不必治他，自有別人去理會，故自身只要占便宜，不肯犯手做，利用他人，多次假他人之手以報個人私仇。而在戰事上，張良亦多以奇詭之計勝之，朱熹云：

> 子房皆老氏之學。如嶢關之戰，與秦將連和了，忽乘其懈擊之；鴻溝之約，與項羽講和了，忽回軍殺之，這箇便是他柔弱之發處。可畏！可畏！它計策不須多，只消兩三次如此，高祖之業成矣。（《朱子語類》（八）卷一二五，頁2987。）

又云：

> 如曰「以正治國，以奇用兵，以無事取天下」，他（指老子）取天下便是用此道。如子房之術，全是如此。嶢關之戰，啗秦將以利，與之連和了，即回兵殺之；項羽約和，已講解了，即勸高祖追之。漢家始終治天下全是得此術，至武帝盡發出來。便即當子房閒時不做聲氣，莫教他說一語，更不可當。（《朱子語類》（八）卷一二五，頁2996。）

此處朱熹取實事爲例，認爲「嶢關之戰」與「鴻溝之約」中，張良以背信詭詐之計擊退秦將與楚軍，爲漢高祖取得天下，即是依著老子「以奇用兵，以無事取天下」之術。張良多次用老子狡詐之術，而成就高祖取天下之大業，正與老子陰毒的心相似。〔註64〕

除此之外，漢文帝、曹參與宋仁宗亦是依老子之治術，朱熹謂：

重申述老子治術對後學之影響。

〔註63〕《朱子語類》（八）卷一二五，頁2987。

〔註64〕《朱子語類》（八）卷一三七，頁3266。云：「老子心最毒，其所以不與人爭者，乃所以深爭之也，其設心措意都是如此。閒時他只是如此柔伏，遇著那剛強底人，它便是如此待你。張子房亦是如此。」

如漢文帝、曹參，便是用老子之效，然又只用得老子皮膚，凡事只是包容因循將去。(《朱子語類》(八) 卷一二五，頁 2987。)

又：

然清虛寡慾，這又是他好處。文、景之治漢，曹參之治齊，便是用此。本朝之仁宗元祐，亦是如此。事事不敢做，兵也不敢用，財也不敢用，然終是少失。如熙豐不如此，便多事。(《朱子語類》(二) 卷二七，頁 707。)

西漢文、景帝之治漢、曹參之治齊，皆是效老子之術，然而他們僅習得老子皮膚，只順著「清虛寡慾」的功夫，包容因循以治，北宋仁宗亦是如此，而這恰爲老子治道中的好處。老子權詐治術中「清虛寡欲」只是其表面工夫，然也是老子治道中難得的好處，因爲事事不敢做，所以少做少錯。北宋仁宗元祐時，襲老子此法，終是少錯，不若神宗一朝，有所作爲而多做多錯。朱熹曾批評神宗云：

神宗極聰明，於天下事無不通曉，眞不世出之主，只是頭頭做得不中節拍。如王介甫爲相，亦是不世出之資，只緣學術不正當，遂誤天下。使神宗得一眞儒而用之，那裏得來！此亦氣數使然。天地生此人，便有所偏了。可惜！可惜！(《朱子語類》(八) 卷一二七，頁 3046。)

朱熹謂神宗是極聰明、極思有作爲的帝王，可惜「好用生事之人」，〔註65〕而此生事之人主要即是指王安石，朱熹在政治立場上與王安石不同，極反對其用兵用財之計，認爲王氏雖亦是個難得的人才，可惜「學術不正當」非是個眞儒，神宗以其爲相，遂誤天下蒼生。〔註66〕

〔註65〕《朱子語類》(八) 卷一二七，頁 3046。云：「神宗大概好用生事之人。如吳居厚在京西，括民買鑊，官司鑄許多鑊，令民四口買一，五口則買二。其後民怨，幾欲殺之，吳覺而免，然卒稱旨。其後如蔡京欲舉行神宗時政，而所舉行者皆熙寧之政，非元豐神祖自行之政也。故了翁摘其失，以爲京但行得王安石之政，而欺蔽不道，實不曾紹復元豐之政也。」可知所謂「生事之人」包括吳居厚、蔡京及王安石，其中又以王安石的影響較鉅。

〔註66〕朱熹與王安石於政治立場上是相對立的，《朱子語類》(八) 卷一二七論及本朝之事時，屢屢批評王安石於政治上的錯誤，「大凡做事底人，多是先其大綱，其他節目可因則因，此方是英雄手段。如王介甫大綱都不曾理會，卻纖悉於細微之間，所以弊也。」(《朱子語類》(八) 卷一二七，頁 3042。)「神宗銳意爲治，用人便一向傾信他。……後來傾信王介甫，終是坐此病。只管好用兵，用得又不著，費了無限財穀，殺了無限人，殘民蠹物之政，皆從此起。」

　　此處朱熹提及本朝先帝，所以語多迴護保留，甚至言文帝、景帝、曹參及仁宗是襲得老子治道之好處。「清虛寡慾」是老子的「皮膚」，是老子思想的第一層，卻也是老子治道中的好處，實行的結果雖是兵政、經濟無所建樹，但終是強過多起事端的神宗朝。朱熹在論張良時，對老子權詐之術嚴厲抨擊，此處論仁宗諸人以老學治世，反而稱讚老學治道中亦有好處。其態度的差異，除了對本朝先帝的迴護外，也藉由仁宗與神宗對比，批評不同政治立場者的謬誤，前後兩者的用心是大不相同的。

第三節　養生之道

　　朱熹認為若論道德心性之學，老子之見固不能與聖人之學相比，但關於養生之道，老子則有獨到而中肯的看法。所以在對老子正面的批評中，有很大的部分是關於修養功夫的認可，以下則分養神、養氣、形神合一及厚生之法四方面分別析論之：

一、養　神

　　《老子》第五十九章中言：

> 治人事天，莫若嗇。夫惟嗇，是謂早服；早服，謂之重積德；重積
> 德則無不克；無不克則莫知其極；莫知其極，可以有國；有國之母，
> 可以長久；是謂深根固柢，長生久視之道。〔註67〕

此章中提出了「嗇」的觀念，作為精神上的養生之道。此「嗇」字不是指財物，而是著重在精神上，強調治國養生，首重在愛惜保養精神，能愛惜精神，才能不斷地積德，能積德始能無所不克，至極則能為治國長生。朱熹對此章極為認同，多次引及此章內容，並將之與孟子「平旦之氣」做比較，《朱子語類》中言：

> 因舉老子言：「治人事天莫若嗇。夫惟嗇，是謂早復；早復，謂之重
> 積德；重積德，則無不克。」「大意也與孟子意相似。但他是就養精
> 神處說，其意自別。平旦之氣，便是旦晝做工夫底樣子，日用間只

（《朱子語類》（八）卷一二七，頁3046。）朱熹認為神宗亦是個聰明且欲有
　　作為的君王，可惜錯用了王安石，黷兵耗財使民不聊生，遂使國政陷於紛亂
　　中，可知其對於王安石的政治主張極為不滿。

〔註67〕《王弼集校釋》〈老子道德經注・第五十九章〉，頁155。

要此心在這裏。」(《朱子語類》(四)卷五十九，頁 1394。)

孟子之「平旦之氣」與老子之「治人事人莫若嗇」所指並不盡同，前者是指氣，後者是指精神，兩者雖用意不同，但方法上卻是相似，皆是著重在愛惜保養、不斷積蓄的修養過程。朱熹更進一步強調「嗇，只是含嗇之『嗇』」，〔註68〕老子治人事天的方法實爲「只要收斂，不要放出」。〔註69〕

　　朱熹晚年爲病痛所苦，對養生多所研究，其引老子此章以論養生之法，〔註70〕曰：

> 儉德極好。凡事儉則鮮失。老子言：「治人事天，莫若嗇。夫惟嗇，是謂早服；早服，是謂重積德。」被它說得曲盡。早服者，言能嗇則不遠而復，便在此也。重積德者，言先已有所積，復養以嗇，是又加積之也。如修養者，此身未有所損失，而又加以嗇養，是謂早服而重積。若待其已損而後養，則養之方足以補其所損，不得謂之重積矣。所以貴早服。早服者，早覺未損而嗇之也。如某此身已衰耗，如破屋相似，東扶西倒，雖欲修養，亦何能有益耶！今年得季通書說，近來深曉養生之理，盡得其法。只是城郭不完，無所施其功也。看來是如此。(《朱子語類》(八)卷一二五，頁 2999。)

朱熹稱許「儉」的美德，認爲凡事以約守身，不侈行自放就少有過失，而老子「治人事天莫若嗇」此章，正是將「儉」的道理詮解的詳盡中肯。所謂「早服」，是指能珍惜保養，便能容易回復；而所謂「重積德」，則指原本已厚藏根基，再配合平時「嗇養」的工夫，將使修養更加深厚充實。就如同人的身體，若原本沒有耗損，再加上平時善於保養，則謂爲「早服而重積」；相反地，若身體已損壞才保養，則保養只能彌補損壞的部分，而不能充實原有的根基。所以朱熹主張「貴早服」，「早服者，早覺未損而嗇之也。」養生之道即在於未損壞前的保養，平日就要注重修養，若等到身體已衰耗才補救，則爲時已晚。此處，朱熹以老子之言，做爲其養生之道的依據。

〔註68〕《朱子語類》(八)卷一二五，頁 2999。

〔註69〕《朱子語類》(八)卷一二五，頁 2999。曰：「老子言：『治人事天，莫若嗇。夫惟嗇，是謂早服；早服，謂之重積德。重積德，則無不克。』他底意思，只要收斂，不要放出。

〔註70〕《朱子語類》此條爲「沈僩」所錄，沈僩所錄語類是在戊午(1198)年以後，此時朱子年六十九矣。此據陳榮捷《朱子門人》，頁 133。及《朱子語類》篇首之〈朱子語錄姓氏〉，頁 15。

朱熹曾批評老子之學「全是約，極而至於楊氏不肯拔一毛以利天下，其弊必至此」，〔註71〕認爲老子對人倫事理過於簡約，失其大本，甚至流於自私其身。但相反地，當老子這種「儉嗇」的觀念運用於精神修養上，朱熹反認可其收斂寡欲，爲養生的不二法門。

二、養　氣

除了精神的修養外，朱熹也取老子之說以說明養氣的工夫。首先，朱熹以老子「橐籥」〔註72〕的比喻，來解釋人與氣的關係，云：

> 大凡人生至死，其氣只管出，出盡便死。如吸氣時，非是吸外氣而入，只是住得一霎時，第二口氣又出，若無得出時便死。老子曰：「天地之間，其猶橐籥乎，動而不屈，虛而愈出。」橐籥只是今之鞴扇耳。（《朱子語類》（一）卷一，頁8。）

人之呼吸，就如同「鞴扇」一樣，具有發動而不息，虛空而不竭的特性。人是由氣稟而成，所以養生之道就是要養氣，使氣源源不絕。而養氣之法則包括「守氣」與「專氣」。

朱熹認爲天命是由氣而成，所以要長生就要「守氣」，《朱子語類》言：

> 因說「天之明命」，曰：「這箇物事，即是氣，便有許多道理在裏。人物之生，都是先有這箇物事，便是天當初分付底。既有這物事，方始具是形以生，便有皮包裹在裏。若有這箇，無這皮殼，亦無所包裹。如草木之生，亦是有箇生意了，便會生出芽蘗；芽蘗出來，便有皮包裹著。而今儒者只是理會這箇，要得順性命之理。佛、老也只是理會這箇物事。老氏便要常把住這氣，不肯與他散，便會長生久視。長生久視也未見得，只是做得到，也便未會死。」（《朱子語類》（二）卷十六，頁317。）

朱熹論「命」可以理言，也可以氣言，「命之正者出於理，命之變者出於氣」，〔註73〕命之理爲性，命之變化則出於氣，理氣相合不離。因此論天命的修養之法，儒家純由性理著手，注重順天理而行的道德修養；老子則是由氣稟入手，要守住這氣，不使氣放散，就能達到老子所謂的「長生久視」之道。

〔註71〕《朱子語類》（二）卷二十七·頁707。
〔註72〕《王弼集校釋》〈老子道德經注·第五章〉，頁14。
〔註73〕《朱子語類》（一）卷四，頁78。

〔註74〕

　　對天命的養生之法，儒、道各有不同，儒家偏向「性理」，老子偏向「氣稟」，朱熹曾言「天之所命，畢竟皆不離乎氣」，〔註75〕氣中雖包涵理，但由人身而言，此「命」是由氣所組成，此段所論的「天之明命」即是偏向這種天生氣稟之意。人生之初，是先具有「氣」，此「氣」是上天所賦予的，由「氣」以組成外在的形軀。因此，老子養氣的工夫顯然是較實際的方法。此段中朱熹認可老子的養生之法，同意老子守氣之說能達到長生，甚至於不死的境界。

　　「守」氣之外，朱熹還要學習老子的「專氣」，〔註76〕朱熹言：

　　　　專氣致柔，不是「守」字，卻是「專」字。便只是專在此，全不放出，氣便細。若放些子出，便粗了也。（《朱子語類》（一）卷三，頁41。）

所謂的「專」是「全不放出」，並使氣細柔，因為氣若散去，則氣便粗了。至於「專」的工夫為何？朱熹曰：

　　　　「專氣致柔」，只看他這箇甚麼樣工夫。專，非守之謂也，只是專一無間斷。致柔，是到那柔之極處。纔有一毫發露，便是剛，這氣便粗了。（《朱子語類》（八）卷一二五，頁2995。）

「專氣致柔」不是「守氣」，「守氣」只是要氣不放散，但「專氣」則更進一步要養氣，使氣能專注無間斷。「專氣致柔」即是這種養氣的工夫，讓氣專注不絕，以達到至柔的地步。此種「專氣」是必須專注且持續的，若是有一絲鬆懈，氣便粗就不是至柔了。唯有至柔至細，才能長久不絕。

　　除了老子的養生之法外，朱熹亦對後世道家的導引法進行研究，〔註77〕認為道家之導引法必須以老子的養生思想為中心，《朱子語類》言：

　　　　因論道家修養，有默坐以心縮上氣而致閉死者。曰：「心縮氣亦未為

〔註74〕　《王弼集校釋》〈老子道德經注・第五十九章〉，頁156。

〔註75〕　朱熹言「命」包含理與氣，「命之正者出於理，命之變者出於氣，要之皆天所賦予。」（《朱子語類》（一）卷四，頁78。）『死生有命』之命，是帶氣言之。氣便有稟得多少厚薄之不同。『天命謂性』之命，是純乎理言之。然天之所命，畢竟不離乎氣。」（《朱子語類》（一）卷四，頁77。）「命」有「天命謂性」及「死生有命」兩者性質，前者是由理而言，指命之依據為理；後者「死生有命」則是由氣而言，指命的變化是由於氣的變化。

〔註76〕　《王弼集校釋》〈老子道德經注・第十章〉，頁23。曰：「專氣致柔，能嬰兒乎？」

〔註77〕　關於後世道家的導引法，將於本論文第四章第二小節〈養生與煉丹〉中詳言，此處遂不贅言，而只側重在老子「專氣致柔」的重要性。

是。某嘗考究他妙訣，只要神形全不撓動。故老子曰：『心使氣則強。』
纔使氣，便不是自然。只要養成嬰兒，如身在這裏坐，而外面行者
是嬰兒。但無工夫做此。其導引法，只如消息，皆是下策。」（《朱
子語類》（八）卷一二五，頁 3003。）

道家的養生之道發展至後世，有默坐縮氣之法，朱熹考究其妙訣，認爲此法
主要在於「神形不撓動」，要使精神形體皆能虛歛不躁動，因爲如同老子所言
「心使氣曰強」，〔註78〕以心意來左右氣就是逞強，就是不自然，所以要如嬰
兒般「專柔致氣」，若失掉此「專氣致柔」的工夫，則此默坐縮氣的導引法，
只流爲氣息的消長，是養生之下下策。此處，朱熹提高老子修養工夫的價值，
認爲不論是養形或是養氣，皆須以老子「專氣致柔」的內在修養爲主，如此
內外相合，才是養生之上策。

三、形氣合一

　　朱熹所謂的養生之法，除了著重神、氣的修養外，亦注重魂、魄之相合，
也就是形與氣的關係。朱熹論魂、魄，認爲魂、魄兩者，可分言亦可合之，
其言「魄者形之神，魂者氣之神，魂、魄是形氣之精英，謂之靈」〔註79〕、「發
用處皆屬陽，是神。氣定處皆屬陰，是魄。」〔註80〕魂、魄分言時是強調形
氣、動靜、陰陽之別，然形氣、陰陽、動靜本是相合互存的，所以魂、魄並
無二理。其又言：

> 無魂，則魄不能以自存。今人多思慮役役，魂都與魄相離了。老氏
> 便只要守得相合，所謂「致虛極，守靜篤」，全然守在這裡，不得動。
> （《朱子語類》（一）卷三，頁 41。）

形與氣必須相合，朱熹認爲人思慮紛亂不息，將使魂魄、形氣都分離，所以
主張要如老子「致虛極，守靜篤」的工夫，將精神思慮置於虛靜的境界，則
陰、陽之氣始能守住不放散。

　　再者，朱熹亦提到老子「載營魄」〔註81〕的觀念，其曰：

〔註78〕《王弼集校釋》〈老子道德經注・第五十五章〉，頁 146。
〔註79〕《朱子語類》（六）卷八十七，頁 2259。
〔註80〕《朱子語類》（四）卷六十三，頁 1550。
〔註81〕《王弼集校釋》〈老子道德經注・第十章〉，頁 22。曰：「載營魄抱一，能無離
　　　乎？專氣致柔，能嬰兒乎？滌除玄覽，能無疵乎？愛國治民，能無知乎？天
　　　門開闔，能爲雌乎？明白四達，能無爲乎？生之、畜之、生而不有，爲而

> 老子云：「載營魄。」是以魂守魄。蓋魂熱而魄冷，魂動而魄靜。能
> 以魂守魄，則魂以所守而亦靜，魄以魂而有生意，魂之熱而生涼，
> 魄之冷而生暖。惟二者不相離，故其陽不燥，其陰不滯，而得其和
> 矣。不然，則魂愈動而魄愈靜，魂愈熱而魄愈冷。二者相離，則不
> 得其和而死矣。（《朱子語類》（六）卷八十七，頁2259。）

其言老子「載營魄」的觀念是要使魂、魄合一，以動、熱的「魂」去守靜、
冷的「魄」，使「魂」能得到靜、涼，使「魄」能有生意、暖意。二者和合，
才能使陽不燥而陰不滯。否則，陰、陽相離，魂愈動熱，魄愈靜冷，將必至
於死地。又云：

> 魄是一，魂是二；一是水，二是火。二抱一，火守水；魂載魄，動
> 守靜也。（《朱子語類》（八）卷一二五，頁2995。）

朱熹以水火日月來比喻魂、魄，「魄」是靜、冷、水、一，「魂」是動、熱、
火、二，「載營魄」就是指魂、魄相合，「抱、守」及「載、守」都是只說明
兩者相合的情形。因此，朱熹比較了今昔道家之別，謂：

> 水一也，火二也。以魄載魂，以二守一，則水火固濟而不相離，所
> 以能永年也。養生家說盡千言萬語，說龍說虎，說鉛說汞，說坎說
> 離，其術止是如此而已。故云：「載魄抱魂，能勿離乎？專氣致柔，
> 能如嬰兒乎？」今之道家，只是馳騖於外，安識所謂「載魄守一，
> 能勿離乎」！（《朱子語類》（六）卷八十七，頁2259。）

唯有魂、魄相合，水、火相濟不離，才能達到長生。〔註82〕道教養生之術即
是運用這種陰、陽、水、火相合的道理而已，此處「養生家」是指著重煉丹
養生的道教，也就是朱熹所謂的「今之道家」。朱熹比較老子與道教之差別，
認爲道教養生的工夫只是「術」，過份重視外在形體的煉丹之法，而忽略老子
「載營魄抱一，能勿離乎」的主張，實是強調精神形體合一的修養工夫。關
於形氣的修養工夫，朱熹主張仍須以老子「載營魄抱一」的思想爲主旨。

　　　恃，長而不宰，是謂玄德。」
〔註82〕關於「載營魄」中魂與魄的關係，「魄載魂」一詞曾出現兩次，分別在《朱子
　　　語類》卷七十九與八十七；「魂載魄」一詞出現一次，是在《朱子語類》卷一
　　　二五。兩者似乎沒有明確的區隔，只是同用爲魂、魄相合之意，所以此處擬
　　　不詳述探討其差別。卷八十七及卷一二五的引文見上頁，卷七十九的原文則
　　　爲：「日爲魂，月爲魄。魄是黯處。魄死則明生，《書》所謂『哉生明』是也。
　　　老子所謂『載營魄』，載，如車載人之載。月受日之光，魂加於魄，魄載魂也。」
　　　（《朱子語類》（五）卷七十九，頁2055。）

四、厚生之法

　　不論是神、氣，或是形、氣合一，所著重的皆是內在身心的修養，包括精神與氣息的調理與專一。此外，朱熹也對物質層面的厚生之法提出了看法：

> 多藏必厚亡，老子也是說得好。(《朱子語類》(八) 卷一二五，頁2998。)

「多藏必厚亡」〔註83〕貪得必招致慘重的損失。此是指物質上的欲望，愈是想要聚歛豐厚之財，愈是不顧危亡，則損失也將會愈慘重，所以要能知止不殆、適可而止才是長久之道。朱熹稱讚老子此厚生之法「說得好」。

　　此外，對老子「出生入死」章，朱熹也提出自己對厚生的看法。「出生入死」章為《老子》第五十章，原文為：

> 出生入死。生之徒十有三；死之徒十有三；人之生，動之死地，亦十有三。夫何故？以其生生之厚。蓋聞善攝生者，陸行不遇兕虎，入軍不被甲兵；兕無所投其角，虎無所措其爪，兵無所容其刃。夫何故？以其無死地。〔註84〕

人之所以自生而趨死者，即在於「生生之厚」，也就是對自己生命的奉養太過度。因為求生太厚，過份注重物質上的奉養，奢侈淫失，無形中就是戕賊自己的性命。而真正善養生的人，是要讓自己「無死地」，使自己不要進入危險死亡的範圍，如此則虎兕兵刃即無法傷害他。朱熹對此云：

> 「出生入死」章，諸家說皆不愜人意，恐未必得老子本指。今只自「夫何故」以下看，則語意自明。蓋言人所以自生而趨死者，以其生生之厚耳。聲色臭味、居處奉養、權勢利欲，皆所以生之者。惟於此太厚，所以物得而害之。善攝生者遠離此累，則無死地矣。此卻只是目前日用事，便可受持，他既難明，似亦不必深究也。如何如何？(《朱熹集》(四) 卷四十五〈答丘子服〉，頁2149。)

朱熹批評諸家說解此章皆未得老子本旨。其認為此章主旨即在於「夫何故」以下之「生生之厚」及「無死地」兩句。朱熹認可「聲色臭味、居處奉養、權勢利欲」這些皆是人對外在物質的欲望，是人天生本有的，但若這些物質欲望的奉養太過於豐厚，將反而為害生命。所以善養生者是要遠離這些物質之累贅，如此則不入死地矣，而且這種清心寡欲的工夫，是必須於平時日用

〔註83〕《王弼集校釋》〈老子道德經注・第四十四章〉，頁122。

〔註84〕《王弼集校釋》〈老子道德經注・第五十章〉，頁134。

間爲之。

　　由此段中亦可見朱熹對欲望的看法。朱熹認爲聲色、衣食、名利等欲望是人天生所具有，是自然而然，並無善惡之判準。惟有當此欲望過度，「惟於此太厚，所以物得而害之」過度的欲望始會招致禍害，因此，適當合宜的物質奉養才是眞正的養生之道，而且此種養生之法是必須由日常生活中修持。朱熹對此物質上的厚生之法，即是以老子思想爲依據，再加以詮解發揮而成。

第四節　小　結

　　《朱子語類》卷一二五中，朱熹曾比較了老子與莊、釋間的不同，其言：

> 老子之學，大抵以虛靜無爲、沖退自守爲事。故其爲説，常以懦弱謙下爲表，以空虛不毀萬物爲實。其爲治，雖曰「我無爲而民自化」，然不化者則亦不之問也。其爲道每每如此，非特「載營魄」一章之指爲然也。若曰「旁月日，扶宇宙，揮斥八極，神氣不變」者，是乃莊生之荒唐；其曰「光明寂照，無所不通，不動道場，遍周沙界」者，則又瞿曇之幻語，老子則初曷嘗有是哉！今世人論老子者，必欲合二家之似而一之，以爲神常載魄而無所不之，則是莊、釋之所談，而非老子之意矣。（《朱子語類》（八）卷一二五，頁 2986。）

老子之學的主旨爲「虛靜無爲，沖退自守」；其論述的方式則是表面上強調「懦弱謙下」，事實上卻仍以保全萬物爲目的；而表現在治道上，則爲「我無爲而民自化」，但「不化者亦不問之」也正是此治道之弊病。此段可謂是朱熹對老子之學的一個總結，亦是朱熹對老子批評的焦點所在。

　　本章中申論了朱熹對老子正、負面的批評，兩相比較，負面的批評多嚴屬且直接，而對老子正面的認可，則顯得稀微而含蓄。然總體而言，評價內容包括了哲理的探討及倫理、治道、修身等四大方面。

　　首先，關於道論哲理，朱熹雖認可老子對道體形態的描述，強調道體是柔軟長久，且如「谷神不死」般具有生生之意。但對於老子有關道體內容及創生過程的看法，朱熹是不予苟同的，其批評老子將「道與陰、陽」、「有與無」分爲二物，並於宇宙創生過程中分始終先後的關係，是「察理不精」。朱熹主張理氣是相合不雜，故老子的錯誤就在於著重兩者的分說，而忽略理寓於氣中的相合關係。

　　朱熹對老子批評最嚴厲的部分，即是在於倫理、治道兩方面，其認為老子打破人倫禮法，為害甚大。老子曾任史官，對禮自是明白，但其思想卻是主張破除一切禮法束縛，以清虛無為應世，朱熹批評這是老子「不見實理」，對於倫理過於簡忽所致。此反應於人事治道上則為權謀詭詐之術，此時老子只為一個自私陰險的小人。關於這些方面的批評，朱熹的用語顯然較為嚴厲且直接，甚至言「老子心最毒」。

　　除此之外，關於修養工夫方面是朱熹較認同老子的部分。道家思想本就著重修養工夫，不論是內在的精神，或外在形氣，皆是其理論的中心。所以朱熹提及養生之道時，屢屢提及老子之語，不論是養神、養氣、形氣合一或是厚生之法，老子皆有較完整的理論系統，朱熹讚揚老子是「說得好」。儒家思想偏重義理上的修養工夫，較不觸及養生之道，朱熹雖視老子為異端，但仍取老子養生之道以補儒家之不足。

第三章　對莊子之評論

　　道家思想由老子啓其端，其後即以莊子爲代表。關於莊子的生平，《朱子語類》曰：

> 問：「孟子與莊子同時否？」曰：「莊子後得幾年，然亦不爭多。」
> 或云：「莊子都不說著孟子一句。」曰：「孟子平生足跡只齊、魯、
> 滕、宋、大梁之間，不曾過大梁之南。莊子自是楚人，想見聲聞不
> 相接。大抵楚地便多有此樣差異底人物學問，所以孟子說陳良云云。」
> （《朱子語類》（八）卷一二五，頁 2988。）

又云：

> 李夢先問：「莊子、孟子同時，何不一相遇？又不聞相道及，如何？」
> 曰：「莊子當時也無人宗之，他只在僻處自說，然亦止是楊朱之學。
> 但楊氏說得大了，故孟子力排之。」（《朱子語類》（八）卷一二五，
> 頁 2988。）

莊子的時代稍晚於孟子不遠，但兩人似乎是聲聞不相接，莊子書中亦未提及
孟子，對此朱熹認爲是因爲兩人的活動範圍不同。孟子只往來於齊、魯、滕、
宋、大梁等國間，未曾到過梁以南，而莊子爲南方楚人，「生於蒙，在淮西間」，
〔註1〕當時其「只在僻處自說」，既無人宗之，亦未往來列國，故孟、莊二人

〔註1〕《朱子語類》（八）卷一二五，頁 2990。云：「莊子去孟子不遠，其說不及孟
　　　　子者，亦是不相聞。今亳州明道宮乃老子所生之地。莊子生於蒙，在淮西間。
　　　　孟子只往來齊、宋、鄒、魯，以至於梁而止，不至於南。然當時南方多是異
　　　　端，如孟子所謂『陳良，楚產也，悅周公、仲尼之道，北學於中國』；又如說
　　　　『南蠻鴃舌之人，非先王之道』，是當時南方多異端。」

不僅未相見，亦不聞相道及。而對於莊子的思想特色，朱熹稱楚地「多有此樣差異底人物學問」，指的即是老子、莊子等人。至於「陳良」者，為《孟子》書中所提及的楚國儒者，因崇慕周、孔之道而北學於中國，〔註2〕朱熹舉之，強調南方無儒學，以謂「當時南方多是異端」。

朱熹雖視莊子為異端，但又謂：

> 莊周曾做秀才，書都讀來，所以他說話都說得也是。但不合沒拘檢，便凡百了。（《朱子語類》（八）卷一二五，頁 2988。）

又云：

> 莊周是箇大秀才，他都理會得，只是不把做事。（《朱子語類》（八）卷一二五，頁 2989。）

朱熹認為莊子曾做過秀才，也是個有讀過書，了解道理的人，只是凡事沒拘檢，不把事做。莊子與老子相似，都是個「知而不行」的人，而此也是朱熹對道家共同的批評。

第一節　見得道體

朱熹批評老子的道論，不論是道體的內容或創生過程，皆是與聖人之言相違背，是「察理不精」。但對於莊子所論之道體，朱熹反而多所稱讚，這種態度多承二程而來，《朱子語類》中多次引及程子之語：

> 明道亦稱莊子云：「有大底意思。」又云：「莊子形容道體，儘有好處。」（《朱子語類》（三）卷四十，頁 1028。）

又云：

> 程子說：「莊子說道體，儘有妙處，如云『在谷滿谷，在坑滿坑』。不是他無見處，只是說得來作怪。」大抵莊、老見得些影，便將來作弄矜詫。（《朱子語類》（三）卷三十三，頁 849。）

程子認為莊子亦是「有見處」，尤其是對道體的形容，儘有妙處。〔註3〕朱熹

〔註2〕 關於「陳良」的記載見於《孟子・滕文公上》曰：「陳良之徒陳相與其弟辛，負耒耜而自宋之滕，……陳相見許行而大悅，盡棄其學而學焉。……陳良，楚產也，悅周公、仲尼之道，北學於中國。北方之學者，未能或之先也。彼所謂豪傑之士也。」朱熹注云：「陳良，楚之儒者。」又：「陳良用夏變夷，陳相變於夷也。」見《四書章句集注》，頁 257～260。

〔註3〕 《二程集》（一）〈河南程氏遺書卷第三〉，頁 64，曰：「莊生形容道體之語，儘有好處。老氏『谷神不死』一章最佳。」又〈河南程氏遺書卷第七〉，頁 97，

時，亦稱許莊子「見得道體」，甚至更進一步認為莊子是「源流有自」，其曰：

　　莊子，不知他何所傳授，卻自見得道體。蓋自孟子之後，荀卿諸公
　　皆不能及。如說：「語道而非其序，非道也。」此等議論甚好。度亦
　　須承接得孔門之徒，源流有自。（《朱子語類》（二）卷十六，頁 369。）

由此段可看出朱熹對於莊子，有極獨特且重要的認可：首先，其雖明言莊子「不知他何所傳授」，但朱熹強調莊子對道體的認識卻是正確的，並由此推測莊子的思想應是「源流有自」，此「源流有自」指的即是承襲自孔門之徒。老子與莊子本是道家的代表人物，而道家的特色即在於對「道」的體認上有獨特的看法，然此處朱熹不僅不言及老子與莊子思想間的關聯，甚至反倒由莊子的道體來論證莊子承自孔門。換言之，朱熹認為莊子所體認之道體實則為儒家的道體。

　　再者，朱熹更進一步強調莊子道論的重要性，但此重要性不是就道家體系而言，而是將莊子置於儒家傳承中，與孟、荀等人相比較。朱熹認為莊子所傳的「道」源自孔門，而且是孟子以來最佳者，連荀卿諸公都不及。儒家一系，孔、孟之後即以荀子為代表，孔、孟、荀三人同為儒家的代表人物，此處朱熹不僅將莊子列為儒家系統中，甚至認為莊子對道體的體悟，於儒家系統中，其重要性更勝於荀子，可知朱熹不單把莊子列為儒家體系中，並且以儒家的標準來給予其極高的評價。

　　老、莊同為道家的代表人物，朱熹對老子的道論嚴加抨擊，卻對莊子所論的道體大加讚揚，甚至以此謂莊子是傳承自儒家孔、孟之道，朱熹所理解的莊子「道體」究竟為何？莊子所形容的道體與孔門及老子間又有何關聯？以下即以此二部分申述之：

一、議論甚好

　　朱熹雖稱讚莊子對道體的形容，但對莊子道體的具體內容並未明確說明，所以今日只能由隻字片語中梳理出朱熹心中莊子「道體」的形象。首先，朱熹在稱讚莊子論道體時，曾引及「語道而非其序，非道也」、「在谷滿谷，在坑滿坑」及「天德而出寧，日月照而四時行，若晝夜之有經，雲行而雨施」。〔註4〕三句《莊子》之語：

　　　　曰：「莊子有大底意思，無禮無本。」
〔註4〕《朱子語類》（四）卷五十七，頁 1344 中另有言：「莊子說『將原而往』，便

（一）「語道而非其序，非道也」

《朱子語類》卷十六中，朱熹對莊子極力讚揚，認為其不僅是見得道體，亦是孟子之後最佳者，朱熹並舉了「語道而非其序，非道也。」為例，評論為「議論甚好」，甚至可由此推論是承自孔門。朱熹對此句的評價甚高，僅《朱子語類》一書即引用了三次。

「語道而非其序，非道也」出於《莊子‧天道》篇，主要在說明天地人倫間自有其先後次序，原文為：

> 夫天地至神而有尊卑先後之序，而況人道乎！宗廟尚親，朝廷尚尊，鄉黨尚齒，行事尚賢，大道之序也。語道而非其序者，非其道也，語道而非其道者，安取道。〔註5〕

其由天地盛衰變化的天道，至人倫尊卑關係的人道，來論述「道」本有先後次序的特性。而「語道而非其序，非道也」一句，正是在說明因為「道」的這種特性，所以「取道」必有一定之次序。成玄英對此句作疏云：「議論道理而不知次第者，雖有語言終非道，語既失其序，不堪治物。」〔註6〕此處強調的是對於「道」的議論或實踐，須注意先後次序之別，若未依循應有的次序，則不足以行道而治物。

朱熹援用此句時，大抵不離莊子本意。《朱子語類》卷十六，朱熹與門生論及《大學》「治國平天下」一章，其文為：

> 問：「『平天下』章言財用特詳，當是民生日用最要緊事耳。」曰：「然。《孟子》首先所言，其原出此。」子升問此章所言反覆最詳之意。曰：「要之，始終本末只一理。但平天下是一件最大底事，所以推廣說許多。如明德、新民，至善之理極精微。至治國，平天下，只就人情上區處，又極平易，蓋至於平而已耳。後世非無有志於天下國家之人，卻只就末處布置，於本原上全不理會。」因言：「莊子，不知他何所傳授，卻自見得道體。蓋自孟子之後，荀卿諸公皆不能

是說這箇。自家靠著他原頭底這箇道理，左右前後都見是這道理。莊子說『在谷滿谷，在坑滿坑』，他那資給我底物事深遠，自家這裏頭頭湊著他原頭。」但今本《莊子》一書中並未有此「將原而往」一句。

〔註5〕 《莊子集釋》〈天道〉，頁469。

〔註6〕 《莊子集釋》〈天道〉，頁471。其下「語道而非其道者，安取道。」郭象注：「所以取道為有序。」成玄英疏：「既不識次第，雖語非道，於何取道而行理之耶！」

及。如説：『語道而非其序，非道也。』此等議論甚好。度亦須承接
得孔門之徒，源流有自。」(《朱子語類》(二)卷十六，頁 369。)

朱熹認爲平天下須由民生日用做起，此種說法由孟子首先提出，著重的是爲
道須由根本做起。平天下雖是一件最大的事，但因爲「始終本末只一理」，平
天下的根本處仍是在民生日用間，只是後世之人，雖有志於天下國家，「卻只
就末處布置，於本原上全不理會」，此種本末倒置的情形就如同莊子所言的「語
道非其序，則非道也」，天道天理的體認實踐，須按照一定的順序，否則終難
體道成道。

再者，卷十六中朱熹釋解《大學》「新民」時，亦引及此句，《朱子語類》
載：

徐仁父問：「湯之〈盤銘〉曰：『日日新。』繼以『作新民』。日新
是明德事，而今屬之『作新民』之上。意者，申言新民必本於在我
之自新也。」曰：「然。莊子言：『語道而非其序，則非道矣。』橫
渠云：『如《中庸》文字，直須句句理會過，使其言互相發。』今讀
《大學》，亦然。某年十七八時，讀《中庸》、《大學》，每早起須誦
十遍。今《大學》可且熟讀。」(《朱子語類》(二)卷十六，頁 319。)

此是朱熹回答門人徐容所問關於「日日新」的問題時，取莊子及橫渠語以爲
說明，並引自身的學習經驗以申言爲學之道。朱熹認爲要「新民」必須先「自
新」，本末次序不能混淆。

爲學重在求道，而求道須有一定的次序。朱熹認爲四書中「《大學》是爲
學綱目。先通《大學》，立定綱領，其他經皆雜說在裏許。」〔註7〕《大學》
節次分明易曉，所以教人爲學須先讀《大學》，〔註8〕其言「讀書，且從易曉
易解處去讀」，〔註9〕而「《大學》是修身治人底規模。如人起屋相似，須先打

〔註7〕　《朱子語類》(一)卷十四，頁 252。
〔註8〕　對於四書的爲學順序，《朱子語類》(一)卷十四，云：「學問須以《大學》爲
　　　　先，次《論語》，次《孟子》，次《中庸》。」(《朱子語類》(一)卷十四，頁
　　　　249。)又云：「某要人先讀《大學》，以定其規模：次讀《論語》，以立其根
　　　　本：次讀《孟子》，以觀其發越；次讀《中庸》，以求古人之微妙處。《大學》
　　　　一篇有等級次第，總作一處，易曉，宜先看。《論語》卻實，但言語散見，初
　　　　看亦難。《孟子》有感激興發人心處。《中庸》亦難讀，看三書後，方宜讀之。」
　　　　(《朱子語類》(一)卷十四，頁 249。)四書中以《大學》爲先，以定立爲學
　　　　的規模。
〔註9〕　《朱子語類》(一)卷十四，頁 249。

箇地盤。地盤既成，則可舉而行之矣。」〔註10〕因為《大學》的內容有等級次第，清楚明瞭，所以先讀之，正足以定其規模。至於《大學》的綱領次第，即為篇首所標示的「明明德，新民，止於至善」，〔註11〕亦即為朱熹所強調的「格物窮理」的工夫，「自格物至修身，自淺以及深；自齊家至平天下，自內以及外。」〔註12〕格物的工夫須由淺近的、日用應事間，廣而推至萬事萬物。〔註13〕朱熹論《大學》時引莊子「語道非其序，則非道也」一句，正是為強調為學次序。

除此之外，《朱子語類》卷八十四亦言：

> 君舉所說，某非謂其理會不是，只不是次序。如莊子云「語道非其序，則非道也」，自說得好。如今人須是理會身心。如一片地相似，須是用力仔細開墾。未能如此，只管說種東種西，其實種得甚麼物事！（《朱子語類》（六）卷八十四，頁2180。）

此段是朱熹在與弟子論禮綱領時所言，主張古禮未必盡用於現世，所以習禮「不在理會許多細碎」，〔註14〕而是著重於求禮之大本大原，此大本大原即是「道」。此處用法與上例相似，皆是引「語道非其序，則非道也」用以強調為學應由根本做起。

（二）「在谷滿谷，在坑滿坑」

〔註10〕《朱子語類》（一）卷十四，頁250。
〔註11〕《大學》首章云：「大學之道，在明明德，在新民，在止於至善。」
〔註12〕《朱子語類》（一）卷十五，頁312。
〔註13〕由格物致知而至平天下的工夫，雖須一齊理會而無輕重之別，但若說為學次序，則仍有先後之分，《朱子語類》（一）卷十五，頁3119。即言：「《大學》自致知以至平天下，許多事雖是節次如此，須要一齊理會。不是說物格後方去致知，意誠後方去正心。若如此說，則是當意未誠，心未正時有家也不去齊，如何得！」又云：「規模合下皆當齊做。然這裏只是說學之次序如此，說得來快，無恁地勞攘，且當循此次序。初問『欲明明德於天下』時，規模便要恁地了。既有恁地規模，當有次序工夫：既有次序工夫，自然有次序功效：『物格，而后知至；知至，而后意誠；意誠，而后心正；心正，而后身修；身修，而后家齊；家齊，而后國治；國治，而后天下平。』只是就這規模恁地廣開去，如破竹相似，逐節恁地去。」
〔註14〕《朱子語類》（六）卷八十四，頁2179。其文曰：「聖人有作，古禮未必盡用。須別有箇措置，視許多瑣細制度，皆若具文，且是要理會大本大原。……到孟子已是不說到細碎上，只說『諸侯之禮，吾未之學也。吾嘗聞之矣，三年之喪，齊疏之服，饘粥之食，自天子達於庶人』。這三項便是大原大本。……看孟子不去理會許多細碎，只理會許多大原大本。」

《朱子語類》卷三十三朱熹引程子之言，云：

> 程子說：「莊子說道體，儘有妙處，如云『在谷滿谷，在坑滿坑』。
> 不是他無見處，只是說得來作怪。」大抵莊、老見得些影，便將來
> 作弄矜詫。（《朱子語類》（三）卷三十三，頁849。）

程子稱許莊子說道體「儘有妙處」，並舉莊子語爲例。「在谷滿谷，在坑滿坑」
一句出於《莊子・天運》，云：

> 吾又奏之以陰、陽之和，燭之以日月之明。其聲能短能長，能柔能
> 剛。變化齊一，不主故常。在谷滿谷，在阬滿阬。〔註15〕

其中「在谷滿谷，在阬滿阬」一句是用以形容道無所不在的狀態。〔註16〕《朱
子語類》卷五十七論《孟子・離婁》及卷五十八論《孟子・萬章》亦分別引
用此語，其云：

> 大要在「深造之以道」，此是做工夫處。資，是他資助我，資給我，
> 不是我資他。他那箇都是資助我底物事，頭頭撞著，左邊也是，右邊
> 也是，都湊著他道理源頭處。源頭便是那天之明命，滔滔汩汩底，似
> 那一池有源底水。他那源頭只管來得不絕，取之不盡，用之不竭，來
> 供自家用。似那魚湊活水相似，卻似都湊著他源頭。且如爲人君，便
> 有那仁從那邊來；爲人臣，便有那箇敬從那邊來：子之孝，有那孝從
> 那邊來；父之慈，有那慈從那邊來，只是那道理源頭處。莊子說「將
> 原而往」，便是說這箇。自家靠著他原頭底這箇道理，左右前後都見
> 是這道理。莊子說「在谷滿谷，在坑滿坑」，他那資給我底物事深遠，
> 自家這裏頭頭湊著他原頭。（《朱子語類》（四）卷五十七，頁1344。）

又云：

> 道，皆堯、舜之道。如論「文、武之道未墜於地」，此亦眞箇指文、
> 武之道。而或者便說日用間皆是文、武之道。殊不知聖賢之言自實。
> 後來如莊子便說「在坑滿坑，在谷滿谷」。及佛家出來，又不當說底
> 都說了。（《朱子語類》（四）卷五十七，頁1362。）

此兩處皆是取莊子「在坑滿坑，在谷滿谷」之言來形容「道」，是用以說解「道」
無所不在，廣披萬物的特性。只是，此處特別強調「道」生生不息的根源意

〔註15〕 《莊子集釋》〈天運〉，頁504。
〔註16〕 關於此句，郭象注云：「至樂之道無不周也。」成玄英疏云：「至樂之道無所不徧，
　　　　乃谷乃阬，悉皆盈滿，所謂道無不在，所在皆無也。」見《莊子集釋》，頁505。

義，說明「道」不僅無所不在，亦如源頭活水一般「取之不盡，用之不竭」，具有生生不息的創生性。因爲朱熹所謂的「道」是堯、舜之道，指的是孔、孟所傳的聖人之道，是爲生生不息，且須於日用間體現的文、武之道。

（三）「天德而出寧，日月照而四時行，若晝夜之有經，雲行而雨施」

除了上述「語道而非其序，非道也」及「在谷滿谷，在坑滿坑」兩句外，朱熹亦提及「天德而出寧，日月照而四時行，若晝夜之有經，雲行而雨施。」以稱讚莊子識得堯、舜氣象，《朱子語類》載：

> 「曾點卻只是見得，未必能做得堯、舜事。孟子所謂『狂士』，『其行不掩焉者也』。其見到處，直是有堯、舜氣象。如莊子亦見得堯、舜分曉。」或問天王之用心何如，便說到「『天德而出寧，日月照而四時行，若晝夜之有經，雲行而雨施』。以是知他見得堯、舜氣象出。」
>
> （《朱子語類》（三）卷四十，頁 1034。）

朱熹認爲莊子與曾點皆似孟子所謂之「狂士」，〔註17〕其雖未必能做得堯、舜事業，但卻是見得堯、舜氣象者，如《莊子》書中以「天德而出寧，日月照而四時行，若晝夜之有經，雲行而雨施」來說明天王用心，即是莊子見得堯、舜氣象的證明。

「天德而出寧，日月照而四時行，若晝夜之有經，雲行而雨施」出於《莊子・天道》，其文云：

> 昔者舜問於堯曰：「天王之用心何如？」堯曰：「吾不敖無告，不廢窮民；苦死者，嘉孺子，而哀婦人，此吾所以用心已。」舜曰：「美則美矣，而未大也。」堯曰：「然則何如？」舜曰：「天德而出寧，日月照而四時行，若晝夜之有經，雲行而雨施矣。」堯曰：「膠膠擾擾乎！子，天之合也；我，人之合也。」〔註18〕

此段敘述堯與舜討論天子治道，莊子藉舜之言以闡揚順天而行、自然而然的爲君之道。莊子在政治上承襲老子無爲思想，主張爲君者應順自然而行。文中所言對婦孺窮苦者的悲憫照顧，此現實層面上的用心，在莊子看來雖是好，但只是「人之合也」，而非是最完善，最完善者應是「天之合也」，是能與自然相合，使時序雲雨皆能順暢，天合自然人合，風調雨順則人民生活自能平安豐厚。「天德而出寧，日月照而四時行，若晝夜之有經，雲行而雨施矣。」

〔註17〕關於莊子與曾點之關係，見本章第二節第二小節。

〔註18〕《莊子集釋》〈天道〉，頁 475。

一句是莊子形容天子治道的最高境界，莊子藉堯、舜之言以闡發道家自然無為的政治思想。只是如今，朱熹反而由此句來說明莊子見得堯、舜氣象，因為堯、舜為政的主張正是「無為而治」，〔註19〕是一種以德化民，不待有所作為的聖人之治，此境界中天合自然人合，正與莊子所形容的「天德而出寧，日月照而四時行，若晝夜之有經，雲行而雨施矣。」境界不謀而合。

綜上所論，朱熹多次引用《莊子》語以讚揚莊子見得道體，以「語道而非其序，則非道矣。」來強調「道」的體悟與實行必須依照一定的次序；「在谷滿谷，在阬滿阬」則是用以描述「道」無所不在的特性；而「天德而出寧，日月照而四時行，若晝夜之有經，雲行而雨施」一句則是在說明順自然而行的為君之道。朱熹並以此三句來證明莊子識得儒家堯、舜之道。〔註20〕然深究此三句的相關評論，朱熹未嘗對莊子的道體做內涵上的說明，而只是著重在「道體」特性的描述上，此特性包括道體的狀態與學道的順序。且縱使莊子對「道體」的形容合於儒家道體的狀態，但兩者「道體」的內容是否相同？莊子所言的「道」是否即是堯、舜之生生不息、日用倫常的文武之道？對此朱熹皆未說明。換言之，程朱所稱許之「莊子形容道體，儘有好處」，實則未對莊子道體的內容加以深入探討，而只是站在儒家立場上，給予莊子道體方面的認可。

二、源流有自

朱熹雖未明言莊子的道體為何，也無法確定莊子「何所傳授」，但由他識得堯、舜氣象推測，朱熹認為莊子應是承接自孔門之徒，是「源流有自」。〔註21〕

〔註19〕《論語。衛靈公》言：「子曰：『無為而治者，其舜也與？夫何為哉，恭己正南面而已矣。』」朱熹集注云：「無為而治者，聖人德盛而民化，不待其有所作為也。」見《四書章句集注》，頁162。

〔註20〕《朱子語類》（八）卷一二五，頁3001。另有一段，云：「先生曰：『「天其運乎，地其處乎，日月其爭於所乎。孰主張是？孰綱維是？孰居無事而推行是？意者，其有機緘而不得已邪？意者，其運轉不能自止邪？雲者為雨乎？雨者為雲乎？孰能施是？孰居無事淫樂而勸是？」莊子這數語甚好，是他見得，方說到此。其才高。如《莊子》〈天下篇〉言「《詩》以道志，《書》以道事，《禮》以道行，《樂》以道和，《易》以道陰陽，《春秋》以道名分」，若見不分曉，焉敢如此道！要之，他病，我雖理會得，只是不做。』又曰：『《莊》、《老》二書解注者甚多，竟無一人說得他本義出，只據他臆說。某若拈出，便別，只是不欲得。』」此是針對《莊子．天運》道體形容的稱許。

〔註21〕《朱子語類》（二）卷十六，頁369。云：「莊子，不知他何所傳授，卻自見得

（一）承自孔門之徒

莊子傳承孔門之徒的看法，早在韓愈時即提出「莊子承自子夏」的主張，朱熹與時人論及時，其態度多有些保留，《朱子語類》云：

> 問：「『恐其過中失正而或流於異端』。如莊、列之徒，莫是不得聖人為之依歸而無所取裁者否？」曰：「也是恁地。」又問：「子夏教門人就灑掃應對上用工，亦可謂實。然不一再傳，而便流為莊周，何故？」曰：「也只是韓退之恁地說，《漢書》也說得不甚詳。人所見各不同，只是這一箇道理，才看得別，便從那別處去。」（《朱子語類》（二）卷二十九，頁743。）

此段是朱熹與門生論《論語・公冶長》篇，說解「恐其過中失正而或流於異端」﹝註22﹞一句，並在回答子夏與莊周的傳承問題時，認為「莊周源於子夏」的說法只出於韓愈，連正史《漢書》中都無法明確說明。此處朱熹即對莊周與子夏的傳承關係不表贊同，認為此只是韓愈個人的主張。

上例中，朱熹對「莊子承自子夏」的說法持保留的態度，但在其作品中卻多次提及此說，朱熹並以此說為「策問」的題目，〈策問〉一文中言：

> 問：世謂莊周之學出於老氏，故其書規模本趣大略相似也。至韓子退之，始謂子夏之學其後有田子方，子方之後流而為莊周，然則周者未嘗學老聃也。至以其書之稱子方者考之，則子方之學子夏，周之學子方者，皆不可見。韓子之言何據耶？又《禮經》記孔子之言有得於老聃者，亦與今《道德》上下篇絕不相似，而莊生之言則實近之，皆不可曉。敢請問於諸君焉。（《朱熹集》（七）卷七十四〈策問〉，頁3883。）

世人多將老、莊並稱，因老、莊之書的規模旨趣大體相似，故謂莊周之學出於老子。然至韓愈時，始謂莊周非出於老子，而是出於子夏，韓氏謂子夏後傳有田子方，田子方再傳為莊周，所以莊子書中有〈田子方〉一篇。然而，

道體。蓋自孟子之後，荀卿諸公皆不能及。如說：『語道而非其序，非道也。』此等議論甚好。度亦須承接得孔門之徒，源流有自。」

﹝註22﹞《論語・公冶長》曰：「子在陳曰：『歸與！歸與！吾黨之小子狂簡，斐然成章，不知所以裁之。』」朱熹注云：「夫子初心，欲行其道於天下，至是而知其終不用也。於是始欲成就後學，以傳道於來世。又不得中行之士而思其次，以為狂士志意高遠，猶或可與進於道也。但恐其過中失正，而或陷於異端耳，故欲歸而裁之也。」見《四書章句集注》，頁81。

田子方書中從未提及上承子夏，下傳莊周的傳承關係；反而是今《禮經》記載孔子問禮於老聃，文中所言及的思想與《道德經》「絕不相似」，卻與莊子「實近之」，意即是莊子之思想反比老子更近於孔子，顯然莊子出於孔門之徒的說法亦是有跡可尋，故朱熹以此為策問的試題。

朱熹認為莊子之所以能見道體，是因為其承接自孔門之徒，至於此孔門之徒指的是何人？朱熹推論當為子夏，〈張無垢中庸解〉一文云：

> 張公始學於龜山之門而逃儒以歸於釋，……用此之故，凡張氏所論著，皆陽儒而陰釋。其離合出入之際，務在愚一世之耳目而使之恬不覺悟，以入乎釋氏之門，雖欲復出而不可得。本末指意，略如其所受於師者。其二本殊歸，蓋不特莊周出於子夏，李斯原於荀卿而已也。（《朱熹集》（七）卷七十二〈張無垢中庸解〉，頁3770。）

這是朱熹在批評張九成《中庸解》是以佛解儒時，取莊周與李斯為例。張氏雖受學於程門弟子楊龜山，但逃儒以歸釋，與其師已是「二本殊歸」，此情形正與李斯受學於荀子，卻成為法家之流；莊周承接於子夏，卻流為道家之徒的情形相似。

〈答呂子約〉一文中，朱熹再次提及子夏與莊子的關係，其云：

> 曾子之三省，忠信而已，則程子包「傳不習乎」一語解之矣。所謂欺於己、欺於師，想是程子之意。但祖儉竊謂「傳不習乎」亦須兼就不習而傳於人上說。蓋不習而傳，則是中有未盡而與欺人無異也，與上文同旨。而傳習又所當省者，故專言之。如子夏後為莊周之類，皆由傳之有所未習，故流傳之久，不能無弊。（《朱熹集》（四）卷四十七〈答呂子約〉，頁2276。）

朱熹認為子夏之後學流為莊周之類，是因為「皆由傳之有所未習」。後傳之人欺於己、欺於師，與其師學已是二本殊歸，且又不習而傳於人，其後弟子流弊更多，如此代代相傳早與當時師學漸行漸遠。如此而論，則莊周承自子夏，儒學後傳為異端之學亦不無可能。上述兩段引文朱熹雖未多加申述，但皆是藉「子夏傳為莊周」，以說明學術傳承上二本殊歸的情形。

對於莊子的思想淵源，司馬遷《史記·老、莊、申、韓列傳》曰「莊子者，…然其要本歸於老子之言。」〔註23〕歷來多從此說，認為莊子為老子之

〔註23〕司馬遷著、瀧川龜太郎考證：《史記會注考證》（臺北：洪氏出版社，1986年），卷六十三，頁855。

嫡傳。至唐代韓愈，根據《莊子》有〈田子方〉一篇，始懷疑莊子承自田子方，上推則是本於子夏之學，其言：

> 吾常以爲孔子之道，大而能博，門弟子不能遍觀而盡識也。故學焉
> 而皆得其性之所近，其後離散分處諸侯之國，又各以所能授弟子，
> 原遠而末益分。蓋子夏之學其後有田子方，子方之後流而爲莊周，
> 故周之書喜稱子方之爲人。〔註24〕

韓愈認爲孔子之道廣博宏大，門下弟子無能盡識之，只能學得其相近，其後散居各國時又各以所能授弟子，其中子夏之學下傳爲田子方，子田又後傳給莊周。依韓氏視之，孔子之道大而博，但其弟子只能習其部分，已是低孔子一層，其後傳差孔子更遠，「原遠而末益分」，所以孔門後學會流爲莊周之徒亦是有此可能。韓氏此說，後世雖有繼之者，但存疑者眾。〔註25〕而朱熹雖也認爲此說是韓愈的個人之見，但其著作中多次引及韓愈之說，並以此學術公案爲〈策問〉題目，想必對韓氏的說法亦有某些程度的認可，尤其是〈策問〉中以儒家經書《禮經》做爲莊子與孔子間關聯的例證，可知朱熹雖不主張莊子果眞承自子夏，但對於莊子承自孔門之徒的說法，亦認爲並非全無可能。

（二）莊子與道家的關係

莊子對道體的形容，近於堯、舜的氣象，且莊子思想中亦有某些與孔門相合處，如此，則莊子與道家的關係又是如何？朱熹曾概述道家的傳承言「老子倡其端，而列禦寇、莊周、楊朱之徒和之」，〔註26〕道家思想由老子啓其端，其後列子、莊子、楊朱從之。其中對於老、列、莊三人的關係，朱熹云：

> 老子說他一箇道理甚縝密。老子之後有列子，亦未甚至大段不好。
> 說列子是鄭穆公時人。然穆公在孔子前，而列子中說孔子，則不是

〔註24〕 韓愈：《韓昌黎集》（臺北：河洛圖書出版社，1975 年），〈送王秀才序〉，頁153。

〔註25〕 歷來關於莊子承自孔門的說法有三：一是承自田子方；二是源於顏淵；三是源自孔子。其中以第一說提出的時間最早，其說始於韓愈，雖頗受爭議，但繼之者亦不少，如明代沈一貫，清代姚鼐、王闓運等人皆是信而承之。此處參考簡光明〈莊子思想源於田子方說辨析〉一文，收於《鵝湖月刊》第 19 卷第 10 期，民 83 年 6 月，頁 28。

〔註26〕 《朱子語類》（八）卷一二五，頁 2993。云：「儒教自開闢以來，二帝三王述天理，順人心，治世教民，厚典庸禮之道；後世聖賢遂著書立言，以示後世。及世之衰亂，方外之士厭一世之紛爭，畏一身之禍害，耽空寂以求全身於亂世而已。及老子倡其端，而列禦寇、莊周、楊朱之徒和之。」

鄭穆公時人，乃鄭頃公時人也。列子後有莊子，《莊子》模倣《列子》，殊無道理。爲他是戰國時人，便有縱橫氣象，其文大段豪偉。（《朱子語類》（八）卷一二六，頁 3008。）

此處朱熹明確地說明了道家人物的先後順序，老子之後爲列子，列子之後才爲莊子。〔註 27〕對於列子與莊子的生平，朱熹則考證列子爲鄭頃公時人，較戰國時的莊子爲先。

此段中，值得注意的是，朱熹謂「《莊子》模倣《列子》」，莊子不僅時代在列子之後，且《莊子》一書實是模倣《列子》而來。朱熹又云：

蔡云：「看《莊周傳》說，似乎莊子師於列子。云先有作者如此，恐是指列子。」曰：「這自說道理，未必是師列子。」蔡問：「『皆原於道德之意』，是誰道德？」曰：「這道德只自是他道德。」（《朱子語類》（八）卷一二五，頁 2992。）

《莊子》雖是模倣《列子》，但並非謂莊子師承列子，兩人並未有傳承關係，只是莊子取列子的思想倣作之。朱熹並比較了《列》、《莊》兩書之別言：

莊子全寫列子，又變得峻奇。列子語溫純，柳子厚嘗稱之。（《朱子語類》（八）卷一二五，頁 2991。）

《莊子》一書中所言皆是列子之說，然《列子》的用語較溫純，而《莊子》書中雖「全寫列子」，然文章已轉爲「奇峻」，與《列子》溫純迂僻並不相同。由此可知，朱熹雖言「莊子，不知他何所傳授」，但莊子與道家，尤其是列子的關係，仍是不容置疑的。

至於莊子與老子之關係呢？世人多將老、莊合稱，但朱熹卻強調兩人之不同，其云：

莊周、列禦寇亦似曾點底意思。他也不是專學老子，吾儒書他都看來，不知如何被他綽見這箇物事，便放浪去了。今禪學也是恁地。（《朱子語類》（七）卷一一七，頁 2827。）

莊子見識雖高，但無細密工夫，終是「其知不至」，〔註 28〕此正與曾點「見處極高，只是工夫疏略」〔註 29〕相近。因此，此處朱熹謂莊、列二人「不是專

〔註 27〕關於道家的傳衍，見於本論文第一章〈緒論〉第二節的部分，此處不多加論述，而是將重點置於列子與莊子的關係上。

〔註 28〕關於莊子「無細密工夫」的問題，將於下節論述之。

〔註 29〕《朱子語類》（三）卷四十，頁 1026。

學老子」，除了老子之學外「吾儒書他都看」，其書中亦雜揉儒家思想，是懂得儒家道理的，只是凡是放浪不肯爲。

　　朱熹謂莊子非專承老子之學，且兩人的差別亦可由莊子書中見得，《朱子語類》載：

　　　　問：「老子與莊子似是兩般說話。」曰：「莊子於篇末自說破矣。」

　　　　（《朱子語類》（八）卷一二五，頁2990。）

老、莊的差別可由《莊子》篇末看出，此篇末指的即是第三十三篇的〈天下〉。此在《朱子語類》卷六十三釋《中庸》篇章時亦有提及，其云：

　　　　「聖人之道，彌滿充塞，無少空闕處。若於此有一毫之差，便於道體有虧欠也。若佛則只說道無不在，無適而非道；政使於禮儀有差錯處，亦不妨，故它於此都理會不得。莊子卻理會得，又不肯去做。如〈天下篇〉首一段皆是說孔子，恰似快刀利劍斫將去，更無些子窒礙，又且句句有著落。如所謂『《易》以道陰陽，《春秋》以道名分』，可煞說得好！雖然如此，又卻不肯去做。然其才亦儘高，正所謂『知者過之』。」曰：「看得莊子比老子，倒無老子許多機械。」曰：「亦有之。但老子則猶自守簡規模子去做，到得莊子出來，將他那窠窟盡底掀番了，故他自以爲一家。老子極勞攘，莊子較平易。」

　　　　（《朱子語類》（四）卷六十三，頁1540。）

《莊子》第三十三篇〈天下〉，其篇首皆是言孔子之理，且朱熹稱讚其文「恰似快刀利劍斫將去，更無些子窒礙，又且句句有著落」，篇中所言的孔子之理簡捷順暢，且句句中理，尤其是「《易》以道陰陽，《春秋》以道名分」一句，說得甚好，對儒家經典的剖析可謂是一語中的。其中「《易》以道陰陽」一句，朱熹更是多次提及，以用來說明《易》的綱領。朱熹以此證明莊子的才智甚高，是識得孔子之理，亦說得一番道理，只是不肯去做。再者，《朱子語類》中另有一段文字與此段相近，其曰：

　　　　「莊周是箇大秀才，他都理會得，只是不把做事。觀其第四篇〈人間世〉及〈漁父篇〉以後，多是說孔子與諸人語，只是不肯學孔子，所謂『知者過之』者也。如說『《易》以道陰陽，《春秋》以道名分』等語，後來人如何下得！它直是似快刀利斧劈截將去，字字有著落。」公晦曰：「莊子較之老子，較平帖些。」曰：「老子極勞攘，莊子得些，只也乖。莊子跌蕩。老子收斂，齊腳斂手；莊子卻將許多道理

掀翻説，不拘繩墨。」(《朱子語類》(八) 卷一二五，頁 2989。)
此處文意與上段相似，只是所引證的篇章不同。文中另提及了「第四篇〈人間世〉及〈漁父〉以後，多是說孔子與諸人語」。〈漁父〉是《莊子》第三十一篇。換言之，朱熹認爲《莊子》一書中，第四篇〈人間世〉與第三十一篇〈漁父〉、第三十二篇的〈列禦寇〉及末篇〈天下〉此四篇所言多是記載孔子之語。

　　朱熹主張莊子與老子的差別，在於莊子比老子更近於孔子，而主要的例證則是此四篇，也就是由《莊子》書中所載的孔子之事視得。然今觀之，卻有許多疑點：首先，四篇中〈人間世〉、〈漁父〉及〈天下〉三篇確實記載了許多孔子與其門生的對話，但第三十二篇〈列禦寇〉卻未提及孔子或其門人；再者，此三篇中所提及的孔子之事，亦有可議處，比如，第四篇〈人間世〉中莊子假孔子之口云：「天下有大戒二：其一，命也；其一，義也。子之愛親，命也，不可解於心；臣之事君，義也，無適而非君也，無所逃於天地之間。」〔註30〕對此「命、義二分」的主張，朱熹極爲不滿，甚至批評此說爲「禽獸食人之邪說」；〔註31〕第三十一篇〈漁父〉全文是敍述孔子向漁父請益「眞人」之道，文中漁父譏孔子「仁則仁矣，恐不免其身；苦心勞形以危其眞，嗚呼！遠哉其分於道也！」時，孔子反讚揚漁父爲聖人，並拜請賜教，〔註32〕全篇假借孔子以自抬身份的意味相當濃厚，而朱熹又曾謂「《莊子》三四篇譏議夫子處，以爲決非莊子之書，乃是後人截斷莊子本文攙入」。〔註33〕依此而論，朱熹取此四篇做爲老、莊之別以及莊子識得孔子之理的例證，頗爲可議。

（三）與老、列的比較

　　除此之外，上兩段的引文後半部分亦比較了老子與莊子的差別：「老子極勞攘，莊子較平易」、「莊子跌蕩。老子收斂，齊腳斂手；莊子卻將許多道理掀翻說，不拘繩墨」、「老子則猶自守箇規模子去做，到得莊子出來，將他那窠窟盡底掀番了，故他自以爲一家」。其中言莊子既爲「平易」，又爲「跌蕩」，前者主要是針對老子語中「多機械」，多包含權謀術數，而莊子語中則少多了，

〔註30〕《莊子集釋》〈人間世〉，頁 155。
〔註31〕《朱熹集》(七) 卷八十二〈跋宋君忠嘉集〉，頁 4226。關於此「無君」的批評，將於本章第二節述之。
〔註32〕《莊子集釋》〈漁父〉，頁 1025。
〔註33〕《朱子語類》(八) 卷一三九，頁 3312。云：「《古史》中多有好處。如論《莊子》三四篇譏議夫子處，以爲決非莊子之書，乃是後人截斷《莊子》本文攙入，此其考據甚精密。由今觀之，《莊子》此數篇亦甚鄙俚。」

故較爲「平易」；後者的「跌蕩」則是由敘述論理的風格言之，老子論理收斂，「猶自守箇規模子去做」，然莊子則是不拘繩墨，文勢奇峻跌蕩，以論道體爲例，老子析言「載營魄」的觀念，然莊子卻言「旁月日，扶宇宙，揮斥八極，神氣不變」，〔註34〕不拘格套的開闊氣勢與老子大不相同。

上文的區別主要是著重在論理敘事的文勢風格上。至於思想內容上，朱熹認爲主要的差別即是「應世」與否。《朱子語類》言：

> 莊仲曰：「莊子雖以老子爲宗，然老子之學尚要出來應世，莊子卻不如此。」曰：「莊子說得較開闊，較高遠，然卻較虛，走了老子意思。若在老子當時看來，也不甚喜他如此說。」（《朱子語類》（八）卷一二五，頁2995。）

又云：

> 老子猶要做事在。莊子都不要做了，又卻說道他會做，只是不肯做。
> （《朱子語類》（八）卷一二五，頁2989。）

莊子基本上雖是以老子之學爲宗，但老子之學尚要應世，處世方面以「懦弱謙下爲表」而保全其身；治道方面則以「我無爲而民自化」而治國取天下，皆是有其現實利害之考量，也因此含有濃厚的自私權謀色彩。相較之下，莊子既不言治國，亦不謂處世，而是著重在個人境界的修養上，所以朱熹稱「老子猶要做事在，莊子都不要做了」。且莊子之學開闊高遠，全不以「應世」爲旨，其學雖承自老子，但走虛了老子的意思，朱熹認爲「若在老子當時看來，也不甚喜他如此說。」

除了老、莊之外，朱熹亦對老、莊、列三人的文章作了簡略的比較，亦可視爲是此三者的總評，《朱子語類》曰：

> 云：「莊子文章只信口流出，然高。」蔡云：「列子亦好。」曰：「列子固好，但說得困弱，不如莊子。」問：「老子如何？」曰：「老子又較深厚。」（《朱子語類》（八）卷一二五，頁2992。）

〔註34〕《朱子語類》（八）卷一二五，頁2986。云：「老子之學，大抵以虛靜無爲、沖退自守爲事。故其爲說，常以懦弱謙下爲表，以空虛不毀萬物爲實。其爲治，雖曰『我無爲而民自化』，然不化者則亦不之問也。其爲道每每如此，非特『載營魄』一章之指爲然也。若曰『旁月日，扶宇宙，揮斥八極，神氣不變』者，是乃莊生之荒唐；其曰「光明寂照，無所不通，不動道場，遍周沙界」者，則又瞿曇之幻語，老子則初曷嘗有是哉！今世人論老子者，必欲合二家之似而一之，以爲神常載魄而無所不之，則是莊、釋之所談，而非老子之意矣。」

此處比較了老、莊、列三人的文章風格，其中莊子的文章較「高」，老子則較
「深厚」，至於列子雖好，卻「說得困弱，不如莊子」，顯然老、莊各有千秋，
而列子則略遜一略籌。又云：

> 莊子是箇轉調底。老子、列子又細似莊子。（《朱子語類》（八）卷一
> 二五，頁 2991。）

又曰：

> 莊子比老子便不同。莊子又轉調了精神，發出來粗。列子比莊子又
> 較細膩。（《朱子語類》（八）卷一二五，頁 2996。）

雖然列子的文章較莊子困弱，但換個角度言之，列子又較莊子「細膩」。而莊
子本來即不同於老子，其「轉調了精神，發出來粗」，內容文氣顯與老子大不
相同。

第二節　無細密工夫

朱熹雖然對莊子所形容之道體多所稱讚，甚至視其承接得孔門，是源流
有自。然而，朱熹也指出莊子見識雖高，但「無細密工夫」，其云：

> 莊子，不知他何所傳授，卻自見得道體。……但其知不至，無細密
> 工夫，少間都說得流了，所謂「賢者過之」也。（《朱子語類》（二）
> 卷十六，頁 369。）

莊子能識得道體，但「其知不至」，而忽略了細密工夫，此「無細密工夫」是
莊子的主要弊病。朱熹為學強調義理與工夫並重，二者不可或偏，而莊子之
弊，即在於偏於一者。

一、無禮無本

朱熹曾引程顥之言曰：「莊子，無禮無本。」〔註35〕莊子雖然形容道體儘
有好處，是個資質明敏的秀才，但裡面工夫疏略，無禮而無檢束，終偏離聖
人之道，而流為異端之徒。

（一）「賢者過之」與「知者過之」

上述引文中，朱熹批評莊子「其知不至」，故雖見得道體，但無細密工夫，

〔註35〕《朱子語類》（三）卷四十，頁 1028。程子之言見《二程集》（一）〈河南程氏
　　　　遺書卷第七〉，頁 97。云：「莊子有大底意思，無禮無本。」

其對道仍是不明，只為「賢者過之」。〔註36〕此外，朱熹又批評莊子是「知者過之」，其云：

> 莊周是箇大秀才，他都理會得，只是不把做事。觀其第四篇〈人間世〉及〈漁父篇〉以後，多是說孔子與諸人語，只是不肯學孔子，所謂「知者過之」者也。(《朱子語類》(八) 卷一二五，頁2989。)

朱熹認可莊子是個讀過書的秀才，所以能理會道理，亦能說得有理，只是雖理會了道理，卻不落實地去做。上例中批評莊子是「其知不至」，此處卻言其是「知者過之」，兩者用意實無差別，皆是指莊子之「知」未達到中庸至德的「至知」。「賢者過之」與「知者過之」二句皆出於《中庸》第三章，原文云：

> 子曰：「道之不行也，我知之矣，知者過之，愚者不及也；道之不明也，我知之矣，賢者過之，不肖者不及也，人莫不飲食也，鮮能知味也。」〔註37〕

過與不及皆無法行道。因為愚者不及知，又不知所以行，故道不行；而知者知之過，遂以道為不足行，因此過與不及皆非行道之法。對於莊子，朱熹稱其：

> 莊子……他是事事識得，又卻蹴踏了，以為不足為。(《朱子語類》(八) 卷一二五，頁2988。)

莊子事事識得，但又以為不足為，故此「知」非為「至知」，而是其知太過。莊子既非是愚者亦非不肖者，相反地莊子是個能理會道理的賢者、知者，只因不能持有中庸至德，遂以道為不足知、不足行，所以「不把做事」，缺乏細密工夫，最後終使道不明不行。莊子能識道，卻因不察中庸之理，而未能行道。所以朱熹引《中庸》「賢者過之」及「知者過之」兩語來批評莊子，強調唯有中庸之德才是至德。朱熹在道體的部分給予莊子認可，但也同時指出莊子在工夫處的缺乏，其認為莊子最大的弊端就在於「無細密工夫」。

對於莊子個人，朱熹多次提及其為秀才，是個讀過書、理會道理的人，甚至認為莊子說道理有過人之處，不僅簡捷精確，且字字有著落。〔註38〕只是莊子的弊病即是「賢」、「知」太過，疏略工夫，終使道不明不行。此處「賢者過之」及「知者過之」雖是批評之語，但終為「賢者」、「知者」。反觀老子，

〔註36〕「賢者過之」出於《中庸》第四章，朱熹註：「道不可離，人自不察，是以有過不及之弊。」見朱熹《四書章句集註》，頁19。

〔註37〕《中庸》第三章，見《四書章句集注》，頁19。

〔註38〕《朱子語類》(八) 卷一二五，頁2989。云：「如說『《易》以道陰陽，《春秋》以道名分』等語，後來人如何下得！它直是似快刀利斧劈截將去，字字有著落。」

朱熹雖也稱其知禮、見亦高，但也多次批評其是個「自私其身」、「心最毒」的人。兩相對比不難發現，雖同爲道家代表人物，同爲抨擊對象的異端邪說，但朱熹對老、莊兩人的態度並不盡相同，其顯然對莊子存有較大的善意。

（二）知而不行

朱熹爲學著重在「致知」的工夫，而「致知」須知行合一，其言「知與行，須是齊頭做，方能互相發。」〔註39〕唯有知行合一才是眞知，其言：

> 愚謂知而未能行，乃未能得之於己，豈特未能用而已乎？然此所謂知者，亦非眞知也。眞知則未有不能行者。（《朱熹集》（七）卷七十二〈張無垢中庸解〉，頁3781。）

又云：

> 欲知知之眞不眞，意之誠不誠，只看做不做如何。眞箇如此做底，便是知至、意誠。（《朱子語類》（一）卷十五，頁302。）

若是眞知，則未有不能行者，至於知而不能行，則非眞知。「知」是否爲眞，「意」是否爲誠，完成端賴於「做不做」，亦即是是否能「行」。所以朱熹在回答門人時曰：

> 周震亨問知至、意誠，云：「有知其如此，而行又不如此者，是如何？」曰：「此只是知之未至。」問：「必待行之皆是，而後驗其知至歟？」曰：「不必如此說。而今說與公是知之未至，公不信，且去就格物、窮理上做工夫。窮來窮去，末後自家眞個見得此理是善與是惡，自心甘意肯不去做，此方是意誠。若猶有一毫疑貳底心，便是知未至，意未誠，久後依舊去做。然學者未能便得會恁地，須且致其知，工夫積累，方會知至。」（《朱子語類》（一）卷十五，頁301。）

知而未能行者，則非眞知，因爲眞知是未有不能行者。換言之，是否爲眞正的知至、意誠，完全取決於「行」的工夫。道理的體認，須由工夫處來證成。

至於如何才能「致其知」？朱熹主張須靠「工夫的積累」。工夫如何積累？則須由日用間秉良心察之，《朱子語類》曰：

> 先生問：「平日如何用工夫？」曰：「只就己上用工夫。」「己上如何用工夫？」曰：「只日用間察其天理、人欲之辨。」「如何察之？」曰：「只就秉彝良心處察之。」（《朱子語類》（七）卷一一七，頁2814。）

〔註39〕《朱子語類》（七）卷一一七，頁2816。

工夫須由平日由己上做起，要時時秉良心省察天理、人欲之辨。此「格物致知」即是工夫的最低層，由最低層做起才能達到性命天道的上層工夫。又云：

> 格物致知，是極粗底事；「天命之謂性」，是極精底事。但致知格物
> 便是那「天命之謂性」底事。下等事便是上等工夫。(《朱子語類》
> (一) 卷十五，頁 293。)

工夫須由日用生活間做起，且朱熹強調「致知、格物是源頭上工夫」，[註40] 下學始能上達，致知和格物雖是極基本、極下等的入門工夫，但也是爲學之基礎，唯有知至、物格才能成就性命天道的上等工夫。

朱熹強調知行合一、下學上達的爲學方式，著重平時日用間，自我省察的工夫。反觀莊子雖能識得道體，說話亦有過人之處，但卻缺乏日用間的踏實工夫，所以朱熹批評其不肯做事，是「無細密工夫」，能知而未能行，終是非眞知，故稱其爲「知不至」。再者，朱熹亦謂「不肯做工夫」不只是莊子的弊病，亦是時人易犯的錯誤，其言：

> 「學者精神短底，看義理只到得半途，便以爲前面沒了。」必大曰：
> 「若工夫不已，亦須有向進。」曰：「須知得前面有，方肯做工夫。
> 今之學者，大概有二病：一以爲古聖賢亦只此是了，故不肯做工夫；
> 一則自謂做聖賢事不得，不肯做工夫。」(《朱子語類》(七) 卷一一
> 七，頁 2811。)

此是朱熹與弟子論爲學之道，指出時人讀書，病在不肯做工夫，其原因有二：一是「以爲古聖賢亦只此是了」；二是「自謂做聖賢事不得」。究此二者，皆是犯了過與不及的錯誤，前者以爲聖賢之道不足以行，後者以爲自身不及行。太過與不及，皆非眞知。而專究義理忽略工夫，亦非爲學之道。所以朱熹主張唯有知行合一，義理與工夫並重，才是眞正爲學的不二法門。

(三) 無 禮

朱熹多次言及曾點之學與莊子相似，[註41] 其中莊子「無禮」的弊病，

[註40] 《朱子語類》(二) 卷十五，頁 301。文曰：「問：『誠意莫只是意之所發，制
之於初否？』曰：『若說制，便不得。須是先致知、格物，方始得。人莫不有
知，但不能致其知耳。致其知者，自裏面看出，推到無窮盡處；自外面看入
來，推到無去處；方始得了，意方可誠。致知、格物是源頭上工夫。看來知
至便自心正，不用「誠意」兩字也得。然無此又不得，譬如過水相似，無橋
則過不得。意有未誠，也須著力。不應道知已至，不用力。』」

[註41] 關於朱熹將莊子與曾點相比附的部分，將於下小節論述之。

一如曾點無「復禮」的工夫，《朱子語類》曰：

> 先生又曰：「曾點之學，無聖人為之依歸，便是佛、老去。如琴張、
> 曾晳，已做出這般事來。」又曰：「其克己，往往吾儒之所不及，但
> 只他無那禮可復。」（《朱子語類》（三）卷四十一，頁1048。）

曾點雖為孔門之徒，但未以聖人為依歸，終易流為佛、老異端，其原因是曾
點能克己，但未能復禮。儒家「克己復禮」之學，曾點於「克己」處強過諸
儒，但未有禮的實踐工夫，故於「復禮」處無禮可復，終無法成就聖人之業。
換言之，若純有內在的「克己」工夫，而無外在的「復禮」實踐，仍不能算
是聖人之學，而儒學與異端的差別亦即在此「復禮」的實踐工夫上。因此，
朱熹雖然認為莊子見得堯、舜氣象，對其所形容的道體極為推崇，視其可能
為孔門之後，但因「無禮」，缺乏「細密工夫」，終究只能置於異端之徒。

　　針對莊子「無禮」的部分，朱熹主要批評其不識人臣之禮，《朱子語類》
云：

> 父子兄弟夫婦，皆是天理自然，人皆莫不自知愛敬。君臣雖亦是天
> 理，然是義合。世之人便自易得苟且，故須於此說「忠」，卻是就不
> 足處說。如莊子說：「命也，義也，天下之大戒。」看這說，君臣自
> 是有不得已意思。（《朱子語類》（一）卷十三，頁233。）

《莊子・人間世》中曾藉仲尼之言談論君臣關係，其曰：「天下有大戒二：其
一，命也；其一，義也。子之愛親，命也，不可解於心；臣之事君，義也，
無適而非君也，無所逃於天地之間。是之謂大戒。」〔註42〕莊子認為「子之
愛親」與「臣之事君」皆是人世間無所逃的大戒，其中「子之愛親」是天性
之本然，而「臣之事君」則為人為社會之必然。朱熹對此說甚為不滿，認為
莊子將君臣之義視為人為社會中的「義」，是將君臣的關係看作是不得已，這
是莊子不明白人臣之禮與人倫親情，同是順應天理而來。朱熹又云：

> 莊生「知天子與我皆天之所子」，而不知其適庶少長之別。知「擎跽
> 曲拳」為人臣之禮，而不知天理之所自來。（《朱熹集》（六）卷七十
> 一〈記林黃中辨易西銘〉，頁3694。）

《莊子》言「與天為徒者，知天子之與己皆天之所子」，〔註43〕而「與人為徒」

〔註42〕《莊子集釋》〈人間世〉，頁155。
〔註43〕〈人間世〉云：「然則我內直而外曲，成而上比。內直者，與天為徒。與天為
　　　　徒者，知天子之與己皆天之所子，而獨以己言蘄乎而人善之，蘄乎而人不善

者，知「擎跽曲拳，人臣之禮也」。朱熹反對這種天人二分的方式，批評莊子所謂「與天為徒者」是只知道人皆得自於天，卻忽略了人天生本有適庶長少的倫常之別；而「與人為徒者」強調人臣上下之禮，卻不知「禮」亦是源於天理。〔註44〕〈跋宋君忠嘉集〉一文云：

> 莊周有言：「子之愛親，命也，不可解於心；臣之事君，義也，無適而非君也，無所逃於天地之間。」古今以為名言。然以予論之，父子之仁，君臣之義，莫非天賦之本然，民彝之固有，彼乃獨以父子為自然，而謂君臣之相屬特出於事勢之不得已，夫豈然哉？……而莊生為我無君，禽獸食人之邪說，亦可以不辨而自明矣。(《朱熹集》（七）卷八十二〈跋宋君忠嘉集〉，頁4226。)

朱熹主張父子之仁與君臣之義皆是「天賦之本然」，所以批評莊子將「子之愛親」與「臣之事君」視為「命、義」二分是「為我無君」的思想，甚至於嚴厲抨擊為「禽獸食人之邪說」，並將之與楊朱無君之說相比附，其云：

> 列、莊本楊朱之學，故其書多引其語。莊子說：「子之於親也，命也，不可解於心。」至臣之於君，則曰：「義也，無所逃於天地之間。」是他看得那君臣之義，卻似是逃不得，不奈何，須著臣服他。更無一箇自然相胥為一體處，可怪！故孟子以為無君，此類是也。(《朱子語類》（八）卷一二五，頁2991。)

《孟子》曾批評楊朱「楊氏為我，是無君也。」〔註45〕朱熹認為莊子視君臣之義為不可奈何，亦是為「無君」之說，其云：

> 莊子云：「天下之大戒二：命也，義也。子之於父，無適而非命也；臣之於君，無適而非義也；無所逃於天地之間。」舊嘗題跋一文字，

之邪？若然者，人謂之童子，是之謂與天為徒。外曲者，與人之為徒也。擎跽曲拳，人臣之禮也，人皆為之，吾敢不為邪！」

〔註44〕朱熹認為聖人所傳之禮皆是合於天理之自然，其云：「惟是聖人之心與天合一，故行出這禮，無一不與天合。其間曲折厚薄淺深，莫不恰好。這都不是聖人白撰出，都是天理決定合著如此。後之人此心未得似聖人之心，只得將聖人已行底，聖人所傳於後世底，依這樣子做。做得合時，便是合天理之自然。」見《朱子語類》（六）卷八十四，頁2184。

〔註45〕《孟子・滕文公下》云：「天下之言，不歸楊，則歸墨。楊氏為我，是無君也；墨氏兼愛，是無父也。無父無君，是禽獸也。」朱熹注曰：「楊朱但知愛身，而不復知有致身之義，故無君；墨子愛無差等，而視其至親無異眾人，故無父。無父無君，則人道滅絕，是亦禽獸而已。」見《四書章句集注》，頁272。

曾引此語，以爲莊子此說，乃楊氏無君之說。似他這意思，便是沒
奈何了，方恁地有義，卻不知此是自然有底道理。(《朱子語類》(一)
卷十三，頁233。)

莊子義命兩分的說法，正與楊氏無君說相似，因爲《莊子》書中常言及楊朱
的說法，朱熹甚至以此認爲莊子可能亦與楊朱之學頗有淵源，且楊氏的後學
即是道家的修煉之徒。〔註46〕朱熹對楊朱之批評向來嚴厲，〔註47〕此處又以
楊朱與莊子相比附，是對莊子的嚴厲否定。朱熹對莊子的批評向來和緩，但
關於「君臣之義」的問題，朱熹卻表現出少有的嚴厲態度。

　　除了不識「君臣之義」之外，朱熹亦批評莊子「蔑棄禮法，專事情愛」，
《朱子語類》載：

　　問：「謝氏說『幾諫』章，曰『以敬孝易，以愛孝難』，恐未安。」
　　曰：「聖人答人問孝，多就人資質言之。在子夏則少於愛，在子游則
　　少於敬，不當遽斷難易也。如謝氏所引兩句，乃是莊子之說。此與
　　阮籍居喪飲酒食肉，及至慟哭嘔血，意思一般。蔑棄禮法，專事情
　　愛故也。」(《朱子語類》(二) 卷二十七，頁705。)

「以敬孝易，以愛孝難」一句出於《莊子・天運》，〔註48〕指以「敬」來行孝
容易，用「愛」來行孝難，因爲「敬」重在外在行爲，而「愛」則是發乎內
心，用意在形容世俗禮樂若不能發乎內心、出乎自然，終只是表面工夫。然
朱熹主張聖人所製定的禮法是本乎天性，外在行爲即是內在本性的表現，所
以莊子此說是不識「孝」理，是「蔑棄禮法，專事情愛」，與阮籍放曠行徑相
近。朱熹認爲儒家道統自孔、孟之後，惟二程能承續之，其間雖有韓愈大力
提倡，但只是說個大略。〔註49〕至於秦漢魏晉間，則是聖學淪喪，正理不明

〔註46〕《朱子語類》(四) 卷六十，頁1447。云：「莊子數稱楊子居之爲人，恐楊氏
　　　　之學，如今道流修煉之士。其保嗇神氣，雖一句話也不妄與人說，正孟子所
　　　　謂『拔一毛而利天下不爲』是也。」
〔註47〕朱熹對楊朱的評價甚低，其屢謂老氏自私之學，正與楊朱爲我之學相類。關
　　　　於此方面的論述，請參照本文第二章第二節。
〔註48〕〈天運〉云：「夫至仁尚矣，孝固不足以言之。此非過孝之言也，不及孝之言
　　　　也。夫南行者至於郢，北面而不見冥山，是何也？則去之遠也。故曰：以敬
　　　　孝易，以愛孝難；以愛孝易，以忘親難；忘親易，使親忘我難；使親忘我易，
　　　　兼忘天下難；兼忘天下易，使天下兼忘我難。」
〔註49〕《朱子語類》(六) 卷九十三，頁2350。云：「孟子後數千載，乃始得程先生
　　　　兄弟發明此理。今看來漢唐以下諸儒說道理見在史策者，便直是說夢！只有
　　　　簡韓文公依稀說得略似耳。」

的時代，〔註50〕尤其是魏晉間積習已久，遂入於老、莊之虛浮，如阮籍之「蔑棄禮法」，即是莊子「不識禮法」之流弊。

二、狂者末流

朱熹認爲莊子的主要弊病在工夫疏略無檢束，此「知而不行」的特色正與孟子反、曾點等人相似，因此朱熹批評莊子爲孔子所謂之「狂者」，孟子所謂之「狂士」。

（一）孟子反

《朱子語類》中朱熹與門人論及《論語·雍也》篇曰：

> 孟之反資稟也高，未必是學。只世上自有這般人，不要爭功。胡先生説：「《莊子》所載三子云：孟子反、子桑戶、子琴張。子反便是孟之反。子桑戶便是子桑伯子，『可也簡』底。子琴張便是琴張，孔子所謂『狂者』也。但莊子説得怪誕。」但他是與這般人相投，都恁地沒檢束。（《朱子語類》（三）卷三十二，頁807。）

《論語·雍也》篇中所提到的「孟之反」，胡安定認爲即是《莊子》所載的「孟子反」。《莊子·大宗師》中以「子桑戶、孟子反、子琴張」〔註51〕三人爲方外之士，是能超越生死的眞人。然胡氏謂「孟子反」等人只爲孔子所謂的「狂者」，所以謂莊子「説得怪誕」，朱熹則接續胡氏之言，謂莊子與孟之反等人相近，皆是行爲沒檢束的狂者。

《莊子·大宗師》中「子桑戶、孟子反、子琴張」的寓言故事，朱熹曾多次提及，謂其爲孔、孟所稱之「狂者」、「狂士」，〔註52〕並稱此三人爲「狂簡底人」，《朱子語類》云：

〔註50〕《朱子語類》（八）卷一二九，頁3089。云：「渠言『漢之名節，魏晉之曠蕩，隋唐之辭章，皆懲其弊爲之。』不然。此只是正理不明，相衮將去，遂成風俗。後漢名節，至於末年，有貴己賤人之弊。如皇甫規，鄉人見之，卻問：『卿在鴈門，食鴈美乎？』舉此可見。積此不已，其勢必至於虛浮入老、莊。相衮到齊梁間，又不復如此，只是作一般艷辭，君臣賡歌褻瀆之語，不以爲怪。」

〔註51〕〈大宗師〉云：「子桑戶、孟子反、子琴張三人相與友，曰：『孰能相與於無相與，相爲於無相爲？孰能登天遊霧，撓挑無極；相忘以生，無所終窮？』三人相視而笑，莫逆於心，遂相與爲友。」

〔註52〕《朱子語類》（三）卷四十，頁1033。云：「如季武子之死，倚門而歌事，及《家語》所載芸瓜事，雖未必然，但如此放曠，凡百事何故都當。在他身上？所以孟子以之與琴張、牧皮同稱『狂士』。」

又問：「裁之爲義，如物之不正，須裁割令正也。」曰：「自是如此。且如狂簡底人，不裁之則無所收檢，而流入於異端。蓋這般人，只管是要他身高，都不理會事，所以易入於異端。大率異端皆是遯世高尚底人，素隱行怪之人，其流爲佛、老。而今所以無異端，緣那樣人都便入佛、老去了。且如孟之反不伐，是他自占便宜處，便如老氏所謂『不爲天下先』底意思。子桑子死，琴張弔其喪而歌，是不以生死芥帶，便如釋氏。如此等人，雖是志意高遠，然非聖人有以裁正之，則一向狂去，更無收殺，便全不濟事了。」（《朱子語類》（二）卷二十九，頁742。）

所謂的異端是因行爲不以義正之，故狂簡而無所收檢，才會流入佛、老。且這些人大抵都是「遯世高尚底人，素隱行怪之人」。朱熹謂孟子反與琴張等人即是如此，其雖皆是志意高遠之人，但行爲狂簡「不理會事」，行事作風近似老氏之無爲、釋氏之忘生，而非如聖人以義裁正之，所以最終只流爲狂簡，無法成就聖人事業，而成爲老、佛異端。莊子亦是如此，皆是因行事狂簡遂偏離了聖人正道。

（二）曾　點

「孟子反」諸人於《莊子》、《論語》兩書中都有提及，在《論語》中是批評的對象，在《莊子》中卻是眞人的表徵，與莊子相類自屬合理。較值得注意的是，除此之外朱熹亦取曾點之「詠而歸」一事與莊子相比，《朱子語類》曰：

恭甫問：「曾點『詠而歸』，意思如何？」曰：「曾點見處極高，只是工夫疏略。他狂之病處易見，卻要看他狂之好處是如何。緣他日用之間，見得天理流行，故他意思常恁地好。只如『莫春浴沂』數句，也只是略略地說將過。」又曰：「曾點意思，與莊周相似，只不至如此跌蕩。莊子見處亦高，只不合將來玩弄了。」（《朱子語類》（三）卷四十，頁1026。）

朱熹認爲曾點「莫春浴沂」數句是見處極高，只是其工夫疏略，狂簡的弊病與莊子相似，而不若莊子跌蕩。且朱熹又提及「狂之病」與「狂之好處」，「狂」並非是全然的不好，如若能於日用間見得天理流行，也算是好處，而工夫疏略則是「狂」易見的弊端。其又云：

恭父問：「曾點說『詠而歸』一段，恐是他已前實事，因舉以見志。」曰：「他只是說出箇意思要如此。若作已前事說，亦不可知。人只見

> 説曾點狂，看夫子特與之之意，須是大段高。緣他資質明敏，洞然
> 自見得斯道之體，看天下甚麼事能動得他！他大綱如莊子。明道亦
> 稱莊子云：『有大底意思。』又云：『莊子形容道體，儘有好處。』
> 邵康節晚年意思正如此，把造物世事都做劇看。曾點見得大意，
> 然裏面工夫卻疏略。明道亦云：『莊子無禮，無本。』」（《朱子語類》
> （三）卷四十，頁 1027。）

對於門人所問曾點「詠而歸」一事，朱熹認爲曾點資質明敏，能見得天理流
行，所以夫子特與之，但夫子與之之處亦僅爲如此，因其「工夫疏略」，遂有
「狂」的弊病，終非聖人之事。就此特色而言，曾點與莊子相似，故謂其「大
綱如莊子」。

曾點亦如莊子，能見得堯、舜氣象，〔註53〕但無法成就堯、舜事業，《朱
子語類》云：

> 問：「程子謂『便是堯、舜氣象』，如何？」曰：「曾點卻只是見得，
> 未必能做得堯、舜事。孟子所謂『狂士』，『其行不掩焉者也』。其見
> 到處，直是有堯、舜氣象。如莊子亦見得堯、舜分曉。」或問天王
> 之用心何如，便説到「『天德而出寧，日月照而四時行，若畫夜之有
> 經，雲行而雨施』。以是知他見得堯、舜氣象出。曾點見識儘高，見
> 得此理洞然，只是未曾下得工夫。曾點曾參父子正相反。以點如此
> 高明，參卻魯鈍，一向低頭捱將去，直到一貫，方始透徹。是時見
> 識方到曾點地位，然而規模氣象又別」。（《朱子語類》（三）卷四十，
> 頁 1034。）

曾點與莊子皆能見得堯、舜氣象，卻未能做得堯、舜事業，原因即在於莊子、
曾點雖本領處與堯、舜相同，能識得堯、舜道體，但未曾下得工夫，終無法
成就聖人事業。儒家聖人須是道德事功兼備，莊子所欠缺的正是這種知行合
一的工夫。

《論語·先進》篇中孔子與弟子各言其志，最後對曾點之志深許之，然
而在朱熹眼中，曾點卻如莊子，只爲狂簡之徒，其曰：

〔註53〕明道云：「孔子『與點』，蓋與聖人之志同，便是堯、舜氣象也。」見《二程
集》（一）〈河南程氏遺書卷第十二〉，頁 136。明道時已稱許曾點識得堯、舜
氣象，朱熹承其説，但卻將莊子與之相比稱。對於曾點的評價，朱熹顯然已
與明道有些不同。有關此方面的論述，可參照錢穆《朱子新學案》（四）〈朱
子與二程解經相異下〉，頁 389～434。

　　曾點言志，當時夫子只是見他說幾句索性話，令人快意，所以與之。

　　其實細密工夫卻多欠闕，便似莊、列。如季武子死，倚其門而歌，

　　打曾參仆地，皆有些狂怪。(《朱子語類》(三) 卷四十，頁 1027。)

朱熹認為孔子當時雖給予曾點極高的認可，但此是純就當時的情境，針對其
志向而言，並非是對曾點個人全盤的稱許。因為曾點雖有聖人高遠志向，但
無聖人細密工夫，反而近似莊、列，有些狂怪。聖人之學必須知行合一，光
有高遠志向而無細密工夫，不得算是以聖人之學為依歸。〔註 54〕所以曾點雖
能與夫子志向相合，但終究比不上顏回、曾參等人。《朱子語類》載：

　　曰：「這數句 (指『浴乎沂』等數句)，只是見得曾點從容自在處，

　　見得道理處卻不在此，然而卻當就這看出來。」又曰：「只為三子見

　　得低了，曾點恁地說出來，夫子所以與之。然而終不似說顏子時。

　　說他只說是狂者，正為只見得如此，做來卻不恁地。」(《朱子語類》

　　(三) 卷四十一，頁 1049。)

濂溪、二程為學著重學孔、顏樂處，朱熹亦云「顏子去聖人尤近」，〔註 55〕孔門
弟子中朱熹對顏子的評價甚高，推崇其兼具「尊德性」與「道問學」。〔註 56〕
朱熹主張聖人之道不過「博文約禮」，即是要「尊德性」與「道問學」兼具，然
曾點只具「尊德性」一邊，故不若顏子完備。至於曾參，朱熹云：

　　某嘗說，曾皙不可學。他是偶然見得如此，夫子也是一時被他說得

〔註 54〕《朱子語類》(二) 卷二十七，頁 688。言：「曾點所見不同，方當侍坐之時，
　　　　見三子言志，想見有些下視他幾箇，作而言曰：『異乎三子者之撰。』看其意，
　　　　有鳳凰翔于千仞底氣象！《莊子「中說孟子反于琴張喪側，或琴或歌，點亦
　　　　只是此輩流。渠若不得聖人為之依歸，須一向流入莊、老去！」
〔註 55〕濂溪將顏子的地位提升，與孔子並稱，然朱熹卻僅謂其「近於」聖人，其差
　　　　別即為「顏子去聖人不爭多，止隔一膜，所謂『於吾言無所不說』。其所以不
　　　　及聖人者，只是須待聖人之言觸其機，乃能通曉爾。」見於《朱子語類》(二)
　　　　卷二十四，頁 569。
〔註 56〕《朱子語類》(二) 卷二十四，頁 569。云：「或云：『某於「克己復禮」、「動
　　　　容貌」兩章，卻理會得。若是仰高鑽堅，瞻前忽後，終是未透。』曰：『此兩
　　　　章止說得一邊，是約禮底事，到顏子便說出兩腳來。聖人之教學者，不過博
　　　　文約禮兩事爾。博文，是「道問學」之事，於天下事物之理，皆欲知之；約
　　　　禮，是「尊德性」之事，於吾心固有之理，無一息而不存。今見於《論語》
　　　　者，雖只有「問仁」、「問為邦」兩章，然觀夫子之言有曰：「吾與回言終日。」
　　　　想見凡天下之事無不講究來。自視聽言動之際，人倫日用當然之理，以至夏
　　　　之時，商之輅，周之冕，舜之樂，歷代之典章文物，一一都理會得了。故於
　　　　此舉其大綱以語之，而顏子便能領略得去。』」

恁地也快活人，故與之。今人若要學他，便會狂妄了。他父子之學
正相反。曾子是一步一步踏著實地去做，直到那「『參乎！吾道一以
貫之。』曾子曰：『唯。』」方是。然他到這裏，也只是唯而已，也
不曾恁地差異。從此後，也只是穩穩帖帖恁地去。到臨死，尚曰「而
今而後，吾知免夫小子」！也依舊是戰戰兢兢，不曾恁地自在。曾
晳不曾見他工夫，只是天資高後自說著。如夫子說『吾黨之小子狂、
簡，斐然成章，不知所以裁之』，這便是狂、簡。如莊、列之徒，皆
是他自說得恁地好，所以夫子要歸裁正之。若是不裁，只管聽他恁
地，今日也浴沂詠歸，明日也浴沂詠歸，卻做箇甚麼合殺！（《朱子
語類》（三）卷四十，頁 1032。）

此處比較曾點父子，曾子雖是「遲鈍」，〔註 57〕但卻是「篤實細密，工夫到」，
〔註 58〕其一步一步踏實地去做工夫，則足以貫通聖人之道。「由博返約」，由
「道問學」而「尊德性」，正是朱熹教人為學之進路。反觀曾點，所缺乏的正
是此踏實工夫，只因其資高、見識高，但無切實工夫，後人若要學他，則易
成為狂妄，最終流於莊、列之徒。所以朱熹教人為學應效法曾參，而不要去
學曾點，因為在朱熹眼中，曾點工夫疏略的弊病正與莊、列的弊病相似。

（三）孔門之狂者

「狂者」在儒家中，是個獨特的人格特質，是「不得中行而與之」，〔註 59〕
能行中庸之道而無過與不及者是聖人，因聖人難為，故退而求其次者則為狂狷
者。狂者進取，是有志向的人；狷者有所不為也，則是有氣節的人。朱熹認為
狂狷者之所以不能中行，是因為知、行「太過」，〔註 60〕遂偏於一端而失去中庸

〔註 57〕《朱子語類》（二）卷二十七，頁 678。又云：「顏子聰明，事事了了。子貢聰
明，工夫粗，故有闕處。曾子魯，卻肯逐一用工捱去。捱得這一件去，便這
一件是他底，又捱一件去。捱來推去，事事曉得，被孔子一下喚醒云：『吾道
一以貫之』，他便醒悟。蓋他平日事理，每每被他看破，事事到頭做，便曉得
一貫之語是實說也。《大學》致知、格物等說，便是這工夫，非虛譓也。」

〔註 58〕《朱子語類》（三）卷四十，頁 1033。云：「孔門如曾點，只見識高，未見得
其後成就如何。如曾參，卻是篤實細密，工夫到。」

〔註 59〕《論語・子路》曰：「子曰：『不得中行而與之，必也狂狷乎！狂者進取；狷
者有所不為也。』」

〔註 60〕《朱子語類》（三）卷四十三，頁 1109。云：「狂者知之過，狷者行之過。」
又云：「問『不得中行而與之』一段。曰：『謹厚者雖是好人，無益於事，故
有取於狂狷。然狂狷者又各墮於一偏。中道之人，有狂者之志，而所為精密；
有狷者之節，又不至於過激；此極難得。』」

正道。因此莊子、曾點等人雖是有志向、見識高，但卻以道爲不足行者，正是偏於「知之過」的「狂者」。

但「狂者」雖非聖人，卻也是次於聖人的人格特質，朱熹也說「人須有些狂猖，方可望。」〔註61〕其並比較狂猖與鄉愿，曰：

> 狂原是箇有骨肋底人。鄉原是箇無骨肋底人，東倒西擂，東邊去取奉人，西邊去周全人，看人眉頭眼尾，周遮掩蔽，惟恐傷觸了人。（《朱子語類》（四）卷六十一，頁 1477。）

又曰：

> 聖人不得中行而與之，必求狂猖者，以狂猖者尚可爲，若鄉愿則無說矣。今之人纔說這人不識時之類，便須有些好處。纔說這人圓熟識體之類，便無可觀矣。（《朱子語類》（三）卷四十三，頁 1109。）

狂猖「能不顧流俗汙世之是非，雖是不得中道，卻都是爲己，不爲他人。」〔註62〕所以仍是箇有骨肋能明辨是非底人，不似鄉愿媚世而無骨肋，終是無可觀之人，所以若不得中行而與之，必求狂猖者。狂猖雖不及聖人，卻也是次於聖人的人格特質。所以，朱熹批評莊子、曾點等人爲狂人，亦非是全然貶抑之辭。

曾點爲孔門之徒，在志向上曾受夫子與之。朱熹取其與莊子相比附，一方面顯示對曾點的責難；另一面亦可視爲是莊子與孔門關係的另一例證，《朱子語類》曰：

> 又問：「孔門狂者如琴張、曾晳輩是也。如子路、子夏輩，亦可謂之猖者乎？」曰：「孔門亦有狂不成狂，猖不成猖，如冉求之類是也。至於曾晳，誠狂者也，只爭一撮地，便流爲莊周之徒。」（《朱子語類》（四）卷六十一，頁 1477。）

曾點屬於孔門狂者，其末流則爲莊周之徒。朱熹屢言曾點與莊子「意思」、「大綱」相近，指的即是欠闕細密工夫的之弊病相似，而兩人差別，僅在於曾點不似莊周「如此跌蕩」。亦即謂孔門所謂之「狂者」雖是有高遠志向之人，但其工夫疏略之流弊，則流爲莊周之徒。此又是朱熹視莊子爲孔門關聯的另一例證。

〔註61〕《朱子語類》（三）卷四十三，頁 1109。
〔註62〕《朱子語類》（四）卷六十一，頁 1477。云：「彼狂者嘐嘐然以古人爲志，雖行之未至，而所知亦甚遠矣。猖者便只是有志力行，不爲不善。二者皆能不顧流俗汙世之是非，雖是不得中道，卻都是爲己，不爲他人。」

此外，值得注意的是，朱熹批評老子時，曾言老子對倫理的爲害更甚於鄉原。〔註63〕但此處許莊子爲孔門狂者，則又較鄉原略勝一籌。其取鄉原與老、莊相較的結果，一方面拉近了莊子與孔門間的關係，另一方面又藉此顯露朱熹對老、莊評價的差異。

三、「庖丁解牛」之神妙

朱熹屢謂莊子的可取處是見得道體，而無細密工夫則爲其弊病。換言之，莊子的修養工夫，當可謂爲疏略闕如。然《莊子・養生主》中有「庖丁解牛」一事，向爲莊子養生工夫之代表，對此寓言朱熹亦常提及，只是用法已不限於養生之法。

「庖丁解牛」的寓言故事出自《莊子・養生主》，〔註64〕藉庖丁爲文惠君解牛，以說明依循中虛之道，順應自然之理的養生之法，可謂是莊子養生思想的代表。朱熹曾多次引及此事，僅是《朱子語類》即有七處，並稱讚莊子此養生之法「也是他見得箇道理」，《朱子語類》曰：

> 問：「《莊子》云：『聞解牛，得養生。』如何可以養生？」曰：「只是順他道理去，不假思慮，不去傷著它，便可以養生。」又曰：「不見全牛，只是見得骨骼自開。」問：「莊子此意如何？」曰：「也是他見得箇道理如此。」問：「他本是絕滅道理，如何有所見？」曰：「他也是就他道理中見得如此。」因歎曰：「天下道理，各見得恁地，剖析開去，多少快活！若只鶻突在裏，是自欺而已！」又問：「《老子》云『三十幅共一轂，有之以爲利，無之以爲用』，亦是此意否？」曰：「某也政謂與此一般。便也是他看得到這裏。」(《朱子語類》(七)

卷一〇三，頁 2608。）

朱熹認為莊子「庖丁解牛」的養生之法即是「順他道理去，不假思慮，不去傷著它。」而這種順其自然、依天理而行的主張，可以達到養生。朱熹讚許莊子所言的養生之道，但此處的認可是有所保留的，因為「天下道理，各見得恁地」，老、莊有知者之知，自能見得部分道理，然其理論的立基處仍是在於「絕滅道理」的空理上，故終有未盡處。

朱熹雖認可莊子「庖丁解牛」所揭櫫的養生之法，但實際上朱熹著作中涉及莊子「養生思想」之處並不多。而關於「庖丁解牛」一事的引述，反而多運用於為學為聖之道。

（一）為學之道

「庖丁解牛」中庖丁初解牛時，所見無非全牛，「三年之後，未嘗見全牛」，至後來更是以「神遇而不以目視，官知止而神欲行」。莊子以此比喻修道日久，自能「智照漸明」，[註65] 依乎天理而順其自然，達到由有為到無為的修養境界。然今朱熹則取之以喻為學之道，《朱子語類》中論及《莊子》之〈養生主第三〉載：

> 學者初看文字，只見得箇渾淪物事。久久看作三兩片，以至於十數片，方是長進。如庖丁解牛，目視無全牛，是也。（《朱子語類》（一）卷十，頁 163。）

又曰：

> 因論「庖丁解牛」一段，至「恢恢乎其有餘刃」，曰：「理之得名以此。目中所見無全牛，熟。」（《朱子語類》（八）卷一二五，頁 3000。）

庖丁所以目中所見無全牛，即在於「熟」一字，如同學者為學，起初只見個「渾淪物事」，須漸熟練之後方有長進，能心神領會不再拘泥於文句上。朱熹強調為學即如修道，著重在熟練以臻心神領會的工夫上。

而為學是在學習聖人之道，故所謂的「聖人」亦是著重於此「熟」的工夫，其謂：

> 「堯、舜之道，孝弟而已矣。」亦只是就近處做得熟，便是堯、舜。聖人與庸凡之分，只是箇熟與不熟。庖丁解牛，莫不中節。古之善

〔註65〕對於「三年之後，未嘗見全牛也」一句，成玄英疏曰：「操刀既久，頓見理閒，所以縱觀有牛，已知空卻。亦猶服道日久，智照漸明，所見塵境，無非虛幻。」見《莊子集釋》〈養生主〉，頁 120。

書者亦造神妙。(《朱子語類》(二)卷十八,頁 413。)

此段中朱熹說明了聖人與庸凡之別只在於「熟與不熟」,若是做得熟練,即如庖丁解牛,莫不中節。朱熹向以生熟來區分聖人與學者,認為聖人是將下學上達的工夫做得熟練,故天理自然由「胸中流出」,不須勉強,〔註66〕「聖人只是做到極至處,自然安行,不待勉強,故謂之聖。」〔註67〕修道的工夫做到了極處,自然能與天理相合,一如庖丁解牛,順其紋理,批大卻,導大窾,則「莫不中音」,〔註68〕故「道便是無軀殼底聖人,聖人便是有軀殼底道」。〔註69〕又云:

> 學者是學聖人而未至者,聖人是為學而極至者。只是一箇自然,一箇勉強爾。惟自然,故久而不變;惟勉強,故有時而放失。(《朱子語類》(二)卷二十一,頁 487。)

只要為學至極至,則行事自能合乎天理自然,且此天理是自然而然的表現,非勉強為之,所以能久而不變,也才能成為聖人。換言之,聖人是可以力致的,庸凡之人只要做得熟練亦可為聖人,而為學的過程即是由勉強合乎天理,到自然合乎天理的工夫。

(二)戒慎恐懼

「庖丁解牛」中雖言,只要「熟練」則可由有為以入無為的自然境界,但縱使遊刃有餘,亦仍須懷著戒慎之心,尤其是「每至於族,吾見其難為,怵然為戒,視為止,行為遲。」因此朱熹又引「庖丁解牛」來說明戒慎恐懼

〔註66〕《朱子語類》中言:「學者是這箇忠恕,聖人亦只是這箇忠恕,天地亦只是這箇忠恕。但聖人熟,學者生。聖人自胸中流出,學者須著勉強。然看此『忠恕』二字,本為學者做工夫處說。」(《朱子語類》(二)卷二十一,頁 492。)又云:「《中庸》說『忠恕違道不遠』,是『下學上達』之義,即學者所推之忠恕,聖人則不待推。然學者但能盡己以推之於人,推之既熟,久之自能見聖人不待推之意,而『忠恕』二字有不足言也。」(《朱子語類》(二)卷二十七,頁 687。)

〔註67〕《朱子語類》(四)卷五十八,頁 1366。

〔註68〕《朱子語類》(四)卷五十七,頁 1345,形容能合於道者,則道左右逢源,無所不在,其云:「莊子說『庖丁手之所觸,肩之所倚,足之所履,膝之所踦,砉然嚮然,奏刀騞然,莫不中音』,正是此意。為人君,便是撞著箇仁道理;為人臣,便自撞著箇敬道理;為人子,便自撞著箇孝道理;為人父,便自撞著箇慈道理;與國人交,便自撞著箇信道理,無適而不然。」

〔註69〕《朱子語類》(八)卷一三十,頁 3117。曰:「先生因論蘇子由云『學聖人不如學道』,他認道與聖人做兩箇物事,不知道便是無軀殼底聖人,聖人便是有軀殼底道。學道便是學聖人,學聖人便是學道,如何將做兩箇物事看!」

的重要性，其云：

> 這「臨事而懼」，便是戒慎恐懼底心。若有所恐懼，心驚膽畏，便不得了。……人心多縱弛，便都放去。若是聖人行三軍，這便是不易之法。非特行軍如此，事事皆然。莊子庖丁解牛神妙，然每到族，心必怵然為之一動，然後解去。心動，便是懼處，豈是似醉人恣意胡亂做去！（《朱子語類》（三）卷三十四，頁875。）〔註70〕

庖丁雖已解牛無數，但每至經脈錯結的關節處，仍須怵然戒慎，未敢稍加輕忽。就如同為道為學，須時時戒懼謹慎，不能胡亂作為。朱熹以此來說解《論語‧述而》篇中「臨事而懼」之意。此外，朱熹更進一步引申，認為所謂的工夫，正在於此關節交錯處，其曰：

> 所以莊子謂「批大郤，導大窾」，便是道理都在空處。如《易》中說「觀其會通，以行其典禮」，通便是空處。行得去，便是通；會，便是四邊合湊來處。（《朱子語類》（七）卷一○三，頁2608。）

又云：

> 凡於事物須就其聚處理會，尋得一箇通路行去。若不尋得一箇通路，只驀地行去，則必有礙。……如庖丁解牛，固是「奏刀騞然，莫不中節」；若至那難處，便著些氣力，方得通。故莊子又說：「雖然，每至於族；吾見其難為，怵然為戒，視為止，行為遲。」莊子說話雖無頭當，然極精巧，說得到。（《朱子語類》（五）卷六十七，頁1653。）

「道理都在空處」，為學能尋得通路，自然通行無礙，然遇聚結之處則會遭受阻礙，此時就須戒怵謹慎以尋一通路，始能會通暢行。故修養工夫格外著重在此難處上，為學能否更上層樓，即在此經脈錯結的關鍵處，此關鍵處須戒慎謹慎始能克服難關，而「庖丁解牛」所闡述的即是此理，因此朱熹稱讚「莊子說話雖無頭當，然極精巧，說得到」。

第三節　小　結

誠如《朱子語類》所言：

> 莊子，不知他何所傳授，卻自見得道體。……但其知不至，無細密

〔註70〕此段引文的大致內容，亦同時出現於《朱子語類》（八）卷一○四，頁3327。

工夫，少間都說得流了，(《朱子語類》(二) 卷十六，頁 369。)
「見得道體」，但「無細密工夫」，可謂是朱熹對莊子思想整體的評論。

首先，針對「見得道體」的部分，從朱熹的評論中可知，所謂的「見得道體」是指莊子所形容的道體，不論是道體的境界或是為道的方式，皆是合於儒家的堯、舜氣象。由此，朱熹更進一步推測，莊子之學是承自孔門之徒，是源流有自，雖然其對於韓愈所謂「莊子承自子夏」的說法仍有存疑，然朱熹由《莊子》書中所載的孔子事蹟與《禮經》問禮於老聃一事，亦論證了莊子與孔子思想間確實有許多相合處。當然，朱熹也未否定莊子與道家間的關係，其言「莊子全寫列子」，《莊子》一書是模倣《列子》所作的，但其又曰莊、列二人「不是專學老子」，對於老子與莊子的關係，朱熹反而著重在老、莊兩人的不同，認為文勢風格和應世思想皆是兩人的差異，積極地劃分莊子與老子間的密切關聯，其態度頗為特別。

莊子雖能識得堯、舜氣象，但卻「無細密工夫」，所以終究只為異端。朱熹認可莊子的見識亦高，只是「知者過之」，遂以道為不足行，將一切禮法皆捨棄了，終非「至知」，因為「真知則未有不能行者」，「知行合一」才是為真知、至知。朱熹以「中庸之道」來批評莊子，認為過與不及皆無法行道。其並以孟子反及曾點來類比於莊子，說明孔門「狂者」的末流將成為莊子之徒。此處顯然又再一次拉近莊子與孔門間的關係。至於《莊子》「庖丁解牛」的養生思想，朱熹雖也認可，並多次引用，但多將之用以論述為學為道之法，對於莊子養生方面的論述反多略而不提。

與上一章對老子的評論相較，朱熹對莊子的批評顯然和緩許多，但也有較多的矛盾處。當置於道家傳承系統時，朱熹仍批評其為邪說、詖辭，亦常「老、莊」、「莊、列」甚至「莊、釋」並稱，以說明異端的弊病；然而當針對莊子個人而論時，朱熹則多稱其見得道體，其知亦高，甚至強調其與孔子思想間的關係。不獨如此，就連作品中朱熹的態度亦有所差別，《朱子語類》中屢用「見得道體」、「見處亦高」來說明莊子與孔門間的關係；然在其他書札中，朱熹則對莊子少有稱讚，甚至一再勸告時人「莊周書，泛觀無害，但不必深留意耳。」〔註71〕對此陳榮捷解釋為：

《文集》書札往來，大體而言，志在衛道，故合老、莊而攻之。《語

〔註71〕《朱熹集》(四) 卷四十九〈答滕德粹〉，頁 2391。云：「示諭讀莊周書，泛觀無害，但不必深留意耳。…若論泛觀，則世間文字皆須看過，又不特《莊子》也。」

　　類》專講道理，莊子既「理會得」，故採其言。〔註72〕
顯然依立場與用意的差異，而有不同程度的評論，即是朱熹對道家的基本態
度。

〔註72〕陳榮捷：《朱子新探索》（臺北：臺灣學生書局，1988 年），頁 627。

第四章　對道教典籍與修煉方法之評論

　　關於「道教」一詞，朱熹使用的情形並不多見。比如《朱子語類》中只有一處：

> 道教最衰，儒教雖不甚振，然猶有學者班班駁駁，說些義理。又曰：「佛書中多說『佛言』，道書中亦多云『道言』。佛是箇人，道卻如何會說話？然自晉來已有此說。」（《朱子語類》（八）卷一二五，頁3005。）

此處所謂的「道教」是與「儒教」相對立，爲廣義的，泛指道家與道教。因朱熹對道、釋兩家多側重在哲理方面的探討，而非置於宗教性的立場，所以其論述中道教與道家實無明確的區分，如言「道家存想，有所謂龍虎」〔註1〕、「道家說仙人尸解，極怪異」〔註2〕此處所謂的「道家」實指「道教」。除此之外，另有「修養家」〔註3〕、「養生家」〔註4〕等詞，亦與「道教」之意相近。故本章論述的「道教」一詞，即採廣義地，涵括「道家」、「道教」、「修養家」、「養生家」等語，主要指涉老、列、莊以下的道家後學，以與先秦老、莊、列的哲理思想有所區別。

　　朱熹雖向以闢異端爲己任，但其對道教並非全然居於對立的立場。朱熹生

〔註1〕　《朱子語類》（一）卷八，頁142。
〔註2〕　《朱子語類》（八）卷一二五，頁3006。
〔註3〕　如《朱子語類》云：「修養家所謂鉛汞龍虎，皆是我身內之物，非在外也。」（《朱子語類》（一）卷九，頁155。）又「修養家子午行持」（《朱子語類》（八）卷一二五，頁3004。）此「修養家」一詞意指道教。
〔註4〕　《朱子語類》（六）卷八十七，頁2259。云：「養生家說盡千言萬語，說龍說虎，說鉛說汞，說坎說離，其術此是如此而己。」此處用「養生家」意指道教。

平與道士多所往來，書札中所言及的道士即有十數人，其並常與友朋交游於山林道觀間，弟子中亦有一位道士吳雄。〔註5〕所以朱熹作品中雖未有與道士論學之文，然其與道教的關係已較之前的周敦頤、張載、二程等人密切，尤其朱熹晚年因病求醫，對道教養生及長生之術更是多所涉獵，甚至還爲道教丹書《參同契》作「考異」，可見朱熹對道教典籍及修煉方式皆有獨特的看法。

第一節　對道教典籍的評價

朱熹對古籍涉獵廣泛，遍及諸子百家，其中亦包括道教經典，今所見的作品中即曾提及了《參同契》、《陰符經》、《麻衣易》、《握奇經》及《龍虎經》等書，雖然其中有些只爲考辨的對象，〔註6〕但亦有論及義理者，比如對《參同契》和《陰符經》兩書即多所關注於其內容上。

一、《參同契》

《參同契》一書歷來頗多爭議，〔註7〕但因其與《易》有密切關係，頗爲

〔註5〕　吳雄，字伯英，岳州平江縣人。《宋元學案補遺》引《姓譜》云：「年二十，客臨安，因蔡西山元定見朱文公于考亭，遂受業。與黃直卿，康叔臨，蔡伯靜，及其弟仲默講貫明徹。」又于〈李儒用傳〉下引《一統志》云：「朱子帥長沙，與道人吳雄同受業於門。」此處資料轉引自陳榮捷《朱子門人》，頁99。

〔註6〕　比如論《麻衣易》乃是強調爲戴師愈僞作，是「掇拾老、佛醫卜諸說之陋者以成其書。」（見《朱熹集》（七）卷八十一，〈書麻衣心易後〉、〈再跋麻衣易說後〉，頁4179～4181。）又云：「正如麻衣道者本無言語，祇因小說有陳希夷問錢若水骨法一事，遂爲南康軍戴師愈者僞造《正易心法》之書以託之也。《麻衣易》予亦嘗辨之矣，然戴生樸陋，予嘗識之，其書鄙俚，不足惑人。」（《朱熹集》（六）卷七十一〈偶讀謾記〉，頁3700。）論《龍虎經》言：「蓋是後人見魏伯陽傳有『龍虎上經』一句，遂僞作此經，大概皆是體《參同》而爲，故其間有說錯了處。」（《朱子語類》（八）卷一二五，頁3001。）論《握奇經》則云：「《握奇經》等文字，恐非黃帝作，唐李筌爲之。聖賢言語自平正，都無許多峍崎。」（《朱子語類》（八）卷一二五，頁3003。）論此諸經皆以辨僞的目的爲主，較少論及內容義理上的評論。

〔註7〕　關於《周易參同契》的爭議包括作者、書名含意及版本的問題，作者方面一主東漢魏伯陽所著，一主由魏伯陽、徐從事、淳于叔通合著；書名含意方面亦有三說；至於版本方面則更是複雜，朱熹即言「世間本子極多」（《朱子語類》（八）卷一二五，頁3002。），宋代時本子已甚紛雜，且其中的字句文義更是多有歧出。詳細說明可參照柳存仁〈朱熹與《參同契》〉，收於《國際朱子學會議論文集》（臺北：中研院文哲所籌備處，1993年）；王明《道家和道教思想研究》〈《周易參同契》考証〉（北京：中國社會科學出版社，1984年）；

朱熹所重視。朱熹認爲《參同契》爲後漢魏伯陽所作,「恐希夷之學」〔註8〕
承自陳摶之學而自有些淵源,《朱子語類》載:

> 道家之書只《老子》、《莊》、《列》及丹經而已。丹經如《參同契》
> 之類,然已非老氏之學。《清淨》、《消災》二經,皆模學釋書而誤者。
> (《朱子語類》(八)卷一二六,頁3013。)

道家之書只《老子》、《莊子》、《列子》及丹經而己,丹經即如《參同契》之
類,只是丹經雖屬道家之書,卻已非老氏之學。此處視《參同契》爲後世道
家之丹經,且明言已非老氏之學,故由對此書的評價大略可看出朱熹對道家
(或道教)丹經的基本態度。其云:

> 《參同契》爲艱深之詞,使人難曉。其中有「千周萬遍」之說,欲
> 人之熟讀以得之也。大概其說以爲欲明言之,恐泄天機,欲不說來,
> 又卻可惜!(《朱子語類》(八)卷一二五,頁3002。)

又云:

> 《參同契》文章極好,蓋後漢之能文者爲之,讀得亦不枉。其用字
> 皆根据古書,非今人所能解,以故皆爲人枉解。世間本子極多。其
> 中有云:「千周粲彬彬兮,萬遍將可觀;神明或告人兮,魂靈忽自悟。」
> 言誦之久,則文義要訣自見。(《朱子語類》(八)卷一二五,頁3002。)

朱熹稱讚此書文章極好,是值得一讀之作,但因其用字根據古書,不免艱深
難曉,世人誤解之處甚多。雖是如此,朱熹仍教人熟讀之,因爲此書之所以
艱深是「欲明言又恐泄天機」,故「言誦之久,則文義要訣自見」,朱熹本人
亦對此書多加研讀,並仔細推尋。〔註9〕對於《參同契》此類道家丹書,朱熹
未視爲異端而加以詆毀,反而稱讚其不僅文辭佳,用字有根據,內容更是包
含天機,甚至還教人反覆誦讀,以了解其文義。可知其對於道教經典仍以嚴

　　及劉國樑注譯《新譯周易參同契·導論》(臺北:三民書局,1999年)。
〔註8〕　《參同契》的作者歷來尚爭議,然朱熹主張爲後漢魏伯陽所作,且可能與希
　　　　夷之學亦有關連,《朱子語類》(四)卷六十五,頁1605。即云:「易只是箇陰
　　　　陽。莊生曰『《易》以道陰陽』,亦不爲無見。如奇耦、剛柔,便只是陰陽做
　　　　了易。等而下之,如醫技養生家之說,皆不離陰、陽二者。魏伯陽《參同契》,
　　　　恐希夷之學,有些自其源流。」
〔註9〕　《朱熹集》(四)卷四十四〈答蔡季通〉,頁2076及2078。云:「熹連日讀《參
　　　　同》頗有趣,知『千周萬遍』非虛言也。但恨前此不得面扣耳。」、「《參同》
　　　　之說子細推尋,見得一息之間便有晦朔弦望。……眼中見得了了如此,但無
　　　　下手處耳。自從別後,此等事更無商量處,劇令人憤憤。」

謹廣博的治學態度視之，有可取處則不偏廢，有不解處則不妄下評語。

（一）著書目的

對於《參同契》一書，朱熹不僅多所稱讚，並且為它作《考異》。《周易參同契考異》成書於朱熹晚年，〔註10〕與《韓文考異》、《楚辭集註》同為其生平最後的著作。〔註11〕是時，朱熹有病求醫，又受「偽學」之禁，〔註12〕使其對於道教養生及長生之道頗多留心，所以除了《參同契》之外，《楚辭集註》中所敘述的神仙思想亦包含濃厚的道教色彩。

今見《周易參同契考異》的作者署名為「鄒訢」，《四庫全書・提要》主張「鄒訢」乃朱熹之化名，其言：

> 跋末自署空同道士鄒訢，益以鄒本邾國，其後去邑而為朱，故以寓姓。《禮記》鄭氏註謂「訢」當作「熹」，又《集韻》「熹，虛其切」，「訢」亦「虛其切」，故以寓名，殆以究心丹訣非儒者之本務，故託諸庾詞歟！（《欽定四庫全書》〈周易參同契考異・提要〉，頁1058～557。）

〈提要〉認為因《參同契》為道教丹經，終非儒者本務，故朱熹未用本名，而是化名「空同道人鄒訢」為其作註，〈提要〉並由《禮記》鄭注及《集韻》中考證「鄒訢」與「朱熹」的關係。

至於作此書的目的，朱熹於〈書周參同契考異後〉一文中言：

> 詞韻皆古奧，雅難通。讀者淺聞，妄輒更改，故比他書尤多舛誤。
> 今合諸本更相讎正，其間尚多疑晦，未能盡祛。姑據所知寫成定本，其諸同異因悉存之，以備參訂云。（《朱熹集》（七）卷八十四，頁

〔註10〕關於《周易參同契考異》的成書，《朱子年譜》中並無記載，只提及丁巳年，朱子六十八歲，季通受「偽學」之禍牽連而被貶，朱熹為其送行，「與季通會宿寒泉，相與訂正《參同契》，終日不寐。」（《宋朱子年譜》，頁222。）而《朱熹集》卷八十四有〈題袁機仲所校參同契後〉亦成於此年；次年戊午則有〈參同契說〉（《朱熹集》卷六十七），可知此書約成於其間，亦即是朱熹卒前約兩三年。

〔註11〕《韓文考異》成於丁巳年，朱熹時六十八歲；《楚辭集註》則成於次年己未年；而朱熹七十一歲訣別之作，則是修改《大學・誠意章》。

〔註12〕朱熹晚年理學受禁，且被視為「偽學」，慶元二年丙辰，朱熹六十七歲，落職罷祠。《朱子年譜》云：「先是臺臣擊偽學，既榜朝堂，未幾，張貴模指論《太極圖說》之非，省闈聞之，知舉葉倪劉等，奏論文弊，復言偽學之魁，以匹夫竊人主之柄，鼓動天下，故文風亦能丕變，乞將《語錄》之類，並行除毀，是科取士，稍涉義理者，悉見黜落。」（《宋朱子年譜》，頁218。）

4356。）

《參同契》的版本向來紛雜，朱熹即言「世間本子極多」，〔註13〕可見宋代時版本已很複雜，再加上其詞古雅難通，「比他書尤多舛誤」，所以朱熹參合諸本加以讎正而成考異，〈答楊子直〉一文中並載：

> 此間新定《參同契》曾寄去否？如未有，可喻及，當續致也。此書理會他下手處不得，但愛其文古雅，因校此本。買櫝還珠，甚可笑也。（《朱熹集》（四）卷四十五〈答楊子直〉，頁2158。）

朱熹自陳對此書仍有許多不解處，但「愛其文古雅」，因校此本，又云「《參同契》尚多誤字，可早作考異示及。」〔註14〕及「《考異》熹安能決其是非？但恐文義音讀間有可商量處耳。」〔註15〕由此可知，朱熹為此書作《考異》的重點，並非在文義的說解上，而是重在文字的訛誤或音讀，且是「諸同異悉存之，以備參訂」，而不「決其是非」。然對此目的，《四庫全書‧提要》卻譏其「以考異為名，未喻其旨」，其云：

> 今按書中注明同異者，惟「天下然後治」之「治」字，云或作「理」；「威光鼎乃熹」之「熹」字，云本作「僖」。參證他本者，不過二處。……朱子所自校者亦祇六、七處，其餘每節之下，隨文詮釋，實皆箋註之體，不盡訂正文字，乃以考異為名，未喻其旨。（《欽定四庫全書》〈周易參同契考異‧提要〉，頁1058～557。）

朱熹作《考異》本為「同異悉存」，然今書中所注明同異者或參證他本者，皆只兩處，而其自校者亦不過六、七處，反而是詮釋的部分佔了極大的篇幅，實則已是「箋註」的文體，而非當初以訂正文字為主的「考異」文體。

（二）內容方面的論述

關於內容方面，《參同契》與《周易》的關係密切，〔註16〕但朱熹認為此書本非明《易》而作，所以書中亦有《易》之所無者，其云：

> 但《參同》之書本不為明《易》，乃姑借此納甲之法以寓其行持進退

〔註13〕《朱子語類》（八）卷一二五，頁3002。

〔註14〕《朱熹集》（九）續集卷二〈答蔡季通〉，頁5160。

〔註15〕《朱熹集》（四）卷四十四〈答蔡季通〉，頁2064。

〔註16〕葛洪《神仙傳》卷二〈魏伯陽〉中云：「伯陽作《參同契》，五行相類，凡三卷。其說似解《周易》，其實假借爻象以論作丹之意。而儒者不知神仙之事，反作陰、陽注之，殊失其大旨也。」引自《四庫全書精品文存》（北京：團結出版社，1997年）第三十卷，頁507。

之候。異時每欲學之，而不得其傳，無下手處，不敢輕議。然其所言納甲之法，則今所傳京房占法見於《火珠林》者是其遺說。沈存中《筆談》解釋甚詳，亦自有理。《參同》所云甲、乙、丙、丁、庚、辛者，乃以月之昏旦出沒言之，非以分六卦之方也。此雖非爲明《易》而設，然《易》中無所不有，苟其言自成一說，可推而通，則亦無害於《易》，恐不必輕肆詆排也。(《朱熹集》(三) 卷三十八〈答袁機仲〉，頁1703。)

《參同契》只是藉京房《易》學的納甲之說， 〔註17〕 以「寓其行持進退之候」，並非爲明《易》而作，雖然書中亦有引用《易》之處， 〔註18〕 然如所云的「月之昏旦出沒」之說，即爲《易》中所無者。且朱熹亦不因其非明《易》而貶低其價值，反而主張若「苟其言自成一說」，其義理自能推通，與《易》並不相牴觸，故「恐不必輕肆詆排也」。此段中可看出朱熹對《參同契》多所著力，一方面謙稱不得十分通解亦不敢輕議，代表其對古籍，甚至是道教丹經，所抱持著嚴謹開明的治學態度；另一方面，也認可丹書亦可成一家之言，而不輕肆詆排。

此外，雖然朱熹謂此書「無下手處，不敢輕議」，但因對此用力甚勤，其亦述及此書的梗概要旨，其云：

蓋內以詳理月節，而外以兼統歲功，其所取於《易》以爲說者，如是而已，初未嘗及夫三百八十四爻也。……竊意此書大要在於「坎」、「離」二字，若於此處得其綱領，則功夫之節度，魏君所不言者，自可以意爲之。但使不失其早晚之期，進退之節，便可用功，不必一一拘舊說也。(《朱熹集》(六) 卷六十七〈參同契説〉，頁3550。)

朱熹認爲《參同契》的內容即在「內以詳理月節，而外以兼統歲功」，其取於

〔註17〕《朱子語類》(五) 卷六十七，頁1673。云：「京房便有『納甲』之說。《參同契》取《易》而用之，不知天地造化，如何排得如此巧。所謂『初三震受庚，上弦兑受丁，十五乾體就，十八巽受辛，下弦艮受丙，三十坤受乙』，這都與月相應。初三昏月在西，上弦昏在南，十五昏在東，十八以後漸漸移來，至三十晦，光都不見了。又曰：『他以十二卦配十二月，也自齊整：復卦是震在坤下，臨是兑在坤下，泰是乾在坤下，大壯是震在乾上，夬是兑在乾上，乾是乾在乾上，姤是乾在巽上，遯是乾在艮上，否是乾在坤上，觀是巽在坤上，剝是艮在坤上，坤是坤在坤上。』」

〔註18〕《朱子語類》(八) 卷一二五，頁3001。載：「如《參同》中云『二用無爻位，周流行六虛』。二用者，即《易》中用九、用六也。乾坤六爻，上下皆有定位，唯用九、用六無位，故周流行於六虛。」

《易》者亦即在此，至於後世所言「三百八十四爻」之說，則非作者原意。所以概括其旨即為「坎、離」二字，只要掌握此綱領，縱使非書中所言，亦可加以引申，而不必拘泥於舊說上。

　　《參同契》本為道教丹書，但朱熹卻對其多所用心，不僅讚揚其蘊含天機，甚至為其作《考異》。且日常生活中亦常與友朋門生論及此書，尤其是常與蔡季通討論之，今見與季通的往來書信中幾乎有一半論及《參同契》，及季通貶，朱熹餞行，兩人亦「相與訂正《參同契》，終夕不寐」，〔註19〕可知朱熹對此書的重視與用心。〔註20〕

二、《陰符經》

　　朱熹認為老子之後學演為術數與兵家，術數者如申、韓之徒，而兵家者即如《陰符經》之類。〔註21〕《陰符經》雖屬後世道家之兵書，然二程時即對此書多有好感，《朱子語類》曾引二程之言曰：

> 《遺書》說：「《老子》言雜，《陰符經》卻不雜，然皆窺測天道而未盡者也。」程先生可謂言約而理盡，括盡二書曲折。（《朱子語類》（七）卷九十七，頁2498。）

程子批評《老子》與《陰符經》二書，所見天道皆有未盡處，然「《老子》言雜，《陰符經》卻不雜」，《陰符經》較《老子》略勝一籌。朱熹贊同程子之說，稱讚此言能括盡二書之曲折，顯然朱熹對《陰符經》的評價亦不低。《陰符經》雖為道教經典，於天道處終有未盡者，但卻略勝於《老子》而不雜。

（一）《陰符經》與《陰符經考異》的相關問題

　　與《參同契》相似，《陰符經》一書迄今仍多爭議，歷來對其版本、作者

〔註19〕《宋朱子年譜》，頁222。

〔註20〕錢穆認為朱熹作《參同契考異》一事，雖為後人所譏，然卻是「朱子理學，乃別有其一番境界，實為後人所不知。」（《朱子新學案》（一）〈朱子學提綱〉，頁215。）其又云：「朱子又喜與道士往還，於是因治《易》而兼注意及於《參同契》，為之考異，自署空同道士，亦見朱子為學之興趣多方，及其意態之開明。」（《朱子新學案》（五）〈朱子格物游藝之學〉，頁345。）

〔註21〕《朱子語類》中曾提及「道家《陰符經》」（卷一二六，頁3013。）。又言：「老子說話大抵如此。只是欲得退步占姦，不要與事物接。如『治人事天莫若嗇』，迫之而後動，不得已而後起，皆是這樣意思。故為其學者多流於術數，如申、韓之徒皆是也。其後兵家亦祖其說，如《陰符經》之類是也。」（卷一二五，頁2996。）以《陰符經》為後世兵家承老子之學的道家典籍。

及書名等問題多有異說，而現存的版本校注亦多達五十餘種。〔註22〕然朱熹
對這些爭議並未加以述及，只在《朱子語類》中提到了作者的問題，其云：

> 《陰符經》，恐皆唐李筌所為，是他著意去做，學他古人。何故只因
> 他說起，便行於世？某向以語伯恭，伯恭亦以為然。一如《麻衣易》，
> 只是戴氏自做自解，文字自可認。(《朱子語類》(八) 卷一二五，頁
> 3003。)

朱熹一向主張《麻衣易》是戴師愈「掇拾老、佛醫卜諸說之陋者以成其書」，
並以自身與戴師愈接觸的過程，強調「益深信所疑之不妄」。〔註23〕今朱熹以
《麻衣易》來比喻《陰符經》亦是仿古之作，而其作者則「恐皆唐李筌所為」，
言「恐皆」表示推測之詞，朱熹無法確定此書作者何人，或是否全出於一人
之手，而只能推測可能全為李筌所作。

關於《陰符經》一書，《朱子語類》中提及十餘處，然多是引其內容來說
解《易》及兵法，而《朱熹集》中的談論更少，由此即牽涉出朱熹是否作《陰
符經考異》的問題了。

今《朱熹遺集》中有〈陰符經考異序〉一文，作於淳熙二年，朱熹四十
六歲時。〔註24〕而《四庫全書》中編屬於朱熹作品的亦有《陰符經考異》，其
署名與《參同契考異》相同，皆為「空同道人鄒訢」。《參同契考異》與《陰
符經考異》雖皆是署名「空同道人鄒訢」，《年譜》同樣未載，但在朱熹其他
的論著中，皆有提及其為《參同契》作考異之事，卻未曾論及其注《陰符經》
一事，也因此引起後世學者的質疑，如日本學者末木恭彥，即認為《陰符經
考異》並非朱熹所作，而是出於蔡季通之手。〔註25〕

〔註22〕 關於《陰符經》的問題，現存版本中差異較大的有李筌所傳本子與諸遂良抄
　　　　本兩種；作者亦約有五說。詳細說明可參考蕭登福《黃帝陰符經今註今譯》(臺
　　　　北：文津出版社，1996年) 及龔鵬程《道教新論》〈《陰符經》敘論〉(臺北：
　　　　臺灣學生書局，1991年)。

〔註23〕 《朱熹集》(七) 卷八十一有〈書麻衣心易後〉及〈再跋麻衣易說後〉二文，
　　　　言朱熹初見此書即疑此非古文，而是近世託古之作。後至南康，則遇戴師愈
　　　　攜書來謁，之後朱熹亦復至其家，言談間「予以是始疑前時所料三五十年以
　　　　來人者，即是此老。」而認為此書出自戴氏偽作。

〔註24〕 《朱熹集》(九) 遺集卷三〈陰符經考異序〉，頁5681。

〔註25〕 關於末木恭彥的說法，此處轉引自秦家懿〈朱熹與道教〉一文 (收於《國際
　　　　朱子學會議論文集》，頁868。)，其原文見於末木恭彥〈陰符經考異の思想〉，
　　　　收於《日本中國學會報》(東京：日本中國學會，1984年) 第38集。
　　　　關於朱熹與道教的關係，日本學者多所關注，除了末木恭彥外，吾妻重二〈朱

今見《陰符經考異》一書，其論述的態度與內容，顯然與朱熹思想不甚相合，〈陰符經考異序〉云：

> 或曰，此書即筌之所為也。得於石室者，偽也。其詞支而晦，故人各得以其所見為說耳。筌本非深于道者也，是果然歟？吾不得而知也。吾恐人見其支而不見其一也，見其晦而不見其明也，吾亦不得而知也。是果然也，則此書為郢書，吾說為燕說矣。（《朱熹集》（九）遺集卷三〈陰符經考異序〉，頁 5681。）

作考異的目的是為明其意，此與《參同契考異》的立場即不相同。

此外，〈陰符經考異序〉中以「至無」的觀念為宗，其云：

> 《陰符經》三百言，李筌得於石室中，云寇謙之所藏，出於黃帝。河南邵氏以為戰國時書，程子以為非商末則周末。世數久遠，不得而詳知。以文字氣象言之，必非古書，然非深于道者不能作也。大要以至無為宗，以天地文理為數，謂天下之故皆自無而生有，人能自有以返無，則宇宙在手矣。筌之言曰：「百言演道，百言演法，百言演術。」道者神仙抱一，法者富國安民，術者強兵戰勝，而不知其不相離也，一句一義，三者未嘗不備。道者得其道，法者得其法，術者得其術，三之則悖矣。（《朱熹集》（九）遺集卷三〈陰符經考異序〉，頁 5681。）

朱熹在論述老、莊思想時，屢屢批評其「無」的主張；論及《太極圖說》「無」的觀念時，亦特別強調周敦頤與老子言「有、無」之別；而批評老、佛異端時，更取道家之「無」與佛氏之「空」為其主要弊端。[註26] 故此文大言「至無」之理，謂天下皆「自無而生有」，人又須「有以返無」的有無之說，顯然與朱熹一貫的主張大相違悖，是否真為朱熹之作實甚可疑，因此對於《陰符經考異》一書，此處暫排除於朱熹作品之外，而不予論述。

（二）內容方面的論述

朱熹或許未作《陰符經考異》，但對於《陰符經》的內容，尤其是「自然之道靜，故天地萬物生；天地之道浸，故陰、陽勝。」及「絕利一源，用師十倍；三反晝夜，用師萬倍」兩句，朱熹倒是多次提及：

熹《周易參同契考異》について〉，收於《日本中國學會報》第 38 集；酒井忠夫〈朱子と道教〉，收於《朱子學大系》（東京：株式會社明德出版社，1974 年）第一卷。皆有論及此相關問題。

〔註26〕參照本論文第五章第二節。

1、「自然之道靜，故天地萬物生；天地之道浸，故陰、陽勝。」

此句見於《陰符經·下篇》，朱熹稱讚此句極好，〔註27〕在說解《易·繫辭》中「吉凶者，貞勝者也」一句時，曾引用了三次，其云：

> 貞，只是常。吉凶常相勝，不是吉勝凶，便是凶勝吉。二者常相勝，故曰「貞勝」。天地之道則常示，日月之道則常明。「天下之動貞夫一者也」，天下之動雖不齊，常有一箇是底，故曰「貞夫一」。《陰符經》云：「自然之道靜，故天地萬物生；天地之道浸，故剛柔勝。」若不是極靜，則天地萬物不生。浸者，漸也。天地之道漸漸消長，故剛柔勝，此便是「吉凶貞勝」之理。這必是一箇識道理人說，其他多不可曉，似此等處特然好。（《朱子語類》（五）卷七十六，頁1941。）

「貞是常恁地，便是他本相如此。天下只有箇吉凶常相往來。」〔註28〕釋「貞」為「常」，用以說明吉凶二義常相勝之意，因「蓋吉凶二義無兩立之理，迭相為勝，非吉勝凶，則凶勝吉矣，故吉凶常相勝。」〔註29〕吉凶間的關係就同陰陽一樣，是循環相勝的，故朱熹取《陰符經》中「自然之道靜，故天地萬物生；天地之道浸，故剛柔勝。」之語為證，〔註30〕強調若不是極靜，則天地萬物不生；而天地間「道」的消長是逐漸變化的，此便是同於「吉凶相勝」之理。朱熹對此句極為讚許，認為必是「一箇識道理」的人所說的，尤其是其中的「浸」字，用得最妙，其云：

> 天下只有箇吉凶常相往來。《陰符》云：「自然之道靜，故萬物生；天地之道浸，故陰、陽勝。」極說得妙。靜能生動。「浸」是漸漸恁地消去，又漸漸恁地長。天地之道，便是常恁地示人。（《朱子語類》（五）卷七十六，頁1940。）

又云：

> 天地間一陰一陽，如環無端，便是相勝底道理。《陰符經》說「天地

〔註27〕《朱子語類》（八）卷一二五，頁3004。「《陰符經》云：『天地之道浸。』這句極好。陰、陽之道，無日不相勝，只管逐些子挨出。這箇退一分，那箇便進一分。」

〔註28〕《朱子語類》（五）卷七十六，頁1940。

〔註29〕《朱子語類》（五）卷七十六，頁1941。

〔註30〕此處所言「剛、柔勝」，《陰符經》及朱熹他處的引文皆為「陰、陽勝」，故當為筆誤。

之道浸，故陰、陽勝」。「浸」字最下得妙，天地間不陡頓恁地陰、

陽勝。（《朱子語類》（五）卷七十六，頁 1940。）

「浸」是逐漸的意思，天地間「道」的變化正是如此，不論是陰、陽或剛、

柔、吉、凶，皆是漸漸地消長相勝。此「浸」字正明白的說明了「道」變化

的特性，因此朱熹特別讚揚「『浸』字最下得妙」。

2、「絕利一源，用師十倍；三反晝夜，用師萬倍」

此外，《朱子語類》亦取《陰符經》以論兵法。《陰符經》之旨有三：「上有

神仙抱一之道，中有富國安民之法，下有強兵戰勝之術」，〔註31〕用兵之術是其

功用之一。《陰符經・下篇》「瞽者善聽，聾者善視，絕利一源，用師十倍；三

返晝夜，用師萬倍。」一句即是藉專志詳慮以說明用兵之術，朱熹解釋云：

> 絕利者，絕其二三；一源者，一其源本。三反晝夜者，更加詳審，
>
> 豈惟用兵？凡事莫不皆然。倍，如「事半古之人，功必倍之」之謂。
>
> 上文言「瞽者善聽，聾者善視」，則其專一可知。注《陰符》者分爲
>
> 三章：上言神仙抱一之道，中言富國安民之法，下言強兵戰勝之術。
>
> （《朱子語類》（八）卷一三六，頁 3239。）

能專志以守一源，〔註32〕則用師十倍；能更加詳審，則用師萬倍。朱熹更引

申謂不僅用兵如此，凡事亦莫不皆然。又如「三返晝夜」之意即與《論語》

的「學而時習之」相近，《朱子語類》載：

> 問：「《陰符經》『三反晝夜』是如何？」曰：「三反，如『學而時習
>
> 之』，是貫上文言，言專而又審。反，是反反覆覆。」（《朱子語類》
>
> （八）卷一二五，頁 3004。）

此處「三返晝夜」的用意已不侷限於用兵上，而是運用於學習，強調反覆溫

習且專心審慎的爲學方法。

朱熹又將之比附於修養家的修道方式，其謂：

> 「三反晝夜」之說，如修養家子午行持。今日如此，明日如此，做
>
> 得愈熟，愈有效驗。（《朱子語類》（八）卷一二五，頁 3004。）

「行執」爲道教儀式之一，〔註33〕行執時法師必須熟練各項的道法、道術。

〔註31〕《陰符經考異》中所附唐李筌之言，見於《欽定四庫全書》頁 1055～11。

〔註32〕《朱子語類》（八）卷一二五，頁 3004。載：「問：『《陰符經》云：「絕利一源。」』
曰：『絕利而止守一源。』」

〔註33〕「行執」爲道教術語，意指執行法術的開展。行執必須熟練操作各項道法，
爲儀式中法師的職責。

朱熹以之說明「三反晝夜」之意，強調道教的儀式亦是「做得愈熟，愈有效驗」。同樣「三反晝夜」一句，朱熹既取《論語》引證，亦取道教爲例，此廣泛引證，涉獵儒、釋、道三家的方式，正是朱熹書論的特色。

第二節　養生與煉丹

《朱子語類》中曾引歐陽修之言謂「老氏貪生」，朱熹認爲「老氏欲保全其身底意思多」，〔註34〕清虛無爲、謙沖儉嗇皆只是爲了保全其身，故其修養工夫即在於養生之道。其中，老、莊的養生之道發展至後世，逐漸形成一種養生之「術」，爲一種方法或儀式，成爲道教思想中很重要的部分。對於這種養生之術，不論是承自老、莊之學的數息默坐，抑或道教色彩濃厚的煉丹羽化，朱熹皆曾留心涉獵，以下即由此兩部分來論述朱熹對道家後學養生之術的看法。

一、養生之法

道教的修養工夫中有所謂的「養氣守靜」之說，著重在精神與形軀的修煉，藉靜思、存神、煉氣、呼吸等法、以達到延年益壽、修道成仙的目的。此種修煉的基本方法之一，即是默坐數息，以達到長生不死的目的。

（一）默坐數息

《朱子語類》中曾論及道家修養，並對道家由老子至道教的修養工夫做一番評述，其云：

> 因論道家修養，有默坐以心縮上氣而致閉死者。曰：「心縮氣亦未爲是。某嘗考究他妙訣，只要神形全不撓動。故老子曰：『心使氣則強。』纔使氣，便不是自然。只要養成嬰兒，如身在這裏坐，而外面行者是嬰兒。但無工夫做此。其導引法，只如消息，皆是下策。」（《朱子語類》（八）卷一二五，頁3003。）

道家有默坐縮氣的修養工夫，朱熹強調其祕訣只在於「神形不撓動」，也就是順其自然，且此並非是「以心縮上氣」，而是「不以心使氣」，因爲老子言「心使氣則強」，〔註35〕使氣則非自然，唯有如嬰兒般「專氣致柔」〔註36〕才是修

〔註34〕《朱子語類》（八）卷一二六，頁3012。
〔註35〕《老子》第五十五章，云：「心使氣曰強。物壯則老，謂之不『道』，不『道』

養之道。值得注意的是，其言「某嘗考究他妙訣」，顯然朱熹對於道家的修養方式，曾下過一番工夫研究。朱熹認為道家的修養之道是承自老子思想，只是老子所講求的是精神義理上的修身之道，並無具體的「工夫」，非如後世默坐入定等外在形軀的具體作為。至於道教所謂的「消息」等導引法，〔註37〕朱熹則認為已屬下策。

　　道家修養的目的既在「神形全不撓動」，故默坐數息亦即是主要的修養方式之一。然儒家亦有靜坐的工夫，所以朱熹特別強調儒、道之間的差別，《朱子語類》云：

> 胡問靜坐用工之法。曰：「靜坐只是恁靜坐，不要閑勾當，不要閑思量，也無法。」問：「靜坐時思一事，則心倚靠在事上；不思量，則心無所倚靠；如何？」曰：「不須得倚靠。若然，又是道家數出入息，目視鼻端白一般。他亦是心無所寄寓，故要如此倚靠。若不能斷得思量，又不如且恁地，也無害。」（《朱子語類》（七）卷一二0，頁2885。）

儒家所謂的「靜坐」並無特別的方法，只務求去除雜念和心機。而道家「數息」的默坐法則略有不同，因為道家的心無所寄寓，所以默坐時需要以「目視鼻端白」的方法來集中意志。但朱熹也說明，若不能斷得雜念，這種集中意志的方式亦是無害而可行，此意味著道家修養之法雖比儒家略遜一籌，但亦是可為之道。此段提到道教「目視鼻端白」的靜坐方式，朱熹亦曾教門人黃子耕病中以此養生，其云：

> 病中不宜思慮，凡百可且一切放下，專以存心養氣為務。但加趺靜坐，目視鼻端，注心臍腹之下，久自溫暖，即漸見功效矣。(《朱熹集》（五）卷五十一〈答黃子耕〉，頁2515。）

「存心養性」雖為主要的養生之道，但「加趺靜坐」亦有漸效，此靜坐方式是以目視鼻端白，「注心臍腹之下」即是專注於道教所謂的下丹田處，「靜定鼻觀，意守丹田」為道教靜坐的基本形式。朱熹言「久自溫暖，即漸見功效」，認可這種鼻端白的靜坐方式能產生生理上的實際功效，而達至養生的目的。

　　早已。」

〔註36〕《老子》第十章。

〔註37〕所謂「消息」的導引法是道教的內煉方式之一，指配合自然節律之陰、陽變化的內功修練方式。

此外，作品中亦有〈調息箴〉一篇，提及了「鼻端白」的靜坐工夫，〔註38〕可知朱熹對道家此種靜坐的養生方式極爲熟悉。

此外，今由相關作品中可得知朱熹於日常生活中亦常靜坐。〔註39〕只是朱熹雖不反對道教的數息默坐，但與儒家相比，道、釋的靜坐是「硬把抓」，開眼便又失落，終非修養的根本之法，究其原因在心無所倚靠。至於儒家之心寄寓何處呢？《朱子語類》云：

> 問釋氏入定，道家數息。曰：「他只要靜，則應接事物不差。孟子便
> 也要存夜氣，然而須是理會『旦晝之所爲』。」曰：「吾儒何不傚他
> 恁地？」曰：「他開眼便依舊失了，只是硬把捉；不如吾儒非禮勿視
> 聽言動，戒愼恐懼乎不睹不聞，『敬以直內，義以方外』，都一切就
> 外面攔截。」曰：「釋氏只是『勿視、勿聽』，無那『非禮』工夫。」
> 曰：「然。」季通因曰：「世上事便要人做，只管似它坐定做甚？日
> 月便要行，天地便要運。」曰：「他不行不運，固不是。吾輩是在這
> 裏行，是在這裏運，只是運行又有差處。如今胡喜胡怒，豈不是差！
> 他是過之，今人又不及。」（《朱子語類》（八）卷一二六，頁 3019。）

儒家的靜坐、釋氏的入定及道家的數息，皆爲求靜的修養工夫，但儒家的「靜」是以「敬以直內，義以方外」的道德之理爲準則，且道德之理本內在於人心，只要能順此自然天理，則外在的視聽言動，沒有不合乎禮，其靜坐養氣是一種由內而外的充擴的修養工夫，故能持久。反觀釋、道兩家視仁義於心外，心無所依持，則容易受感官的牽引，靜坐時雖能排除外在形式的干擾，但一張開眼睛，感官受外在牽引即又失去了「靜」，此種工夫由外而內，心無所依頓，故一味地「不行不運」以求「靜」，終是徒勞無功。

朱熹雖言靜坐，但更著重在內在「敬」的工夫。早年受學於李延平，但對延平默坐澄心之教頗未能契合，其云：

> 舊見李先生，嘗教令靜坐。後來看得不然，只是一箇「敬」字好。

〔註38〕《朱熹集》（七）卷八十五〈調息箴〉，頁 4378。載：「鼻端有白，我其觀之。
隨時隨處，容與猗移。靜極而噓，如春沼魚。動極而翕，如百蟲蟄。氤氳開
闢，其妙無窮。孰其尸之，不宰之功？雲臥天行，非予敢議。守一處和，千
二百歲。」

〔註39〕朱熹曾云：「近覺讀書損耗心目，不如靜坐省察自己爲有功。幸試爲之，當覺
其效也。」（《朱熹集》（十）續集卷二〈答蔡季通〉，頁 5171。）亦曾告弟子
曰：「看文字罷，常且靜坐。」（《朱子語類》（七）卷一一六，頁 2794。）

> 方無事時，敬於自持；及應事時，敬於應事；讀書時，敬於讀書；
> 便自然該貫動靜，心無時不存。(《朱子語類》(七)卷一二０，頁2911。)

主張言「敬」更重於「靜」。「敬」是無事時自持，有事時應事，足以貫動靜則心無時不在。又云：

> 問：「初學精神易散，靜坐如何？」曰：「此亦好，但不專在靜處做
> 工夫，動作亦當體驗。聖賢教人，豈專在打坐上？要是隨處著力，
> 如讀書，如待人處事，若動若靜，若語若默，皆當存此。無事時，
> 只合靜心息念。且未說做他事，只自家心如何令把捉不定？恣其散
> 亂走作，何有於學？孟子謂『學問之道無他，求其放心而已矣』。不
> 然，精神不收拾，則讀書無滋味，應事多齟齬，豈能求益乎！」(《朱
> 子語類》(七)卷一一五，頁2778。)

又曰：

> 但敬便是箇關聚底道理，非專是閉目靜坐，耳無聞，目無見，不接
> 事物，然後爲敬。整齊收斂，這身心不敢放縱，便是敬。嘗謂「敬」
> 字似甚字？恰似箇「畏」字相似。(《朱子語類》(七)卷一二０，頁
> 2890。)

敬不僅是外在形軀的求靜，更是進一步要求內外在身心的收斂。而所謂聖人事業是動靜處皆須成就，工夫亦是動靜處皆須著力，故修養不應侷限在打坐上，而是要以「敬」爲主，收斂本心以貫動靜。朱熹雖不反對道家的靜坐，但其更強調以「敬」爲內涵的儒家靜坐。

（二）對長生不死與仙人的看法

老子之學以「清靜無爲」爲宗，目的在保全其身，發展至極至，則爲求長生不死，朱熹言：

> 老氏便要常把住這氣，不肯與他散，便會長生久視。長生久視也未
> 見得，只是做得到，也便未會死。(《朱子語類》(二)卷十六，頁
> 317。)

人身是由氣所組成，故能守氣即能長生。至於能否就此長生不死？朱熹只含糊地表示若眞能做到守氣，或許也就得以延長壽命。然而，朱熹雖認可老氏之清靜無爲能達到長生不死，但也謂後世的長生之術已非老子本旨，其云：

> 老氏初只是清淨無爲。清淨無爲，卻帶得長生不死。後來卻只說得
> 長生不死一項。如今恰成箇巫祝，專只理會厭禳祈禱。這自經兩節

變了。(《朱子語類》（八）卷一二五，頁 3005。)

老子之清靜無為，可得長生不死，但後世道家卻本末倒置，不務清靜無為的修養工夫，而專求長生不死，甚至成為巫祝厭禱之術，與老子本旨已是大相逕庭。

　　對於長生不死的說法，朱熹並未完全否定。同樣地，對於神仙傳說亦不認為全為附會胡說，其云：

> 世俗大抵十分有八分是胡說，二分亦有此理。多有是非命死者，或溺死，或殺死，或暴病卒死，是他氣未盡，故憑依如此。又有是乍死後氣未消盡，是他當初稟得氣盛，故如此，然終久亦消了。蓋精與氣合，便生人物，「游魂為變」，便無了。如人說神仙，古來神仙皆不見，只是說後來神仙。如《左傳》伯有為厲，此鬼今亦不見。(《朱子語類》（四）卷六十三，頁 1551。)

人是精氣合和而成，若形盡而氣未散則為鬼神。朱熹謂「鬼神只是氣」，[註40] 其以陰、陽二氣的消長來論鬼神。氣有聚散，故神仙亦非不死，其云：

> 氣久必散。人說神仙，一代說一項。漢世說甚安期生，至唐以來，則不見說了。又說鍾離權、呂洞賓，而今又不見說了。看得來，他也只是養得分外壽考，然終久亦散了。(《朱子語類》（一）卷三，頁 44。)

氣久必散，所謂的神仙只是年歲較長久，終究會消失，所以如漢代所傳說的仙人安期生，至唐代已不見；傳說中的八仙今亦不復見。神仙是由人形滅之後其氣所組成，而氣則會漸漸消散，因此神仙雖能長壽，但並非永久存在。

　　朱熹否定了「神仙不死」的說法，但承認有「神仙」的存在，且神仙是可由修煉的工夫達成，《朱子語類》云：

> 問：「神仙之說有之乎？」曰：「誰人說無？誠有此理。只是他那工夫大段難做，除非百事棄下，辦得那般工夫，方做得。」(《朱子語類》（一）卷四，頁 80。)

朱熹明確地肯定有神仙的存在，只是成仙的工夫難做。至於是何種工夫呢？

> 人言仙人不死。不是不死，但只是漸漸銷融了，不覺耳。蓋他能煉其形氣，使渣滓都銷融了，唯有那些清虛之氣，故能升騰變化。《漢書》有云：「學神仙尸解銷化之術。」看得來也是好則劇，然久後亦須散了。且如秦漢間所說仙人，後來都不見了。國初說鍾離權、呂

〔註40〕《朱子語類》（一）卷三，頁 34。

> 洞賓之屬，後來亦不見了。近來人又說劉高尚，過幾時也則休也。(《朱
> 子語類》（八）卷一二五，頁 3003。)

又曰：

> 古時所傳安期生之徒，皆是有之。也是被他煉得氣清，皮膚之內，
> 肉骨皆已融化爲氣，其氣又極其輕清，所以有「飛昇脫化」之說。
> 然久之漸漸消磨，亦漸盡了。渡江以前，說甚呂洞賓、鍾離權，如
> 今亦不見了。(《朱子語類》（四）卷六十三，頁 1545。)

所謂的「神仙」是「煉其形氣」，一方面將外在的形軀修煉爲氣，另一方面使
氣修煉爲清虛之氣，銷融渣滓，使皮膚肉骨皆融化爲輕清之氣，就能升騰變
化，這也就是「飛昇脫化」的成仙之說。只是氣久必散，故神仙終會漸漸銷
融，而非不死。關於仙人的說法，程顥時認可「保形煉氣以延年益壽」，但否
認有「白日飛昇」之說。〔註41〕至朱熹時則肯定有「飛昇脫化」的神仙之說，
只是更進一步說明神仙也會氣散消融。朱熹不否認神仙的存在，但其非如道
教般強調神仙的妙能事蹟，反而是由氣的消長上去分析神仙的修煉工夫、形
成及消失。就朱熹視之，人、鬼、神三者只是形氣間的消長變化，因此藉由
修煉即可成仙，雖然修煉的工夫困難，但並非不可能。

二、煉丹之術

　　道教爲求長生不死，除了守氣修身外，另有服食丹藥的方法，也就是後
世的煉丹之術。朱熹曾言「道家之書只《老子》、《莊》、《列》及丹經而己」，
〔註42〕道家典籍中除了老、莊、列外，後世的典籍幾乎皆涉及煉丹術，朱熹
對此方面亦頗有心得，不僅對道家「鉛汞龍虎」之術有所鑽研，甚至取煉丹
法來說明爲學之道。

（一）煉丹方法

　　道教的丹法約可分爲內丹與外丹兩派，內丹所強調的是內在心性的修

〔註41〕《近思錄》卷十三，頁 323。曾引明道之言曰：「問神仙之說有諸，曰：『若說
　　　　白日飛昇之類則無，若言居山林間，保形煉氣以延年益壽，則有之，譬如一
　　　　爐火，置之風中則易過，置之密室則難過，有此理也。』又問：『揚子言聖人
　　　　不師仙，厭術異也，聖人能爲此等事否？』曰：『此是天地間一賊，若非竊造
　　　　化之機，安能延年，使聖人肯爲，周、孔爲之矣。』」
〔註42〕《朱子語類》（八）卷一二六，頁 3013。

養，以人身爲鼎爐，藉由精、氣、神、呼吸等方式修煉意志，此派在宋代蔚
爲盛行。〔註43〕而今見朱熹所論述的道教煉丹之術，多指這類內丹的修行法，
《朱子語類》中即言：

> 理不是在面前別爲一物，即在吾心。人須是體察得此物誠實在我，
> 方可。譬如修養家所謂鉛汞龍虎，皆是我身內之物，非在外也。（《朱
> 子語類》（一）卷九，頁155。）

又云：

> 不可只把做面前物事看了，須是向自身上體認教分明。如道家存想，
> 有所謂龍虎，亦是就身上存想。（《朱子語類》（一）卷八，頁142。）

此段中強調修養家所謂的鉛汞龍虎，或是道家所謂的龍虎，「皆是我身內之物」
而非外在的金屬鉛汞，可知其所言的「煉丹術」是指道教內丹的修煉之學。

朱熹所關注的兩本道教經典《參同契》與《陰符經》中，《參同契》即爲
丹經。書中包含了許多行持煉丹之法，朱熹在論述其思想內容時，亦提及了
龍虎煉丹之術：

> 《參同契》所言「坎、離、水、火、龍、虎、鉛、汞」之屬，只是
> 互換其名，其實只是精、氣二者而已。精，水也，坎也，龍也，汞
> 也；氣，火也，離也，虎也，鉛也。其法：以神運精、氣結而爲丹，
> 陽氣在下，初成水，以火煉之則凝成丹。其說甚異。內外異色如鴨
> 子卵，眞箇成此物。（《朱子語類》（八）卷一二五，頁3002。）

《參同契》中所謂的「鉛、汞」之屬實則只是「精、氣」二者，而煉丹之法
則是將此精、氣二者凝結成丹。此段中朱熹詳細敘述了成丹的過程，雖認爲
「其說甚異」，但也謂「眞箇成此物」，甚至還描述了丹藥的形態，其中耐人
尋味地是，朱熹所言的「內外異色如鴨子卵」是親身實驗的結果？抑或是親
眼所見？此處朱熹並未明言，但可確知的是，朱熹對道教的煉丹方法是相當
熟悉的。

〔註43〕卿希泰編：《中國道教史》（四川：四川人民出版社，1992年）。文中曾概述了
宋代道教的發展狀況，其曰：「在北宋統治者的直接組織下，《道經》得以重
加編纂，這爲研習道教提供了方便。……除了符籙道術和齋醮科儀進一步發
展外，黃白術仍久盛不衰。尤其是在唐末五代內丹術興起的基礎上，研習內
丹蔚爲一時風尚，內丹學達到了前所未有的發展水平。與此相應，道教《易》
學的象數傳統被賦予了新的生機。這一切都展示出道教教理和道教哲學的發
展前景。」見第二卷，頁525。

再者，朱熹亦主張水火相濟的修煉方式能達到長生的目的，曰：

> 水一也，火二也。以魄載魂，以二守一，則水、火固濟而不相離，所以能永年也。養生家說盡千言萬語，說龍說虎，說鉛說汞，說坎說離，其術止是如此而已。故云：「載魄抱魂，能勿離乎？專氣致柔，能如嬰兒乎？」今之道家，只是馳騖於外，安識所謂「載魄守一，能勿離乎」！（《朱子語類》（六）卷八十七，頁2259。）

以魄載魂，以魂守魄，水、火相濟不離即能長生，此正是老子「載營魄」〔註44〕之說的發揮，而朱熹也認可如此可得「永年」。至於道教所說的龍虎煉丹之術，即是承此原理而來。不過朱熹也強調後世道家專騖於外在形軀，已忽略內在精神的修養，又如何能了解「勿離乎」之理。換言之，煉丹術是一種養生之法，但能否長生？顯然朱熹是多所保留了。

除了煉丹鉛汞之術外，朱熹對道教中的「納甲」法亦頗有研究。「納甲」起自漢代象數易學，朱熹謂「納甲乃漢焦贛京房之學」〔註45〕是將八卦與十天干、五行配合的學說。道教取之成為其術數之學的基本理論，《參同契》即為此類代表，〔註46〕書中將納甲的觀念與月亮運行的規律結合起來，用以說明內丹和外丹的周天火候，以及成丹過程中的陰陽變易之理。所以朱熹在論《易》或《參同契》時屢屢提及納甲之法。其云：

> 道家修養有納甲之法，皆只用乾、坤、艮、巽、震、兌六卦流行運用，而不用坎、離，便是那六卦流行底骨子。所以流行運用者，只流行此坎、離而已。便是「顯諸仁，藏諸用」之說；「顯諸仁」是流行發見處，「藏諸用」是流行發見底物。正如以穀喻仁，是「藏諸用」也，及發為親親仁民愛物，一事又各自成一仁。「顯諸仁」是用底跡，「藏諸用」是仁底心。（《朱子語類》（五）卷七十四，頁1900。）

納甲法主要是「乾、坤、艮、巽、震、兌」六卦的流行運用，而此六卦的流行又是以「坎」、「離」二卦為其梗概，此處是朱熹取道教納甲法以說解《易

〔註44〕《老子》第十章。

〔註45〕《朱子語類》（四）卷六十六，頁1638。云：「今人以三錢當揲蓍，不能極其變，此只是以納甲附六爻。納甲乃漢焦贛京房之學。」

〔註46〕關於《參同契》中的納甲思想，朱熹曾言：「京房便有『納甲』之說。《參同契》取《易》而用之，不知天地造化，如何排得如此巧。」（《朱子語類》（五）卷六十七，頁1673。）又言：「《參同》之書本不為明《易》，乃姑借此納甲之法以寓其行持進退之候。」（《朱熹集》（三）卷三十八〈答袁機仲〉，頁1703。）

傳》。同樣地，論《參同契》時亦言此書是「借此納甲之法以寓其行持進退之候」，故「此書大要在於『坎』、『離』二字」。〔註47〕「坎」、「離」是納甲法的中心，道教將其與鉛汞龍虎之術相合，成為修煉的基礎，「道家以坎、離為真水火，為六卦之主，而六卦為坎、離之用。」〔註48〕可見朱熹對道教煉丹等相關問題亦是頗有研究。

（二）為學之道

朱熹不僅對煉丹之法頗有涉獵，亦取之喻人為學之道，云：

> 學者為學，譬如煉丹，須是將百十斤炭火煅一餉，方好用微微火養教成就。今人未曾將百十斤炭火去煅，便要將微火養將去，如何得會成！（《朱子語類》（一）卷八，頁137。）

又：

> 學者理會道理，當深沉潛思。又曰：「讀書如煉丹，初時烈火鍛煉，然後漸漸慢火養。又如煮物，初時烈火煮了，卻須慢火養。讀書初勤敏著力，子細窮究，後來卻須緩緩溫尋，反復玩味，道理自出。又不得貪多欲速，直須要熟，工夫自熟中出。」（《朱子語類》（七）卷一一四，頁2766。）

煉丹的方式，初時須以烈火鍛煉，之後再以慢火來養成。讀書之道亦然，初時須「勤敏著力，子細窮究」，後來則須「緩緩溫尋，反復玩味」，因為學問須要沈殿，須由日常生活中省尋，反復思索，始能體會其道理，故為學不得貪多欲速。朱熹藉煉丹過程中火候的變化，來說明為學當積極且溫尋潛思之理。

此外，朱熹亦取煉丹以說解《孟子》與《論語》，《朱子語類》曰：

> 問：「張子云：『十五年學箇「恭而安」不成。』」曰：「『恭而安』，如何學得成？安便不恭，恭便不安，這箇使力不得，是聖人養成底事。顏子若是延得幾年，便是聖人。不是到此更用著力，只是養底

〔註47〕《朱熹集》（六）卷六十七〈參同契說〉，頁3550。

〔註48〕《朱子語類》（四）卷六十五，頁1616。云：「『如納甲法，乾納甲壬，坤納乙癸，艮納丙，兌納丁，震納庚，巽納辛，離納己，坎納戊，亦是此。又如火珠林，若占一屯卦，則初九是庚子，六二是庚寅，六三是庚辰，六四是戊午，九五是戊申，上六是戊戌，亦是此。又如道家以坎離為真水火，為六卦之主，而六卦為坎離之用。自月初三為震，上弦為兌，望日為乾，望後為巽，下弦為艮，晦為坤，亦不外此。』又曰：『乾之一爻屬戊，坤之一爻屬己。留戊就己，方成坎離。蓋乾坤是大父母，坎離是小父母。』」

> 工夫了。顏子工夫至到，只是少養。如煉丹火氣已足，更不添火，
> 只以暖氣養教成就耳。」（《朱子語類》（三）卷三十四，頁 905。）

所謂的聖人不僅須工夫至到，還得要著力於涵養。而顏子不得爲聖人，即在其「少養」，就如同煉丹一樣，火氣已足，但不添火，終究無成。而解《孟子》中則云：

> 集義是養氣底丹頭，必有事便是集義底火法。言必有事者，是義氣
> 之法度也。養得這氣在此，便見得這箇自重，那箇自輕。如公孫丑
> 言「加齊卿相，得行道焉」，以爲孟子動心於此。不知孟子所養在此，
> 見於外者，皆由這裏做出來。（《朱子語類》（四）卷五十二，頁 1267。）

道教修煉法中亦有養氣守一之說，然此處朱熹是藉煉丹之法以說解《孟子》之「集義養氣」說，以「氣」比喻丹頭，以「義」比喻火候，「集義養氣」就如同以火候提煉丹藥，此是修煉必備的過程，兩者缺一不可。《論語》、《孟子》本儒家經典，朱熹取道教煉丹法一以說解成聖之道，一以比喻孟子養氣之法，並不以其爲異端外道而棄之。

第三節　小　結

　　綜上所述，可知朱熹雖視道家爲異端，但對其並非全然否定。如其對道家後學之道教典籍即有所取，甚至對於丹經或兵書，亦頗有稱許處。朱熹曾謂「道、釋之教皆一再傳而浸失其本眞」，[註49]並以老子、莊子、列子爲道家之精華，[註50]顯然以後世道家之學爲低，對於道教經典亦多指爲鄙陋僞造之作，然今由《參同契》與《陰符經》二書的評論而見，似乎並不全然如此。其謂《參同契》爲丹經，且已非老氏之學，但又稱其蘊含天機，須反覆誦讀以得其義；而《陰符經》雖爲後世兵書，卻較《老子》爲不雜。

　　除了道教經典之外，對於道教的修煉方式，不論是默坐數息或是龍虎鉛汞的養生延壽之法，朱熹皆頗有涉獵鑽研，甚至取煉丹火候之功，以喻爲學之道。道教的養生，目的即在求得長生不死，對於道教此神仙長生的說法，朱熹則加以認可，並以氣化的觀念來解釋神仙的形成與消融。

〔註49〕《朱子語類》（八）卷一二六，頁 3009。

〔註50〕朱熹認爲佛教經典多竊自老、莊、列之說，是取自道家寶藏，而後來道家反竊佛經立論，是取得佛家瓦礫。詳細論述參見第五章第二節之〈道、釋兩家思想的相互雜揉〉小節。

　　大體而言，朱熹對於道家的態度，是立於一個批判的立場，但細部上針對個別的經籍或思想時，仍有優劣取捨之別，尤其是朱熹晚年多所留心於道教養生之法，想必其對道教的認知與評價當有所深化。雖然朱熹有否化名作《陰符經考異》的問題仍有所爭議，但其對於道教思想涉獵之廣，對道教典籍考辨注解之用心，則是無庸置疑的。

第五章　對老、佛異端與黃老之評論

　　朱熹對道家的批評，除了著重老、莊二人外，亦常以「老、莊」、「莊、列」等並稱的方式來加以評論。此外，較常見的則是將老子與佛家合稱，以「老、佛」、「佛、老」一詞來代表與儒家對立的異端之學，此處的「老」是用以代稱道家之意。朱熹早年雖曾出入釋、老，〔註1〕然正式受學延平後，即明辨正道之途，並以闢異端是重建儒家道統的首要之務，而佛家與道家正是異端之大者，因此站在捍衛儒學的立場上，朱熹對佛、老的批評是嚴厲且明確的。再者，另有「黃老」一詞，朱熹屢屢將其與「老子之術」相混稱，認為其是老子自私謀術之運用而大加批判，今茲附於本章之末以論述之。

第一節　儒與異端的差別

　　朱熹將佛、老斥為異端之學，對其抨擊不遺餘力，《朱子語類》言：

> 或問「攻乎異端」。曰：「攻者，是講習之謂，非攻擊之攻。這處須看他如何是異端，如何是正道。異端不是天生出來。天下只是這一箇道理，緣人心不正，則流於邪說。習於彼，必害於此；既入於邪，必害於正。異端不止是楊、墨、佛、老，這箇是異端之大者。」（《朱子語類》（二）卷二十四，頁586。）

〔註1〕《朱熹集》（三）卷三十八〈答江元適〉，頁1727。云：「熹天資魯鈍，自幼記問言語不能及人。以先君子之餘誨，頗知有意於為己之學，而未得其處，蓋出入於釋、老者十餘年。近歲以來，獲親有道，始知所向之大方。……然熹竊嘗聞之，聖人之學所以異乎老、釋之徒者，以其精粗隱顯體用渾然，莫非大中至正之矩，而無偏倚過不及之差。」詳細論述見第一章第一節。

所謂的「異端」皆起於人心不正而產生的邪說。且異端並非是小道,「小道亦是道理,只是小」,然「若異端,則是邪道,雖至近亦行不得」,﹝註2﹞異端全為邪說且毫無道理可言,此邪說必害於正道,所以為學必須明辨正道與異端,甚至謂「儒之不闢異端者,謂如有賊在何處,任之,不必治。」﹝註3﹞以闢異端為儒者之己任。

宋儒眼中的異端包括楊朱、墨子、申不害、韓非及佛、老諸家,其中以佛、老的危害最大,程顥曾言「楊、墨之害甚於申、韓,佛、老之害甚於楊、墨。……佛、老其言近理,又非楊、墨之比,此所以為害尤甚。」﹝註4﹞佛、老之學近理而亂真,且自成一家之言,故迷惑人心更甚。朱熹承襲程子之說,認為佛、老二家是異端中為害最大者,其謂:

> 若異端邪說,釋、老之學,莫不自成一家,此最害義。如坐井觀天,彼自以為所見之盡。蓋窟在井裏,所見自以為足;及到井上,又卻尋頭不著。寧可理會不得,卻自無病。(《朱子語類》(二)卷二十九,頁741。)

異端中不只有楊、墨、佛、老,只是這四家是異端中為害較大者,尤其是佛、老二家,已自成一家,因此危害也最大。所以朱熹對此二家的批評最為嚴厲,其批評的重心主要在心性觀及格物工夫兩方面。

一、心性觀的差別

(一)性的本體

朱熹論「性」,上承伊川「性即理也」之說,認為「性只是理」﹝註5﹞、以此為論性的基礎,﹝註6﹞其云:

﹝註2﹞ 《朱子語類》(四)卷四十九,頁1200。云:「小道不是異端,小道亦是道理,只是小。如農圃、醫卜、百工之類,卻有道理在。只一向上面求道理,便不通了。若異端,則是邪道,雖至近亦行不得。」

﹝註3﹞ 《朱子語類》(八)卷一二六,頁3040。

﹝註4﹞ 《近思錄》卷十三〈辨異端〉,頁315。

﹝註5﹞ 《朱子語類》(七)卷一一七,頁2816。

﹝註6﹞ 《朱子語類》(六)卷九十三,頁2360。云:「伊川說話,如今看來,中間寧無小小不同?只是大綱統體說得極善。如『性即理也』一語,直自孔子後,惟是伊川說得盡。這一句便是千萬世說性之根基!」朱熹讚揚伊川「性即理」的說法是孔子之後說得最佳者,並以此為歷來說性之根本。可見其對此說極為推崇。

性者，人所受之天理。天道者，天理自然之本體。其實一理也。〔註7〕

「性」是天理落實於人文界，而內化於人心的，所以性與天道實只同爲一理。〔註8〕性是與天理相合，而性的內容則是仁、義、智、信五字，〈玉山講義〉中云：

> 大凡天之生物，各付一性。性非有物，只是一箇道理之在我者耳。
> 故性之所以爲體，只是仁、義、禮、智、信五字。天下道理，不出
> 於此。韓文公云，人之所以爲性者五，其說最爲得之。卻爲後世之
> 言性者多雜佛、老而言，所以將性字作知覺心意看了，非聖賢所說
> 性字本指也。（《朱熹集》（七）卷七十四〈玉山講義〉，頁 3895。）

「性」是萬物天生所俱有，是天道落實於萬物之具體表現，故「性即理」，而「理」的具體內容，朱熹則標舉出仁、義、禮、智、信五種德性，用以說明性的本體是個道德的實體。

朱熹認爲老、佛與儒家言性，有個很大的不同，即在於一以性體爲虛，一以性體爲實，其云：

> 蓋如吾儒之言，則性之本體便只是仁、義、禮、智之實；如老、佛
> 之言，則先有箇虛空底性，後方旋生此四者出來。不然，亦說性是
> 一箇虛空底物，裡面包得四者。（《朱熹集》（六）卷六十一〈答林德
> 久〉，頁 3156。）

儒家之性的本體是實，是仁、義、禮、智四者；而佛、老之性的本體則是空虛的，因佛、老主張仁、義、禮、智四者並非是等於性體，而是由性所生，或是包含在此空虛的性中，性體失去道德的內含遂成爲空虛之物。換言之，儒者將仁、義、禮、智四者視爲是性的本體，兩者合一；而佛、老則是將此仁、義、禮、智視爲是後生，與性爲二，性遂成一虛空底性。此處「性」的本體較上段引文少一「信」字，用意並無差別，皆只是用來說明性的本體是「理」，此「理」的內容是包涵所有道德的，所以是爲實理。

〔註7〕 《四書章句集注》〈論語集注・公冶長〉卷三，頁 79。

〔註8〕 朱熹所言之性與理的關係，實則仍有所分疏。明道曾言「才說性時便已不是
性」，與伊川「性即理」之說似有差異，朱熹則融合明道、伊川兩說。其早年
多由理言性，晚年時則加以區分曰：「所謂『天命之謂性者』，是就人身中指
出這箇是天命之性，不雜氣稟而言爾。若『才說性時』，則便是夾氣稟而言。
所以說時，便已不是性也。」（《朱子語類》（六）卷九十五，頁 2431。）詳細
論述參見錢穆《朱子新學案》（一）〈朱子論性〉。

（二）心性情的關係

因爲對性之本體的認知不同，老、佛異端對「情」的看法亦與儒家有別，《朱子語類》云：

> 或問心情性。曰：「孟子說『惻隱之心，仁之端也』一段，極分曉。惻隱、羞惡、是非、辭遜是情之發，仁義禮智是性之體。性中只有仁義禮智，發之爲惻隱、辭遜、是非，乃性之情也。如今人說性，多如佛、老說，別有一件物事在那裏，至玄至妙，一向說開去，便入虛無寂滅。吾儒論性卻不然。程子云：『性即理也。』此言極無病。『孟子道性善』，善是性合有底道理。然亦要子細識得善處，不可但隨人言語說了。若子細下工夫，子細尋究，自然見得。」（《朱子語類》（一）卷五，頁92。）

性之本體爲仁、義、禮、智，性之發用則爲情，情即是孟子所說的「惻隱、羞惡、是非、辭遜」四端。換言之，性是一內具道德的實理，是天理內在於人的未發狀態，且因性是實，故可以發用而爲情。反觀佛、老以性爲空爲虛，強調至玄至妙，將性與仁、義、禮、智分開，則性爲空懸一物，失去仁義之實，更不會有所謂「四端」之情，此時的「性」只流爲一虛空寂滅之物。儒與佛、老異端對「性體」的差別即在此一實一虛間。

情既是性之發用，發用有中節有不中節，故情有善有不善，但此不善乃是情遷於物所致，所以爲學必重「心」的工夫。朱熹承襲橫渠「心統性情」，並不否定情，而是強調心的主宰工夫，以心使情之發用能中節，能合於性之理，故其反對李翱「滅情」的主張。唐代李翱作《復性書》，提出「滅情以復性」的主張，朱熹贊同其「復性」之說，但對於「滅情」之說則斥爲佛、老異端之言，其云：

> 情不是反於性，乃性之發處。性如水，情如水之流。……李翱「復性」則是，云「滅情以復性」則非。情如何可滅？此乃釋氏之說，陷於其中不自知，不知當時曾把韓退之看否？（《朱子語類》（四）卷五十九，頁1381。）

《朱子語類》又曰：

> 問「乃若其情，則可以爲善矣」。曰：「孟子道性善，性無形容處，故說其發出來底，曰『乃若其情，可以爲善』，則性善可知。『若夫爲不善，非才之罪也』，是人自要爲不善耳，非才之不善也。情本不

　　是不好底。李翱滅情之論，乃釋、老之言。程子『情其性，性其情』
　　之說，亦非全說情不好也。」(《朱子語類》(四)卷五十九，頁1381。)
朱熹主張性的本體是理，其發用則是由情來顯現，情乃性所發，所以情本非
不好的，情之不善是來自於外物的牽引所致，所以情無法滅，也不須要滅。
朱熹並不否定「情」，而是著重以心來使情合於性。其反對李翱「滅情」說，
認爲李翱的「滅情說」反近於佛、老之說，佛、老以性爲空虛，性之本體既
非仁義道德，則性所發之情必不合於天理，佛、老否定情的主張，正與李翱
的「滅情」說相似。

　　再者，儒家強調性即是理，則人心即是道心；而佛、老將性與理分爲二，
遂使人心與道心分開，《朱子語類》載：

　　大雅云：「前輩多云，道心是天性之心，人心是人欲之心。今如此交
　　互取之，當否？」曰：「既是人心如此不好，則須絕滅此身，而後道
　　心始明。且舜何不先說道心，後說人心？……人心是此身有知覺，
　　有嗜欲者，如所謂『我欲仁』，『從心所欲』，『性之欲也，感於物而
　　動』，此豈能無！但爲物誘而至於陷溺，則爲害爾。故聖人以爲此人
　　心，有知覺嗜欲，然無所主宰，則流而忘反，不可據以爲安，故曰
　　危。道心則是義理之心，可以爲人心之主宰，而人心據以爲準者也。
　　且以飲食言之，凡饑渴而欲得飲食以充其飽且足者，皆人心也。然
　　必有義理存焉，有可以食，有不可以食。如子路食於孔悝之類，此
　　不可食者。又如父之慈其子，子之孝其父，常人亦能之，此道心之
　　正也。苟父一虐其子，則子必狠然以悖其父，此人心之所以危也。
　　惟舜則不然，雖其父欲殺之，而舜之孝則未嘗替，此道心也。故當
　　使人心每聽道心之區處，方可。然此道心卻雜出於人心之間，微而
　　難見，故必須精之一之，而後中可執。然此又非有兩心也，只是義
　　理、人欲之辨爾。……今鄭子上之言都是，但於道心下，卻一向說
　　是箇空虛無有之物，將流爲釋、老之學。然則彼釋迦是空虛之魁，
　　饑能不欲食乎？寒能不假衣乎？能令無生人之所欲者乎？雖欲滅
　　之，終不可得而滅也。」(《朱子語類》(四)卷六十二，頁1488。)
朱熹在回答有關道心與人心的區別時曰：「此心之靈，其覺於理者，道心也；
其覺於欲者，人心也。」〔註9〕心之感發，若依於理者爲道心，依爲私欲則爲

〔註9〕《朱子語類》(四)卷六十二，頁1487。

人心。人心是此身所俱有，是不可無，故人欲亦不可絕，然人心若無義理的主宰，則將爲物所遷而流於「危」；而道心正爲義理之心，可爲人心之主宰，且道心與人心實非二物，故善與不善只在於義理與人欲之辨。〔註10〕至於佛、老者，將心性與義理分爲二，心性失去義理之實只流爲空虛之物，如此人心人欲失去道心的主宰，又如何能滅人欲？佛、老之失正在於將義理外爍於人身，使人心流爲空虛。

二、體、用關係的誤解

朱熹認爲老、佛二家以性爲空，將道德與心性分離，是不識性之體、用關係。而此體、用關係的誤解，使佛、老產生「有體而無用」之弊病，亦使其缺乏格物的工夫。

（一）有體而無用

朱熹謂老、釋之病在「有體而無用」。朱熹論理氣、道器、無極太極時，常常論及「體、用」二字，其言「道者，兼體、用，該隱費而言也。」〔註11〕道即包含體、用二者。至於何謂「體、用」？其曰：

> 體是這箇道理，用是他用處。如耳聽目視，自然如此，是理也；開
> 眼看物，著耳聽聲，便是用。(《朱子語類》（一）卷六，頁101。)

「體」是道理，「用」是作用，就如同耳、目是體，聽、視是用。「體」與「道」雖是差別，但體、用實是不離，不能單獨存在，其云：

> 學者須是於未發已發之際識得一一分明，然後可以言體、用一源處。
> 然亦只是一源耳，體、用之不同，則固自若也。(《朱熹集》（三）卷
> 三十五〈別紙〉，頁1521。)

體、用自有不同，爲學者須加以分別。能識得體、用之別，始能了解「體、用一源」之理。朱熹承伊川「體、用一源，顯微無間」〔註12〕之說，認爲體、

〔註10〕　《四書章句集注》〈中庸・章句序〉，頁14。云：「人莫不有是形，故雖上智不能無人心，亦莫不有是性，故雖下愚不能無道心。二者雜於方寸之間，而不知所以治之，則危者愈危，微者愈微，而天理之公卒無以勝夫人欲之私矣。精則察夫二者之間而不雜也，一則守其本心之正而不離也。從事於斯，無少間斷，必使道心常爲一身之主，而人心每聽命焉，則危者安、微者著，而動靜云爲自無過不及之差矣。」

〔註11〕　《朱子語類》（一）卷六，頁99。

〔註12〕　《二程集》（二），程頤《易傳・序》，頁689。

用雖有別，但並不相離，其又云：

> 自心而言，則心爲體，敬和爲用；以敬對和而言，則敬爲體，和爲用。大抵體、用無盡時，只管恁地移將去。如自南而視北，則北爲北，南爲南；移向北立，則北中又自有南北。（《朱子語類》（二）卷二十二，頁519。）

體、用不僅不相離，亦是「體、用無盡」。朱熹未曾對「體、用」下一個明確的定義，因其認爲體、用不可不分，卻又是可以互易，因爲體、用乃是相對而言，故必也是同時存在，缺一不可。

　　以此「體、用」觀來論佛、老之學，其弊病正在於「有體而無用」，朱熹云：

> 蓋老、釋之病在於厭動而求靜，有體而無用耳。……大抵老、釋說於靜而欲無天下之動，是猶常寐不覺而棄有用於無用，聖賢固弗爲也。……嗚呼！學者能知一陰一陽、一動一靜之可以相勝而不能相無，又知靜者爲主而動者爲客焉，則庶乎其不昧於道體，而日用之間有以用其力耳。（《朱熹集》（五）卷五十四〈答徐彥章〉，頁2747。）

又云：

> 若只守此些箇，不敢放開，每看義理，亦只揀取玄妙高遠、無形無象處方肯理會，如此則遂成偏枯，倒向一邊，將爲有體無用之學，而與老、佛無以異矣。（《朱熹集》（五）卷五十八〈答楊志仁〉，頁2958。）

老、佛之學只務求玄妙高遠的義理，求靜厭動，而忽略了「用」。體用、動靜、陰陽本是「可以相勝而不能相無」，老、佛之學「厭動而求靜，有體而無用」實不明白「體、用」相對不離之理，而偏廢於一端，終是昧於道體。其只欲求靜而欲無天下之動，正是棄有用於無用，只欲存其體而廢其用，終致失其體，使所守之理流爲玄虛之空理。因此朱熹比較儒與老、佛之學曰：

> 聖人將那廣大底收拾向實處來，教人從實處做將去。老、佛之學則說向高遠處去，故都無工夫了。聖人雖說本體如此，及做時，須事事著實。如禮樂刑政，文爲制度，觸處都是。體用動靜，互換無端，都無少許空闕處。若於此有一毫之差，則便於本體有虧欠處也。「洋洋乎，禮儀三百，威儀三千。」洋洋是流動充滿之意。（《朱子語類》

（四）卷六十四，頁 1584。）〔註13〕

儒家的實理是教人「事事著實」去做，如「如禮樂刑政，文為制度」皆是實處之用。其講求道理處外，亦要求著實工夫，故體、用兼俱，則其本體「充滿周足」〔註14〕無所虧欠，而「道」的流行亦是生生不息，是「體用動靜，互換無端」。相反地，老、佛之學雖說向高處，能識得宇宙玄理，但卻無落實工夫，有體而無用，體則欠闕空虛，終非是真「道」。

此外，儒家聖賢所講究的「用」是廣闊宏大的，是必須由個人推向群體。《朱子語類》中朱熹在說解《大學》「明明德」一段時，批評古今人物中無法達到明德新民者，可分為三類，第一類即是佛、老「自謂能明其德而不屑乎新民者」，其云：

> 自謂能明其德而不屑乎新民者，如佛、老便是；不務明其明德，而以政教法度為足以新民者，如管仲之徒便是；略知明德新民，而不求止於至善者，如前日所論王通便是。……看古之聖賢別無用心，只這兩者是喫緊處：明明德，便欲無一毫私欲；新民，便欲人於事事物物上皆是當。正如佛家說，「為此一大事因緣出見於世」，此亦是聖人一大事也。千言萬語，只是說這箇道理。若還一日不扶持，便倒了。聖人只是常欲扶持這箇道理，教他撐天柱地。……德既明，自然是能新民。然亦有一種人不如此，此便是釋、老之學。此箇道理，人人有之，不是自家可專獨之物。既是明得此理，須當推以及人，使各明其德。豈可說我自會了，我自樂之，不與人共。（《朱子語類》（二）卷十七，頁379。）

「明明德，便欲無一毫私欲；新民，便欲人於事事物物上皆是當。」此亦即是儒家推己及人的工夫。「德既明，自然是能新民」明德的極盡即是至善，至善自能新民，故不僅獨善其身，亦能推己及人兼善天下，始是聖人之道。佛、老者「不屑乎新民」是無法做到推己及人，終非至善，也就不能算是明其德，故雖「自謂能明其德」，但終究只是自私為己之學。朱熹曾言「體是這箇道理，

〔註13〕相似的語詞亦見於《朱子語類》（四）卷六十三，頁1541。「聖人說許多廣大處，都收拾做實處來。佛、老之學說向高處，便無工夫。聖人說箇本體如此，待做處事事著實，如禮樂刑政，文為制度，觸處都是。緣他本體充滿周足，有些子不是，便虧了它底。佛是說做去便是道，道無不存，無適非道，有一二事錯也不妨。」

〔註14〕同上註。

用是他用處」，佛、老只欲求「體」而忽略了「用」，終喪失了體，而偏離了正道之途。

（二）無格物工夫

佛、老之學「有體而無用」，即是缺乏了格物工夫。朱熹為學著重格物致知，其言「格物只是窮理，物格即是理明。此乃《大學》工夫之始。」〔註15〕物必格，而後理始明，因此為學首重格物窮理的工夫，《大學》之道即是以格物為始。反觀老、佛異端，其弊病正在於「無格物工夫」，朱熹曰：

> 「知至而后意誠」，須是眞知了，方能誠意。知苟未至，雖欲誠意，固不得其門而入矣。惟其胸中了然，知得路逕如此，知善之當好，惡之當惡，然後自然意不得不誠，心不得不正。……所以貴格物，如佛、老之學，它非無長處，但它只知得一路。其知之所（以）及者，則路逕甚明，無有差錯；其知所不及處，則皆顛倒錯亂，無有是處，緣無格物工夫也。（《朱子語類》（一）卷十五，頁302。）

能否意誠、心正，端賴於是否眞知。惟有知至，始能誠意、正心，而要知至，就必須注重格物的工夫，佛、老之學之所以流為異端，即在於缺乏這種格物致知的工夫。朱熹多次提及老、佛之學是「知之過也」〔註16〕、「上者入於佛、老」〔註17〕、「天資高者流為佛、老」，〔註18〕老、佛雖為異端，卻也是異端中見識高者，所以謂「它非無長處，但它只知得一路」，佛、老之學雖也有見識，但其知未至，只知得一路，遂有所偏邪，究其原因終在其無格物的工夫。

朱熹又云：

> 又謂老、佛之學乃致知而離乎物者，此尤非是。夫格物可以致知，猶食所以為飽也。今不格物而自謂有知，則其知者妄也；不食而自以為飽，則其飽者病也。若曰老、佛之學欲致其知，而不知格物所

〔註15〕《朱熹集》（三）卷三十〈答汪尚書〉，頁1268。

〔註16〕《朱熹集》（五）卷五十一〈答萬正淳〉，頁2527。云：「游氏引鄒衍談天、公孫龍詭辨為智者之過，亦未當。若佛、老者，知之過也。談天詭辨，不足以為知者之過。」

〔註17〕《朱熹集》（六）卷六十〈答周南仲〉，頁3086。「每病當世道術分裂，上者入於佛、老，下者流於管、商。」

〔註18〕《朱子語類》（二）卷二十七，頁674。云：「不愁不理會得『一』，只愁不理會得『貫』。理會『貫』不得便言『一』時，天資高者流為佛、老，低者只成一團鶻突物事在這裏。」

以致其知，故所知者不免乎蔽陷離窮之失而不足爲知，則庶乎其可
矣。(《朱熹集》(四) 卷四十四〈答江德功〉，頁 2116。)

格物始能致知，無格物則終無法達到知至的境界。朱熹對時人謂老、佛之學
是「致知而離乎物」的說法，大表反對，因爲若離開物，無格物的工夫，根
本無法達到「致知」，因此老、佛之學只可謂是「欲致其知，而不知格物所以
致其知」，其言：

> 然間嘗竊病近世學者不知聖門實學之根本次第，而溺於老、佛之說，
> 無致知之功，無力行之實，而常妄意天地萬物、人倫日用之外別有
> 一物空虛玄妙，不可測度，其心懸懸然惟徼幸於一見此物，以爲極
> 致；而視天地萬物本然之理、人倫日用當然之事皆以爲是非要妙，
> 特可以姑存而無害云爾。(《朱熹集》(四) 卷四十六〈答汪太初〉，
> 頁 2207。)

儒家聖賢之學是以道德爲主體的實學，著重其爲學次第，「聖門之學，下學之
序，始於格物以致其知。不離乎日用事物之間，別其是非，審其可否，由是
精義入神以致其用。」〔註19〕聖人之學皆始於格物以致其知，由日用事物間
做工夫，明其是非，審其可否，以達到明理致用。由此，朱熹批評當時學弊，
指時人溺於老、佛之說而以理爲空，於天地萬物、人倫日用之外，追求虛玄
之理，是不知爲學次第，此「無致知之功，無力行之實」即是佛、老之害。

第二節　道家與佛家的關係

朱熹雖屢將道、釋並稱，作爲異端之代表，但道家與佛家間仍是有所區
分。其認爲佛家於中國的傳衍多竊取道家的思想，且道家與佛家的基本思想
仍有許多差異。

一、道、釋兩家思想的相互雜揉

對於佛家的流衍情形，朱熹認爲可分爲三階段：首先，釋氏初入只是齋
戒；晉宋時，由齋戒轉爲義學；至達摩來，則再轉爲禪學。其認爲此各階段
之轉化皆是竊取了道家之說衍化而成，其曰：

> 後漢明帝時，佛始入中國。當時楚王英最好之，然都不曉其說。直

〔註19〕《朱熹集》(三) 卷三十八〈答江元適〉，頁 1730。

至晉宋間，其教漸盛。然當時文字亦只是將莊、老之說來鋪張，如遠師諸論，皆成片盡是老、莊意思。直至梁會通間，達磨入來，然後一切被他埽蕩，不立文字，直指人心。（《朱子語類》（八）卷一二六，頁 3011。）

又云：

問：「佛法所以傳至今，以有禍福之說助之？」曰：「亦不全如此，卻是人佐佑之。初來只有《四十二章經》，至晉、宋間乃談義，皆是剽竊老、莊，取列子爲多。其後達磨來又說禪，又有三事：『一空，二假，三中。』空全論空，假者想出世間，中在空假之中。唐人多說假。」（《朱子語類》（八）卷一二六，頁 3038。）

佛教是後漢明帝時傳入，「佛教初入中國，只是修行說話，如《四十二章經》是也。」〔註 20〕最初佛教只爲齋戒修行，以《四十二章經》爲其代表；直至晉、宋間，佛教由齋戒轉爲義學，亦漸漸盛行，此時如慧遠法師、支道林等人皆是取老、莊之說以立論，此爲佛教於中國流衍的第二階段；第三階段則是梁武帝會通年間，達摩西來，主張不立文字的禪學興起，然禪宗思想中仍有取自莊、老者。

（一）佛家竊取道家思想

對於佛教經典，朱熹認爲「釋氏只《四十二章經》是古書，餘皆中國文士潤色成之。」〔註 21〕雖然《四十二章經》亦有後人添入，〔註 22〕但大體上此經仍屬於佛教傳入中國之原始經典，其後之經書則皆爲中國人所潤色，其云：

釋氏書其初只有《四十二章經》，所言甚鄙俚。後來日添月益，皆是中華文士相助撰集。如晉宋間自立講師，孰爲釋迦，孰爲阿難，孰爲迦葉，各相問難，筆之於書，轉相欺誑。大抵多是剽竊老子、列子意思，變換推衍以文其說。（《朱子語類》（八）卷一二六，頁 3010。）

〔註 20〕《朱子語類》（八）卷一二六，頁 3035。
〔註 21〕《朱子語類》（八）卷一二六，頁 3013。
〔註 22〕朱熹認爲佛教經典多經後人增添，就連最初傳入中國的《四十二章經》亦不例外，只是與後世經文相較，此經大體上仍代表釋氏初入中國時，原始佛教之思想。其言「佛書多有後人添入。初入中國，只有《四十二章經》。但此經都有添入者。且如西天二十八祖所作偈，皆有韻，分明是後人增加。」（《朱子語類》（八）卷一二六，頁 3025。）

原本佛教的經典內容「甚鄙俚」。後經中華文士「日添月益」的結果，使佛教的義理漸趨成形，尤其是晉、宋間，說講佛經者，多是「剽竊」老子、列子之意以推衍之，比如論經中佛祖與弟子間的問難，即多是仿自道家之推衍之詞。

　　此外，朱熹認爲晉、宋間義學的代表慧遠、僧肇、支道林等人，亦是取自莊、老以立論，他說：

> 達磨未來中國時，如遠、肇法師之徒，只是談莊、老，後來人亦多以莊、老助禪。古亦無許多經。西域豈有韻！諸祖相傳偈，平仄押韻語，皆是後來人假合。（《朱子語類》（八）卷一二六，頁 3025。）

又：

> 佛氏乘虛入中國。廣大自勝之說，幻妄寂滅之論，自齋戒變爲義學。如遠法師、支道林皆義學，然又只是盜襲莊子之說。今世所傳《肇論》，云出於肇法師，有「四不遷」之說：「日月歷天而不周，江河競注而不流，野馬飄鼓而不動，山嶽偃仆而常靜。」此四句只是一義，只是動中有靜之意，如適間所說東坡「逝者如斯而未嘗往也」之意爾。此是齋戒之學一變，遂又說出這一般道理來。（《朱子語類》（八）卷一二六，頁 3009。）

朱熹認爲佛教的發展至慧遠、僧肇、支道林時，正逐漸由齋戒走向了義學，屬佛教於中國流衍的第二階段，然此時諸法師所論之教義卻又多是取自莊、老，就連肇法師所傳之《肇論》亦只是莊子守靜之說。朱熹對佛教的經典涉獵頗廣，〔註23〕但其認爲原始佛經《四十二章經》只爲「鄙俚」、「平實」，〔註24〕尙不具有義理內涵，佛教理論的完成與盛行，完全是依靠日後佛經，然日後佛經卻多是中國文人取老、莊、列之說，加以文飾附會而成，此潤色包含了說解上的援引，及經文上的增補。其認爲，佛教理論在中國的形成與盛行，實是吸收了道家的理論而成。

　　第三階段中，達摩西來，禪宗興起，朱熹云：

> 初間只有《四十二章經》，無恁地多。到東晉便有談議，如今之講師做一篇議總說之。到後來談議厭了，達磨便入來只靜坐，於中有稍

〔註23〕陳榮捷《朱子新探索》〈朱子與佛經〉一文中曾指出《朱子語類》中所提及的佛經有十四種，《文集》中則有七種，範圍涵蓋了華嚴、天台、淨土、三論、唯識、禪宗諸派。其間的評論與考據雖或有誤解，但由此亦可看出朱熹對佛教經書涉獵之廣泛。詳文見其書，頁 648～649。

〔註24〕《朱子語類》（八）卷一二六，頁 3010。

受用處，人又都向此。今則文字極多，大概都是後來中國人以莊、
列說自文，夾插其間，都沒理會了。攻之者所執又出禪學之下。（《朱
子語類》（八）卷一二六，頁3008。）

又：

及達磨入來，又翻了許多窠臼，說出禪來，又高妙於義學，以爲可
以直超徑悟。而其始者禍福報應之說，又足以鉗制愚俗，以爲資足
衣食之計。遂使有國家者割田以贍之，擇地以居之，以相從陷於無
父無君之域而不自覺。蓋道、釋之教皆一再傳而浸失其本眞。（《朱
子語類》（八）卷一二六，頁3009。）

達磨之教本只教人靜坐，其後許多禪學經文則是中國人取莊、列思想雜揉而
成。就釋氏而言，禪學的義理比義學更爲高妙，但「禪家最說得高妙去，蓋
自莊、老來」，〔註25〕與佛學思想已大不相同，所以其謂「道、釋之教皆一再
傳而浸失其本眞」。佛家發展至禪學義理已至精妙，然其精妙卻是取自莊、老
之說，實離佛家本旨已遠。

（二）道家又吸取佛家之說

雖然釋家經典多是取老、莊、列之說而成，然道家經典亦有取釋家之處，
朱熹云：

宋景文《唐書贊》，說佛多是華人之譎誕者，攘莊周、列禦寇之說佐
其高。此說甚好。……佛家先偷列子。列子說耳、目、口、鼻、心、
體處有六件，佛家便有六根，又三之爲十八戒。（《朱子語類》（八）
卷一二六，頁3008。）

佛家先偷道家思想，如佛家的「六根」及「十八戒」，是取自列子之「六件」
之說。然而其後，道家亦有取自佛家者，其謂：

列子言語多與佛經相類，覺得是如此。疑得佛家初來中國，多是偷
老子意去做經，如說空處是也。後來道家做《清靜經》，又卻偷佛家
言語，全做得不好。佛經所謂「色即是空」處，他把色、受、想、
行、識五箇對一箇「空」字說，故曰「空即是色。受、想、行、識，
亦復如是」，謂是空也。而《清淨經》中偷此句意思，卻說「無無亦
無」，只偷得他「色即是空」，卻不曾理會得他「受、想、行、識亦

〔註25〕《朱子語類》（八）卷一二六，頁3011。

復如是」之意，全無道理。佛家偷得老子好處，後來道家卻只偷得佛家不好處。譬如道家有箇寶藏，被佛家偷去；後來道家卻只取得佛家瓦礫，殊可笑也。(《朱子語類》(八) 卷一二六，頁 3008。)

又云：

如《四十二章經》，最先傳來中國底文字，然其說卻自平實。道書中有《真誥》，末後有〈道授篇〉，卻是竊《四十二章經》之意為之。非特此也，至如地獄託生妄誕之說，皆是竊他佛教中至鄙至陋者為之。某嘗謂其徒曰：「自家有箇大寶珠，被他竊去了，卻不照管，亦都不知，卻去他牆根壁角，竊得箇破瓶破罐用，此甚好笑！」(《朱子語類》(八) 卷一二六，頁 3010。)

今佛經中許多內容與道家經典相似，是佛、道兩家相互竊取的結果。起初，是佛家先取老、莊、列之說，如僧肇「四不遷」是取自道家「守靜」之說、佛家所言之「六根」則是取自《列子》之「六件」之說；其後，道書中則反而又取佛家之說，如《清淨經》中所謂之「無無亦無」即是彷自佛家之「色即是空」，而《真誥‧道授篇》則是竊《四十二章經》而成。只是佛家所取的是「老子好處」，是道家之寶藏，然道家所取的卻是「佛家不好處」，是佛家的「瓦礫」。換言之，佛家精妙處是取自老、莊、列三人之思想，而老、莊、列的思想正是道家思想之精華。然而後世之道家不僅不知自身思想之精華，反而「皆一再傳而浸失其本真」，甚至去取佛家之「破瓶破罐」來拼湊推衍，遂較釋氏不如矣。

由此可知，雖老、佛同為異端之學，然若兩相比較，朱熹仍許老、莊之學為佳。釋氏之學於中國的發展與盛行，實是取莊、老之學雜揉而成，而釋氏之學發展至高妙處的禪學，其義理之精妙亦仍是來自老、莊、列之說。相較之下，屬於道家精華的老、莊、列之學，遠勝於釋氏，只是釋氏之學又勝於後世道家。

二、道、釋義理上的差別

佛教理論雖有許多取自道家，但道、釋兩家的思想仍有所差異。《朱子語類》中朱熹不僅批評了佛、老之學，並比較了兩者的同異，由佛家「空」及老子「無」的不同，引申出對人倫義理不同的為害程度。

（一）「無」與「空」

老子之「無」與佛家之「空」，皆爲其理論之中心思想，然兩者之間的差別爲何？弟子曾多次問及朱熹，《朱子語類》中即載：

> 謙之問：「佛氏之空，與老子之無一般否？」曰：「不同，佛氏只是空豁豁然，和有都無了，所謂『終日喫飯，不曾咬破一粒米；終日著衣，不曾掛著一條絲』。若老氏猶骨是有，只是清淨無爲，一向恁地深藏固守，自爲玄妙，教人摸索不得，便是把有、無做兩截看了。」
> （《朱子語類》（八）卷一二六，頁 3011。）

又：

> 謙之問：「今皆以佛之說爲空，老之說爲無，空與無不同如何？」曰：「空是兼有、無之名。道家說半截有，半截無，已前都是無，如今眼下卻是有，故謂之無。若佛家之說都是無，已前也是無，如今眼下也是無，『色即是空，空即是色』。大而萬事萬物，細而百骸九竅，一齊都歸於無。終日喫飯，卻道不曾咬著一粒米；滿身著衣，卻道不曾掛著一條絲。」（《朱子語類》（八）卷一二六，頁 3012。）

佛、老之「空」、「無」最大的差別即是：佛氏是「和有都無了」；老氏則「把有、無做兩截看」。佛氏既不言「有」，亦不言「無」，而只講「空」，此「空」是完全的無，連「有、無」的差別都化消了，「色即是空，空即是色」萬事萬物都歸於無；而老氏言「無」，則是仍有「有、無」的差別，「有、無」是對立的兩截，其「無」只是要清淨無爲、自爲玄妙，「無」可謂是個手段、方法，其骨子裡仍是「有」，故是半截無，半截有。《朱子語類》云：

> 問：「釋氏之無，與老氏之無何以異？」曰：「老氏依舊有，如所謂『無欲觀其妙，有欲觀其徼』是也。若釋氏則以天地爲幻妄，以四大爲假合，則是全無也。」（《朱子語類》（八）卷一二六，頁 3012。）

老子仍是有，而釋氏則全無。如老氏「無欲觀其妙，有欲觀其徼」一句，正是「有、無」並存的例證；而釋氏則是強調空，此空是全然的無，是「以天地爲幻妄，以四大爲假合」，是要消解一切萬物。

至於此兩種說法的優劣，朱熹云：

> 問：「釋氏以天地萬物爲幻，老氏又卻說及下截。」曰：「老氏勝。」
> （《朱子語類》（八）卷一二六，頁 3013。）

其認爲老氏仍勝於釋氏，因爲老子仍保有下一層的「有」。釋氏以天地萬物爲

幻，不僅消解了現象界的一切，亦消解了修養的工夫層面，然老子之「無」則只是修養的一種方式而己，實質上仍是「有」，仍是要存此身，而未全盤否定。再者，老氏以「無」爲工夫，而佛氏雖講求的是全無的「空」，但並非表示佛氏即未有修養工夫，朱熹即云「道家要守此氣」，「佛氏要空此心」，並謂：

> 早間所説用功事，細思之，只是昨日説「戒愼不睹，恐懼不聞」，是要切工夫。佛氏説得甚相似，然而不同。佛氏要空此心，道家要守此氣，皆是安排。子思之時，異端並起，所以作《中庸》發出此事；只是戒愼恐懼，便自然常存，不用安排。「戒愼恐懼」雖是四箇字，到用著時無他，只是緊鞭約令歸此窠臼來。(《朱子語類》(七) 卷一一三，頁 2741。)

此處比較了儒、釋、道之差別：道家主張存其身，著重在守住自身的氣；而佛氏中修持的工夫全繫於「心」，「佛學於心地上煞下工夫。」〔註 26〕以心體認萬物皆爲幻的道理，著重的在「空此心」；儒家的工夫則是著重「戒愼恐懼」。道家之「守此氣」與佛家之「空此心」皆無天理仁義爲實體，所以終非順其自然天理，故謂「皆是安排」。而儒家以天理仁義爲實體，「戒愼恐懼」的工夫只是要人心不離本然道心，因此道心是人生來本有，自然存在者，故謂此「戒愼恐懼」的工夫是「不用安排」。〔註 27〕

(二) 絕滅人倫的程度不同

老氏所謂之「上截無」，是指以「無」爲修養的工夫，以存其「下截有」，因爲「無」的目的仍是在「保全其身」；而釋氏以天地萬物爲幻，連人身也捨棄了，所以朱熹云：

> 釋、老，其氣象規模大概相似。然而老氏之學，尚自理會自家一箇渾身，釋氏則自家一箇渾身都不管了。(《朱子語類》(八) 卷一二六，頁 3012。)

〔註 26〕《朱子語類》(八) 卷一二五，頁 2991。

〔註 27〕關於道、釋兩家的工夫，朱子又云：「佛者云：『置之一處，無事不辦。』也只是教人如此做工夫；若是專一用心於此，則自會通達矣。故學禪者只是把一箇話頭去看，『如何是佛』、『麻三斤』之類，又都無義理得穿鑿。看來看去，工夫到時，恰似打一箇失落一般，便是參學事畢。莊子亦云：『用志不分，乃凝於神。』也只是如此教人。但他都無義理，只是箇空寂。儒者之學則有許多義理，若看得透徹，則可以貫事物，可以洞古今。」(《朱子語類》(八) 卷一二六，頁 3018。) 道、釋兩家皆有教人工夫，只是缺乏義理爲其內容，遂只流爲空寂。

又曰：

> 老氏欲保全其身底意思多；釋氏又全不以其身為事，自謂別有一物
> 不生不滅。歐公嘗言，老氏貪生，釋氏畏死，其說亦好。氣聚則生，
> 氣散則死，順之而已，釋、老則皆悖之者也。（《朱子語類》（八）卷
> 一二六，頁 3012。）

老氏之學仍是要存身，而釋氏雖不存身，卻又謂「別有一物不生不滅」，此物
當指靈魂而言，仍是在追求一個永恒存在之物。因此歐陽修曾批評曰「老氏
貪生，釋氏畏死」，朱熹深表贊同。朱熹認為人身是由氣聚而成，氣聚則生，
氣散則死，故須順天命而行，既無不生不滅之物，亦無須貪求人身。

再者，釋氏捨棄了身，遂以生為寄，極至則「無情義絕滅天理」，連義理
人倫亦都否定了；而老氏之學是要存其身，以追求長生為目的，朱熹說：

> 老氏只是要長生，節病易見。釋氏於天理大本處見得些分數，然
> 卻認為己有，而以生為寄。故要見得父母未生時面目，既見，便
> 不認作眾人公共底，須要見得為己有，死後亦不失，而以父母所
> 生之身為寄寓。譬以舊屋破倒，即自挑入新屋。故黃蘗一僧有偈
> 與其母云：「先曾寄宿此婆家。」止以父母之身為寄宿處，其無情
> 義絕滅天理可知！當時有司見渠此說，便當明正典刑。若聖人之
> 道則不然，於天理大本處見得是眾人公共底，便只隨他天理去，
> 更無分毫私見。如此，便倫理自明，不是自家作為出來，皆是自
> 然如此。往來屈伸，我安得而私之哉！（《朱子語類》（八）卷一
> 二六，頁 3013。）

朱熹批評釋氏雖略能見得「天理大本處」，[註28] 但卻追求一個不生不滅之
物，遂捨棄此身，以父母所生之身為寄，甚至認為父母與子女間只為寄寓關
係，故斥其為無親情仁義、滅人倫天理之說，甚至主張當以「明正典刑」以
闢邪說，因為釋氏此說不僅滅人倫，亦是不合自然天理。相反地，聖人之道
不僅能見得天理大本處，亦能順著天理大本而行，無分毫私見，則倫理自明。

因此，佛、老異端雖皆有害義理人倫，但其中佛、禪與老、莊亦有程度

[註28] 朱熹認可釋氏之學亦有長處，如「佛學於心地上煞下工夫。」（《朱子語類》（八）
卷一二五，頁 2991。）又曾引明道先生之言曰：「釋氏惟務上達而無下學」（《朱
熹集》（四）卷四十三〈答李伯諫〉，頁 2017。)顯然釋氏於上達之學確有所用
力處，然終缺乏下學工夫，使上達之學難成，而無法識道。

上的差異，朱熹即謂：

> 或問佛與莊、老不同處。曰：「莊、老絕滅義理，未盡至。佛則人倫
> 滅盡，至禪則義理滅盡。佛初入中國，止說修行，未有許多禪底說
> 話。」(《朱子語類》(八) 卷一二六，頁 3014。)

又云：

> 有言莊、老、禪、佛之害者。曰：「禪學最害道。莊、老於義理絕滅
> 猶未盡。佛則人倫已壞。至禪，則又從頭將許多義理埽滅無餘。以
> 此言之，禪最爲害之深者。」項之，復曰：「要其實則一耳。害未有
> 不由淺而深者。」(《朱子語類》(八) 卷一二六，頁 3014。)

朱熹比較了莊、老、禪、佛四家。其中莊、老對於義理，並未完全滅盡；佛
則人倫滅盡；至禪則不僅滅人倫，連義理亦滅盡。莊、老主張保存其身，雖
有害人倫處，但對於義理並未完全否定；而佛氏捨棄人身之說，則亦否定了
人倫；至禪學時不僅否定人倫，更進一步連義理都絕滅殆盡。因此對於義理
人倫的爲害程度，莊、老較淺，而禪學最深，故曰「禪學最害道」。

　　朱熹以佛、老爲異端，但也同時說明了兩者邪說的弊病所在，其云：

> 佛氏之失，出於自私之厭；老氏之失，出於自私之巧。厭薄世故，
> 而盡欲空了一切者，佛氏之失也；關機巧便，盡天下之術數者，老
> 氏之失也。故世之用兵算數刑名，多本於老氏之意。(《朱子語類》
> (八) 卷一二六，頁 3013。)

「異端之學，以性自私，固爲大病。然又不察氣質情欲之偏，率意妄行，便
謂無非至理，此尤害事。」〔註29〕朱熹認爲佛、老異端皆爲自私之學，其中
佛氏以「空」爲主，講求全然的空，否定此身，以追求身外一不生不滅之物，
故朱熹稱其失是「出於自私之厭」，厭棄了人倫世故，純以天地萬物爲幻；而
老氏則是以「無」以存其身，算盡機關術數以求其長生，故其失即是「出於
自私之巧」，後世用兵之算數刑名之法，即多是出自老氏此自私之巧的思想。
〔註30〕

〔註29〕《朱子語類》(一) 卷十二，頁 206。
〔註30〕老氏之學以儉嗇無爲以養其身，朱熹批評其爲自私其身；而「佛氏雖無私意，
　　　　然源頭是自私其身，便是有箇大私意了。」(《朱子語類》(三) 卷四十一，頁
　　　　1047。) 佛氏雖否定其身，然實亦爲自私其身所致。明道《定性書》言：「大
　　　　率患在於自私而用智。自私則不能以有爲爲應跡，用智則不能以明覺爲自然。」
　　　　朱熹曾引及此說 (見《朱子語類》(六) 卷九十五，頁 2441。) 並引申以批評

第三節　黃老之學

　　朱熹對道家的評述中，除了老、莊、道教和佛、老外，亦提及了「黃老」一詞。「黃老之學」屬於戰國中葉的道家後期思想，直至漢人時始以「黃老」一名稱之，《史記》、《漢書》中即有所謂「黃老術」、「黃老之言」。然而對於「黃老」之學的內容，或「黃老」與「道家」間的區分，歷來皆未能有一明確定義。近年隨著長沙馬王堆漢墓《黃帝四經》等相關文獻的出土，〔註31〕使得學界對「黃老學」又重新予以重視與研究，關於「黃老」的內涵與範圍，亦得以更加明朗化。一般而言，「黃老學派」是承自老子思想而來，亦即是將老子哲理轉向世俗的社會化產物，且轉化的過程中是雜揉陰陽、法、儒、墨等諸子百家，而世俗化的重心則是偏重在君術。〔註32〕

一、朱熹對「黃老」之釋義

　　關於「黃老」一詞，《朱子語類》和《朱熹集》共提及十餘處，且多是由歷代人物的行徑以論老黃之術，如漢文帝、揚雄、張良等皆是朱熹所謂的「黃老之徒」。如其批評揚雄曰：

　　　　太玄中高處只是黃老，故其言曰：「老子之言道德，吾有取焉。」（《朱

　　佛氏之自私，而以「自私而用智」爲爲學之大患。其又進一步解釋「自私」之意，曰：「『豁然而大公』，便是不自私；『物來而順應』，便是不用智。」（《朱子語類》（四）卷六十二，頁 1482。）朱熹認爲佛、老不明覺自然天理，而專以無爲爲用，正是「自私」之弊。

〔註31〕《黃帝四經》指《經法》、《十大經》、《稱》、《道原》四篇，是一九七三年於湖南長沙馬王堆三號漢墓中所發掘，是現存最早也最完整的黃老道家作品。對於此四篇的篇名，學界迄今仍有爭議，此處採陳鼓應之說，見陳鼓應《黃帝四經今註今譯》（臺北：臺灣商務印書館，1995 年）。

〔註32〕關於「黃老」的釋義，許多學者皆有論述，今僅以兩位學者的意見爲說明：陳鼓應《黃帝四經今註今譯》，頁 3。云：「『道』的向社會性傾斜，是黃老學派對老子思想的一種發展，也是黃老道家的一大特點。……老子道家與黃老道家在『道』的本體論方面的差異，就構成了道家的兩個不同走向：高深超詣與易簡世俗。」（臺北：臺灣商務印書館。1995 年）強調老子與黃老之別在於「道」屬性的不同。黃老之學的「道」已是傾向了世俗化。

　　而陳麗桂《戰國時期的黃老思想》（臺北：聯經出版社。1991 年），〈序〉頁 2。則云：「（黃老）其中的某些理論，的確和《老子》哲學的精神特質相當契合，而且有強化、技術化的傾向。按照司馬談的說法，黃老思想採陰陽、儒、墨、名、法，轉化老子的雌柔哲學爲虛無的因術與君術，強化老子無爲無不爲的思想，兼論形神修養問題。」黃老融合各家之學，且強化於因術與君術上。

子語類》（五）卷六十七，頁 1674。）

朱熹曾批評揚雄「全是黃老。某嘗說，揚雄最無用，真是一腐儒。他到急處，只是投黃老」，〔註33〕又屢謂「子雲所見多老氏者」；〔註34〕而此處認為揚雄高處只是「黃老」，並取揚雄自謂「老子之言道德，吾有取焉」一句為例證。由此可知朱熹所謂的「黃老」約指老子道德之學，尤其是指由老子之學所引申的權謀數術。

朱熹曾謂老子是個「退步占便宜底人」，〔註35〕而「黃老之術」即是如此，其云：

> 緣黃老之術，凡事都先退一著做，教人不防他。到得逼近利害，也便不讓別人，寧可我殺了你，定不容你殺了我。他術多是如此，所以文、景用之如此。文帝猶善用之……。看文、景許多慈祥豈弟處，都只是術數。然景帝用得不好，如削之亦反，不削亦反。（《朱子語類》（三）卷三十九，頁 1022。）

「黃老之術」是一種以退為進的術數，凡事都先退一步，用意在使人鬆懈戒心，待於利害處時，便為自私慘酷。漢文、景帝即是以此治國，文、景帝許多慈祥豈弟處，皆只是術數的手段，藉卑下無為以取天下。而此方式亦正是老子之數術，「漢文帝、曹參，便是用老氏之效」，〔註36〕黃老之術實為老子之數術之發揮，且針對的是老子之學運用於現實治道處事上的權詐術數，而非老子形上道論的思想。

二、黃老之術的實行

朱熹批評老子是「語道德而雜權詐」，〔註37〕對於老子的權術大加撻伐，朱熹就認為老子是個自私狡詐之人，其清虛無為的主張，只是用以取天下的權謀之術，張良、漢文、景帝、曹參及宋仁宗等人皆是襲其術者。〔註38〕其中，又以張良及文、景帝為黃老之術之代表。

〔註33〕《朱子語類》（八）卷一三七，頁 3255。
〔註34〕《朱子語類》（八）卷一三七，頁 3261。
〔註35〕《朱子語類》（八）卷一二五，頁 2996。
〔註36〕《朱子語類》（八）卷一二五，頁 2987。
〔註37〕《二程集》（二）〈河南程氏粹言卷一〉，頁 1180。
〔註38〕關於朱熹對老子治道的批評，參見第二章第二節。

（一）張良之學

對於黃老之徒，朱熹最常論及的即是張良。其言：

> 論三代以下人品皆稱子房、孔明。子房今日說了脫空，明日更無愧色，畢竟只是黃老之學。及後疑戮功臣時，更尋討他不著。（《朱子語類》（八）卷一三五，頁 3221。）

又曰：

> 孟子以後人物，只有子房與孔明。子房之學出於黃老；孔明出於申、韓，如授後主以《六韜》等書與用法嚴處，可見。（《朱子語類》（八）卷一三六，頁 3235。）

朱熹認爲三代以下人物，只有張良與孔明爲代表，然張良尙黃老，孔明尙申、韓。張良之學出於黃老，其「今日說了脫空，明日更無愧色」的狡獪行爲即是黃老之學，而於政治上疑戮功臣之事蹟，亦是運用黃老之術的實際結果。

對於張良，朱熹與程子間有不同的評價，伊川《粹言》中曾言「張良進退出處之際皆有理，蓋儒者也」，〔註39〕仍認可張良爲儒者。然朱熹卻以張良爲黃老數術的代表。弟子曾以此詢問於朱熹，《朱子語類》載：

> 問：「伊川、龜山皆言張良有儒者氣象，先生卻以良爲任數。」曰：「全是術數。」問：「養虎自遺患等事，竊謂機不可失。」曰：「此時便了卻項羽，卻較容易。然項羽已是無能爲，終必就擒也。」（《朱子語類》（四）卷五十二，頁 1242。）

程子與龜山都稱揚張子房爲儒者，但朱熹卻譏其只爲「任數」，且面對弟子的質疑，其仍強調張良之學全是術數。

朱熹堅持對張良的批評，主張「子房皆老氏之學」〔註40〕、「子房全是黃老」，〔註41〕其謂張良思想可謂全是襲自老子權詐之術，《朱子語類》中即云：

> 子房分明是得老子之術，其處己、謀人皆是。（《朱子語類》（八）卷一三五，頁 3222。）

子房的權術不僅運用在處己上，亦運用於謀人處，朱熹又云：

> 大底張良多陰謀，如入關之初，略秦將之爲賈人者，此類甚多。（《朱子語類》（八）卷一三五，頁 3220。）

〔註39〕《二程集》（二）〈河南程氏粹言卷二〉，頁 1236。
〔註40〕《朱子語類》（八）卷一二五，頁 2987。
〔註41〕《朱子語類》（八）卷一三五，頁 3222。

「子房多計數，堪下處下」，〔註42〕張良爲人多謀計，深諳卑下權詐之術，而於政治上的行事，亦多是用陰謀權術，故〈答吳伯豐〉一文中曰「張良之於漢祖，乃智術相投」。〔註43〕依朱熹見解，張良可謂是實踐黃老之術最徹底的人。

然而，雖然朱熹對子房的黃老之術大加批判，但對於子房的評價實非全然低下，朱熹仍認可三代以下或孟子之後，張良、孔明爲人物之代表，又稱「高祖、子房英，項羽雄」，〔註44〕張子房雖爲人多謀計，但畢竟仍是個人物，是個「英」才，其云：

> 大凡做事底人，多是先其大綱，其他節目可因則因，此方是英雄手段。如王介甫大綱都不曾理會，卻纖悉於細微之間，所以弊也。（《朱子語類》（八）卷一二七，頁3042。）

所謂「英雄」者，皆是能做大事者，而要成就大事則必有一些方法手段，能衡量事情的輕重緩急，以掌握做事的先後次序。子房雖行事狡詐，但終究是成就了一番功名事業，在歷史上仍算是個英雄人物。只是英雄人物雖能成就功名事業，卻未必能堅守正道，一些英雄人物即反墜入釋氏異端。〔註45〕因爲，「英雄」是純由外在事功而論，是指能成就一番功業的人物。但能成就外在事功者未必能成就內在修養，若無識「道」的智慧，仍將流入異端邪說，張良即是如此，朱熹曾稱其「資質好」，〔註46〕但習老子之學，偏離正道，而成爲黃老術數之輩。故〈答魏元履〉中謂：

> 子房用智之過，有微近譎處。其小者如躡足之類，其大則挾漢以爲韓而終身不以語人也。（《朱熹集》（四）卷三十九〈答魏元履〉，頁1804。）

因爲用智太過，而近於詭譎，此即是朱熹對張子房的之評論。

（二）漢文、景帝

「黃老」著重在爲君之術，而於歷史上則以漢文、景帝爲代表，《朱子語類》中云：

〔註42〕《朱子語類》（八）卷一三五，頁3222。

〔註43〕《朱熹集》（五）卷五十二〈答吳伯豐〉，頁2591。

〔註44〕《朱子語類》（八）卷一三五，頁3221。

〔註45〕《朱子語類》（八）卷一三二，頁3183。云：「某嘗歎息天下有些英雄人，都被釋氏引將去，甚害事！」

〔註46〕《朱子語類》（八）卷一三五，頁3222。

緣黃老之術，凡事都先退一著做，教人不防他。到得逼近利害，也
便不讓別人，寧可我殺了你，定不容你殺了我。他術多是如此，所
以文、景用之如此。文帝猶善用之，如南越反，則卑詞厚禮以誘之；
吳王不朝，賜以几杖等事。這退一著，都是術數。到他教太子，晁
錯爲家令。他謂太子亦好學，只欠識術數，故以晁錯傅之。到後來
七國之變，弄成一場紛亂。看文、景許多慈祥豈弟處，都只是術數。
然景帝用得不好，如削之亦反，不削亦反。（《朱子語類》（三）卷三
十九，頁 1022。）

此處分析了西漢文、景之治的差別。黃老之術的特點，即是凡事都先退一步，
使人對他鬆懈戒心，但等到利害逼近時，則是「寧可我殺了你，定不容你殺
了我」。此種自私慘酷的謀術是漢初文、景帝時的治世手段，只是文帝善用之，
所以能安撫南越，威嚇諸侯；而景帝不善用之，遂引發七國之禍。朱熹屢謂
文帝「效老子之術」、「文帝好黃老」，文帝雖雜揉黃老與法家兩者，但顯然運
用的技巧較景帝高。朱熹並比較了文帝與景帝的差異，云：

文帝學申、韓刑名，黃老清靜，亦甚雜。但是天資素高，故所爲多
近厚。至景帝以刻薄之資，又輔以慘刻之學，故所爲不如文帝。（《朱
子語類》（八）卷一三五，頁 3224。）

文帝雜揉申、韓刑名之學，與黃老清靜之學，但因天資素高，因此所爲多近
寬厚；而景帝天性刻薄，又行以慘刻之學，因此治績不如文帝。換言之，實
行黃老之術是治或亂？端賴運用者之資質之別，若能以黃老治術輔以寬厚的
手段並行，則亦能達到太平治世，如漢文帝即是此類之佼佼者。

　　黃老之學雖能取天下，漢文、景帝亦創造了漢世的昇平之治，但並非意
指朱熹認可黃老之學有治世之功，因爲能否治世有時是時勢所致。朱熹即曾
與弟子言及「管仲非仁者，卻有仁之功」時曰：

亞夫問：「管仲之心既已不仁，何以有仁者之功？」曰：「如漢高祖、
唐太宗，未可謂之仁人。然自周室之衰，更春秋、戰國以至暴秦，
其禍極矣！高祖一旦出來平定天下，至文、景時幾致刑措。自東漢
以下，更六朝、五胡以至於隋，雖曰統一，然煬帝繼之，殘虐尤甚，
太宗一旦埽除以致貞觀之治。此二君者，豈非是仁者之功耶！若以
其心言之，本自做不得這箇功業。然謂之非仁者之功，可乎？管仲
之功，亦猶是也。」（《朱子語類》（三）卷四十四，頁 1128。）

管仲非仁者，卻能成就「尊王攘夷」的仁者功業，弟子曾對此感到疑惑，朱熹則舉漢高祖與唐太宗兩人爲例，漢高祖與唐太宗皆非仁者，〔註47〕但皆平定了亂世，甚至還建立太平盛世，主要即在於其兩人皆是承自亂世，「大亂之後易治，戰國嬴秦漢初是也。」〔註48〕漢高祖承自殘暴甚極的秦國，唐太宗繼起於殘虐的隋煬帝，民心疲累亟欲安定，因此也就易於治理。文、景帝之治亦是如此，實仍接續於亂世之後。再者，朱熹亦提出「小道易行」的主張，來強調黃老之學終究只爲小道，其言：

> 小道易行，易見效。漢文尚黃老。本朝李文靖便是以釋氏之學致治。
>
> 孔、孟之道規模大，若有理會得者，其致治又當如何！（《朱子語類》
>
> （四）卷四十九，頁1200。）

「小道易行，易見效」，黃老與釋氏之學皆是小道，所以漢文帝及宋代李文靖以此治國，很快即收到功效。漢文帝一方面承其時勢，另一方面以小道快收功效，終於建立漢世太平之治。然黃老終只爲小道，不似孔、孟之道能有大規模，所以雖能很快收到功效，但終非長治久安之道，陸子靜即認爲武帝強過文帝，朱熹亦贊同此說，批評文帝雖爲善人，但「安於此而已」，〔註49〕終究缺乏孔、孟之道的大氣象。

其中，較耐人尋味的是，《朱子語類》卷四十九，在解釋《論語·子張》「雖小道必有可觀章」時，朱熹既以黃老及釋氏之學爲「小道」，但又云「小道不是異端，小道亦是道理，只是小。」〔註50〕兩者似乎前後矛盾。而在《四書章句集注》中，對此句的解釋則爲「小道，如農圃醫卜之屬。」〔註51〕可知朱熹所謂的「小道」應是指「農圃醫卜」之類，此類雖非仁義大道，卻仍是有些道理在。至於老、佛異端則爲邪道，實無道理可言，亦是行不得。然

〔註47〕 朱熹批評漢高祖與唐太宗皆爲自私虛假之人，其言：「漢高祖私意分數少。唐太宗一切假仁借義以行其私。」見《朱子語類》（八）卷一三五，頁3219。

〔註48〕 《朱子語類》（八）卷一三五，頁3219。

〔註49〕 《朱子語類》（八）卷一三五，頁3226。曰：「文帝便是善人，武帝卻有狂底氣象。陸子靜〈省試策〉說武帝強文帝。其論雖偏，亦有此理。文帝資質雖美，然安於此而已。」

〔註50〕 關於此章的詮解，《朱子語類》記載兩條，一爲「小道不是異端，小道亦是道理，只是小。如農圃、醫卜、百工之類，卻有道理在。只一向上面求道理，便不通了。若異端，則是邪道，雖至近亦行不得。」二爲「小道易行，易見效。漢文尚黃老。本朝李文靖便是以釋氏之學致治。孔、孟之道規模大，若有理會得者，其致治又當如何！」

〔註51〕 《論語集注卷十》〈子張第十九〉，見《四書章句集注》，頁188。

理論上雖是如此，但現實中並不盡然，如漢文帝及宋眞宗朝以李沆爲相時，即是以黃老及釋氏治世，而猶有致治之功，故朱熹不得不認可其爲「小道」，爲「易行，易見效」。換言之，站在維護儒家道統的立場時，朱熹對老、佛異端的批評是毫不妥協的；但若是由歷史事蹟而言，朱熹亦無法忽視老、佛對現實社會的影響，而給予某種程度的認同。此由於立場的不同，而有權宜的評價與論述，即是朱熹對異端的基本態度。

第四節　小　結

　　朱熹斥道、釋爲異端之學，批評道、釋二家將性、理分爲二，使性體流爲空虛，既失去心的主宰作用，也無法安頓情的發用。這種體用關係的誤解，使道、釋二家缺乏格物的工夫，產生「有體而無用」的弊病。道、釋二家雖在心性觀上犯了相同的弊病，在經籍思想上也有相互雜揉的現象，但若由義理上來比較，老子的「無」猶勝於佛家的「空」，因爲老子所言的「有、無」，仍是「半截有，半截無」，其目的還是以「保全其身」爲主；但佛家的「空」，以「天地萬物爲幻」，既消解了人身，也否定了人倫義理，故朱熹以人倫危害的程度而言，認爲「禪學最害道」。

　　至於漢代之後所盛行的黃老之學，朱熹視其爲老子權詐之術的末流，張良、漢文帝、漢景帝、揚雄等人皆是此術的實行者，雖「小道易行」，可成就一時的功業，但終究只爲「小道」，而非長治久安之道。由歷史事蹟而言，朱熹無法否定道、釋二家對現實社會的影響，但站在道統觀的立場上，其對二家仍終以「小道」視之。

第六章　對儒、道交鋒之評論──以《易》為中心

　　朱熹對道家的評論，在內容上不離體用的問題；在形式上則多非專論性質，而是散見於書信及說解諸經時引為論證之用，因此要探討朱熹對道家的態度，則須藉由經書與道家思想的比較，以展現朱熹心中道家的形象。朱熹著作中，在論及儒家《大學》、《論語》、《孟子》、《中庸》、《易》、《書》、《詩》、《禮》時，皆提及了道家之說，其中尤為重要者為《易》，朱熹曾言：

> 「潔靜精微」謂之《易》。《易》自是不惹著事，只懸空說一種道理，
> 不似它書便各著事上說。所以後來道家取之與《老子》為類，便是
> 老子說話也不就事上說。（《朱子語類》（五）卷六十七，頁 1663。）

《易》的特色是「不惹著事，只懸空說一種道理」，此是《易》異於他書者，也是其與《老子》相似處。道家的經典向來側重形而上道體的論述，而《易》正是儒家重要的形上經典，書中標示了儒家對宇宙創生的基本立場。

　　魏晉時期以《易》與《老》、《莊》合稱「三玄」，作為儒、道會通的重要依據。宋明理學時儒、道間的對立與融合再度成為時代課題，《易》與儒、道間的關係亦成討論的焦點。朱熹言《易》時，即屢取道家思想以為相較。且朱熹思想中有關理氣二分、宇宙創生等重要主張，即是以《易》之「太極」思想為中心。因此，由《易》與道家思想的比較中，不僅可看出朱熹對道家思想的態度，亦可視為是朱熹對儒、道會通問題的基本立場。

　　朱熹取老、莊之說以說解《易》，但又據《易》以推翻老子道論的創生型態，甚至由此創生型態上的不同，引申出儒道本質上「有、無」的課題。至

於「用」的方面，朱熹認爲道家共同的弊病即是「缺乏工夫」。道家否定人倫事理，不知格物窮理，欠缺具體的道德實踐工夫，終使道家流爲異端之學。但所謂的「工夫」究指爲何？道家的養生之道是否可算是工夫呢？此將於第三節中予以反省探討。

第一節　道體的作用與內容

　　朱熹多以《易》作爲對道家評論的主要依據，其論《易》時屢屢提及老、莊、列、道家、佛、老、黃老，甚至述及道教的《陰符經》，雖只爲引證之用，然其中的稱許貶抑卻各不相同。

一、以老子之「生」爲直貫式的單一演生義

　　朱熹在論述《易》時，屢提及老子思想，其中雖也有取之爲正面的引證者，[註1] 然多數仍爲負面的對比，尤其在論及宇宙創生之型態時，朱熹取《易傳》之創生型態批評老子，並對老子的道論做嚴厲的批判。

　　《老子》第四十二章云：「道生一，一生二，二生三，三生萬物。」以分別層次的方式解析宇宙萬物生化的過程，可謂爲老子宇宙論之代表。朱熹對此說相當重視，多次論及此章，並予以重新的注解，其云：

> 熹恐此「道」字即《易》之太極，「一」乃陽數之奇，「二」乃陰數之偶，「三」乃奇偶之積。其曰「二生三」者，猶所謂二與一爲三也。若直以「一」爲太極，則不容復言「道生一」矣。詳其文勢，與《列

〔註1〕　朱熹取《老子》來正面引證《易》的情形並不多見，《朱子語類》中只有兩起：一爲：「問：『謙是不與人爭，如何五、上二爻皆言「利用侵伐」、「利用行師」？象曰：「利用侵伐，征不服也。」若以其不服而征，則非所以爲謙矣。』曰：『老子言：「大國以下小國，則取小國；小國以下大國，則取大國。」又言：「抗兵相加，哀者勝矣。」孫子曰：「始如處女，敵人開戶；後如脫兔，敵不及拒！」大抵謙自是用兵之道，只退處一步耳，所以「利用侵伐」也。蓋自初六積到六五、上六，謙亦極矣，自宜人人服之。尚更不服，則非人矣，故「利用侵伐」也。如「必也臨事而懼」，皆是此意。』」（《朱子語類》（五）卷七十，頁 1770。）此處引老子之言來論證《易·謙》卦以退爲進的用兵之道。二爲論《易·未濟》卦時曰：「『曳輪濡尾』，是只爭些子時候，是欲到與未到之間。不是不欲濟，是要濟而未敢輕濟。如曹操臨敵，意思安閒，如不欲戰。老子所謂『猶若冬涉川』之象。涉則必竟涉，只是畏那寒了，未敢便涉。」（《朱子語類》（五）卷七十三，頁 1873。）

子》「易變而爲一」之語正同。所謂「一」者，皆形變之始耳，不得
爲非數之一也。(《朱熹集》(三)卷三十七〈答程泰之〉，頁 1666。)

朱熹取《易》爲說明，認爲「道」即爲《易》之太極，而《老子》言「道生
一」，則「道」非爲「一」，道與一爲二物，故釋「一」爲陽數之奇，「二」則
爲陰數之偶，「一」、「二」各自代表著陽、陰之數，而「三」則爲此陰、陽之
數的和。且「形而上者謂之道，形而下者謂之器」，形而上的「太極」是無形
無狀，而陰、陽則爲氣，爲形而下者，故以「一」爲形變之始。如此，則老
子的創生過程即爲「太極──陽之數──陰之數──陰、陽數之和」，朱熹以
《易》的概念對《老子》的道論做了一番重新的詮解，使老子道體的創生過
程成爲包含象數意味的衍生歷程。

　　朱熹對於此章除了詮解之外，並提出了批評，《朱子語類》卷一二五論《老
子》書時即言：

　　　　「道生一，一生二，二生三。」不合說一箇生一箇。(《朱子語類》
　　　　(八)卷一二五，頁 2998。)

又：

　　　　一便生二，二便生四。老子卻說「二生三」，便是不理會得。(《朱子
　　　　語類》(八)卷一二五，頁 2998。)

此兩段爲朱熹對老子創生理論的態度，亦從中透顯出朱熹對道家道論的基本
立場。首先，先分析第一段「不合說一箇生一箇」的批評。朱熹認爲老子對
創生歷程的描述中，用「一箇生一箇」的敘述方式是錯誤的，因爲言「生」
即有先後之別，是將先後二者視爲二物，如此則道與陰陽、有與無皆成爲獨
立二物，而與朱熹所強調的「動、靜無端，陰、陽無始」〔註 2〕、「不可以先
後始終言」〔註 3〕的原則背道而馳。由此看來，朱熹對老子創生過程的批評似
乎是鎖定在此「生」字上，如此是否意味著朱熹所言之創生過程即不運用「生」
一字呢？答案卻是否定的。朱熹雖反對老子用「生」來表述創生過程，但並
非表示朱熹即不用「生」一詞來描述道體的創生作用，相反地，朱熹論《易》

────────────

〔註 2〕　「動、靜無端，陰、陽無始」爲伊川之言，朱熹承繼此說，並於作品中屢屢
　　　　提及。見《二程集》(二)〈河南程氏經說卷第一‧易說〉，頁 1029。
〔註 3〕　《朱子語類》(六)卷九十四，頁 2377。云：「陰、陽本無始，但以陽動陰靜
　　　　相對言，則陽爲先，陰爲後；陽爲始，陰爲終。猶一歲以正月爲更端，其實
　　　　姑始於此耳。歲首以前，非截然別爲一段事，則是其循環錯綜，不可以先後
　　　　始終言，亦可見矣。」

中陰、陽、四象、八卦之理時，即屢屢用「生」來說明，甚至言「一便生二，二便生四。老子卻說『二生三』，便是不理會得。」此處不僅運用「生」一字來表述創生意義，且指出老子的錯誤不在言二「生」三，而在生「三」。其間的差異即牽涉到朱熹對儒、道二家道體的不同認知。

關於《易經》與《易傳》，朱熹認爲是「伏羲畫卦，文王重卦，周公爻辭，孔子繫辭」，〔註4〕《易》爲伏羲所作，本爲卜筮之書，至其本意漸失，始由文王、周公、孔子以發明意旨。〔註5〕故《易·繫辭》是符合周、孔聖人之意旨，而〈繫辭〉中所揭示的「《易》有太極，是生兩儀，兩儀生四象，四象生八卦」〔註6〕的創生型態亦當爲聖人之言，理應受到認可與遵從，《朱子語類》論《易》時不僅承襲此說，甚至強調此「生」一字所包含的先後關係，《朱子語類》載：

> 林黃中來見，論：「『《易》有太極，是生兩儀，兩儀生四象，四象生八卦。』就一卦言之，全體爲太極，內外爲兩儀，內外及互體爲四象，又顛倒取爲八卦。」先生曰：「如此則不是生，卻是包也。始畫卦時，只是箇陰、陽奇耦，一生兩，兩生四，四生八而已。方其爲太極，未有兩儀也，由太極而後生兩儀；方其爲兩儀，未有四象也，由兩儀而後生四象；方其爲四象，未有八卦也，由四象而後生八卦。此之謂生。若以爲包，則是未有太極，已先有兩儀；未有兩儀，已先有四象；未有四象，已先有八卦矣！」（《朱子語類》（五）卷六十七，頁1679。）

《易·繫辭》中言「《易》有太極，是生兩儀，兩儀生四象，四象生八卦」，以「一生兩，兩生四，四生八」〔註7〕爲宇宙創生的型態，且此創生過程是「生」

〔註4〕《朱子語類》（五）卷六十七，頁1646。

〔註5〕《朱子語類》（四）卷六十六，頁1622。云：「《易》本卜筮之書，……想當初伏羲畫卦之時，只是陽爲吉，陰爲凶，無文字。某不敢說，竊意如此。後文王見其不可曉，故爲之作《彖辭》；或占得爻處不可曉，故周公爲之作《爻辭》；又不可曉，故孔子爲之作《十翼》，皆解當初之意。」又云：「八卦之畫，本爲占筮。方伏羲畫卦時，止有奇偶之畫，何嘗有許多說話！文王重卦作《彖辭》，周公作《爻辭》，亦只是爲占筮設。到孔子，方始說從義理去。」

〔註6〕《易·繫辭》云：「是故易有太極，是生兩儀，兩儀生四象，四象生八卦。」見《十三經注疏》（臺北：藝文印書館，1989年）（一）〈周易繫辭上〉，頁156。

〔註7〕此處「一生兩」或作「一生二」，於《朱子語類》卷六十六、卷六十七中二者通用。如「康節也則是一生二，二生四，四生八。」（《朱子語類》（五）卷六十七，頁1648。）又「問：『〈乾彖辭下〉解云：「聖人始畫八卦，三才之道備

而非「包」，朱熹特別說明了所謂的「生」是「方其爲太極，未有兩儀也，由太極而後生兩儀；方其爲兩儀，未有四象也，由兩儀而後生四象；方其爲四象，未有八卦也，由四象而後生八卦。」太極、兩儀、四象、八卦是有先後之別，由前一者而生後一者，未生之前則只有前一者存在。而「包」則是意指太極、兩儀、四象、八卦是同時存在，只有內外之分，而無先後順序之別。朱熹此處特別指出了宇宙創生的過程是「生」，是先後生成的，而非並時存在的「包」。

　　由上可知，《老子》和《易傳》的創生型態，皆同是言「一箇生一箇」的敘述方式，然朱熹對其兩者的評價卻大爲不同，究其原因，實非在言「一箇生一箇」述敘方式上，而是在此「生」所代表的型態上。其云：

> 太極之義，正謂理之極致耳。有是理即有是物，無先後次序之可言。故曰「《易》有太極」，則是太極乃在陰、陽之中，而非在陰、陽之外也。……有是理即有是氣，氣則無不兩者。故《易》曰「太極生兩儀」，而老子乃謂道先生一，而後一乃生二，則其察理亦不精矣。（《朱熹集》（三）卷三十七〈答程可久〉，頁1660。）

老子的錯誤即在言「道生一，一生二」，朱熹認爲老子言「道生一」則道與一爲二，「一」既非「道」，故釋「一」爲「陽」之數，「二」爲陰之數，如此，則「一」與「二」成爲陽、陰所代表的「數」，道與陰、陽三者遂成先後三者，「道生一，一生二」亦成爲具有象數意味的創生型態。

　　朱熹主張《易》的變化就是陰、陽的變化，所以「《易》有太極」是強調太極在陰、陽之中，而非在陰、陽之外；「太極生兩儀」則是著重在有理則有氣，「氣則無不兩者」的特性。故「陰、陽雖是兩箇字，然卻只是一氣之消長」〔註8〕、「陰、陽動靜，又各互爲其根」〔註9〕陰、陽是互依不離的。而反觀《老

矣。因而重之，以盡天下之變，故六畫而成卦。」據此說，卻是聖人始畫八卦，每卦便是三畫，聖人因而重之爲六畫。似與邵子一生兩，兩生四，四生八，八生十六，十六生三十二，三十二生六十四，爲六畫，不同。』曰：『程子之意，只云三畫上疊成六畫，八卦上疊成六十四卦，與邵子說誠異。蓋康節此意不曾說與程子，程子亦不曾問之，故一向只隨他所見去。但他說「聖人始畫八卦」，不知聖人畫八卦時，先畫甚卦？此處便曉他不得。』」（《朱子語類》（五）卷六十七，頁1651。）

〔註8〕　《朱子語類》（五）卷七十四，頁1879。

〔註9〕　《朱子語類》（三）卷三十二，頁823。此語承自周敦頤《太極圖說》：「一動一靜，互爲其根；分陰分陽，兩儀立焉。」此處據曹端《太極圖說述解》所

子》言「一生二」，由陽生陰，則誤分陰、陽爲先後之別。此違背了《易傳》中「太極生兩儀」的創生形式，〈繫辭〉中只言的「一生二」，「一」指太極、即是道，「二」則爲陰、陽二者。老子多言「道生一」一句，使得老子所言的「一」異於《易傳》之「一」，而朱熹取《易》之象數解老子「道生一，一生二，二生三」一句，遂使老子的創生作用成爲「道──陽──陰」的型態，宇宙創生的過程中，陰、陽間只成爲直線單一的生化過程，違背了陰、陽互爲其根的原則。由於《老子》多了「道生一」一句，使「一」的定義不等同於理而只爲氣，所謂的「生」亦只成爲直貫式的單一演生義，〔註10〕此不僅與《易》的創生型態不同，亦與「動、靜無端，陰、陽無始」的主張背道而馳。

二、以《易傳》之創生型態批評《老子》

除此之外，朱熹更進一步取《易》的創生型態批評《老子》之「二生三」。《朱子語類》言「一便生二，二便生四。老子卻說『二生三』，便是不理會得。」〔註11〕其認爲創生的過程應爲「一生二，二生四」，老子言「二生三」即是錯誤。此處，朱熹所依據的即是《易·繫辭》所標示出的「太極生兩儀，兩儀生四象，四象生八卦」，亦即是「一生二，二生四」的創生型態，其詮解《易傳》此句云：

> 問「《易》有太極，是生兩儀，兩儀生四象，四象生八卦」。曰：「此太極卻是爲畫卦說。當未畫卦前，太極只是一箇渾淪底道理，裏面包含陰、陽、剛柔、奇耦，無所不有。及各畫一奇一耦，便是生兩儀。再於一奇畫上加一耦，此是陽中之陰；又於一奇畫上加一奇，此是陽中之陽，又於一耦畫上加一奇，此是陰中之陽；又於一耦畫上加一耦，

載之原文，見《四庫全書》，頁 697-8。

〔註10〕此處言《老子》爲「直貫式的單一演生義」是參考牟宗三之語，牟氏於《心體與性體》中論述《太極圖說》時言：「『太極動而生陽』，或『靜而生陰』，亦不可表面地徒順其字面之次序而空頭地視爲外在之直線的宇宙演化而解之。若如此，則鮮能得其實義。此種動而生陽或靜而生陰，其實義毋寧是本體論的妙用義，而不是直線的宇宙論的演生義。即或有宇宙論的演生義，亦應統攝於本體論的妙用中而體會之，如此方能相應儒家形上之智慧（『維天之命於穆不已』之智慧）而不迷失。」見《心體與性體》（一）（臺北：正中書局，1968 年），頁 362。

〔註11〕《朱子語類》（八）卷一二五，頁 2998。

此是陰中之陰，是謂四象。所謂八卦者，一象上有兩卦，每象各添一
　奇一耦，便是八卦。」（《朱子語類》（五）卷七十五，頁 1929。）

「太極」即是「道」，是指未化分卻無所不包的「渾淪」狀態；「太極」生「兩
儀」，也就是陰、陽二爻，表現在卦象上爲一奇一耦；陰、陽兩儀又再各生出
一陰一陽，即爲「四象」；四象上又再各生陰、陽兩爻，則爲「八卦」，也就
是「坎、震、坤、兌、巽、離、艮、乾」八者。〔註12〕

　　此「太極生兩儀，兩儀生四象，四象生八卦」的創生型態，不僅爲《易》
系統中形上道體的精華，〔註13〕亦可謂爲儒家宇宙創生歷程之代表。《朱子語
類》即謂：

　　問《易》。曰：「聖人作《易》之初，蓋是仰觀俯察，見得盈乎天地
　之間，無非一陰一陽之理；有是理，則有是象；有是象，則其數便
　自在這裏，非特《河圖》、《洛書》爲然。蓋所謂數者，祇是氣之分
　限節度處，得陽必奇，得陰必偶，凡物皆然，而《圖》、《書》爲特
　巧而著耳。於是聖人因之而畫卦，其始也只是畫一奇以象陽，畫一
　偶以象陰而已。但纔有兩，則便有四；纔有四，則便有八；又從而
　再倍之，便是十六。蓋自其無朕之中而無窮之數已具，不待安排而
　其勢有不容已者。（《朱子語類》（五）卷六十七，頁 1646。）

《易》是聖人觀察天地之理所作，而天地之理不外陰、陽二字，「天地之間，
無往而非陰、陽，一動一靜，一語一默，皆是陰、陽之理。」〔註14〕故《易》
之綱領只是陰、陽，〔註15〕《易》的變化亦只是陰、陽的變化。〔註16〕而「有

〔註12〕《朱子語類》（五）卷七十五，頁 1929。云：「明之問『《易》有太極，是生兩
　　　儀，兩儀生四象，四象生八卦』。曰：『「《易》有太極」，便有箇陰、陽出來，
　　　陰、陽便是兩儀。儀，匹也。「兩儀生四象」，便是一箇陰又生出一箇陽，▬▬
　　　是一象也；一箇陽又生一箇陰，▬▬ 是一象也；一箇陰又生一箇陰，▬▬ 是
　　　一象也；一箇陽又生一箇陽，▬▬ 是一象也，此謂四象。「四象生八卦」，是
　　　這四箇象生四陰時，便成坎震坤兌四卦，生四箇陽時，便成巽離艮乾四卦。』」
〔註13〕《朱子語類》（五）卷七十七，頁 1975。言：「『《易》有太極，是生兩儀，兩
　　　儀生四象，四象生八卦』，這是《易》之精。」
〔註14〕《朱子語類》（四）卷六十五，頁 1604。
〔註15〕《朱子語類》中論《易‧綱領》時，屢謂「《易》，只消道『陰、陽』二字括
　　　盡。」（《朱子語類》（四）卷六十五，頁 1605。）「《易》只是箇陰、陽。」（《朱
　　　子語類》（四）卷六十五，頁 1605。）「若喚做『易』，只一字便了。易是變易，
　　　陰、陽無一日不變，無一時不變。莊子分明說『《易》以道陰、陽』。要看易，
　　　須當恁地看，事物都是那陰、陽做出來。」（《朱子語類》（五）卷七十四，頁

是理，則有是象；有是象，則其數便自在這裏」，象數是用以表徵陰、陽之理。陰、陽的變化是兩兩互生的，所以其象數亦是以「倍之」〔註17〕的形式衍化，因此「一生二」，而「二」當生爲「四」。此「太極——兩儀——四象」的「一生二，二生四」的創生過程，正是天地本然之妙化。朱熹云：

> 然伏羲當初，也只見太極下面有陰、陽，便知是一生二，二又生四，四又生八，恁地推將去，做成這物事。（《朱子語類》（四）卷六十六，頁1624。）

又云：

> 自一爲二，二爲四，四爲八，八爲十六，十六爲三十二，三十二爲六十四。既成箇物事，便自然如此齊整。皆是天地本然之妙元如此，但略假聖人手畫出來。（《朱子語類》（四）卷六十五，頁1605。）

此「一生二，二生四，四生八」的衍生型態並非是聖人有意如此整齊的排列，而是天地間本然之妙化，只是假借伏羲之手而呈現出。因此，老子言「二生三」即是違反此「一生二，二生四」的自然創生原則，是對道體「不理會得」。

關於此「二生四」的衍生方式，朱熹更進一步取邵雍和程顥之說爲例，以強調《易》所標示的「加一倍法」。其云：

> 「《易》有太極，是生兩儀。兩儀生四象，四象生八卦。」熹竊謂此一節乃孔子發明伏羲畫卦自然之形體次第，最爲切要，古今說者惟康節、明道二先生爲能知之。故康節之言曰：「一分爲二，二分爲四，四分爲八，八分爲十六，十六分爲三十二，三十二分爲六十四，猶根之有幹，幹之有枝，愈大則愈少，愈細則愈繁。」而明道先生以爲加一倍法，其發明孔子之言又可謂最切要矣。（《朱熹集》（三）卷三十七〈與郭沖晦〉，頁1653。）

1895。）「大抵《易》只是一箇陰、陽奇耦而已，此外更有何物？」（《朱子語類》（五）卷七十五，頁1932。）

〔註16〕《朱子語類》（五）卷七十六，頁1961。云：「《易》只是一陰一陽，做出許多樣事。」

〔註17〕《朱子語類》（五）卷七十五，頁1915。云：「卦雖八而數須十。八是陰、陽數，十是五行數。一陰一陽便是二，以二乘二便是四，以四乘四便是八。五行本只是五而有是十者，蓋一箇便包兩箇：如木便包甲乙，火便包丙丁，土便包戊己，金便包庚辛，水便包壬癸，所以爲十。」相似之言亦見於《朱子語類》（五）卷六十七，頁1647。此兩處都標示出陰、陽之衍生爲「一陰一陽便是二；以二乘二便是四；以四乘四便是八。」的「加一倍」法。

朱熹極稱讚《易傳》此種創生型態，認爲此是孔子闡揚伏羲畫卦之理而成，能符合天地自然之次第的聖人之旨。由古迄今，解《易》者眾，然惟邵雍的「先天學」及程顥的「加一倍法」能切合其旨。〔註18〕

邵雍據《周易》及道教思想作〈先天八卦圖〉，〔註19〕勾勒出宇宙結構的簡單圖式而建立其象數之學的系統，其用八卦的方位與六十四卦次的排比，來說明萬物的創生與人事的變化，《皇極經世書》言：

> 太極既分，兩儀立矣。陽下交於陰，陰上交於陽，四象生矣。陽交於陰，陰交於陽，而生天之四象；剛交於柔，柔交於剛，而生地之四象，於是八卦成矣。八卦相錯，然後萬物生焉，是故一分爲二，二分爲四，四分爲八，八分爲十六，十六分爲三十二，三十二分爲六十四。〔註20〕

邵氏根據《易傳》提出了「先天四象」的象數之說，並說明宇宙的創生是「一分爲二，二分爲四，四分爲八」的演化過程，此處用「分」不用「生」，強調了「一分化爲二」的創生原理。朱熹和呂祖謙合編的《近思錄》中，因認爲邵雍與道家的關係頗有淵源，故視其非理學正統，而棄之不採，〔註21〕但言

〔註18〕　《朱子語類》云：「康節之數，則是加倍之法。」（《朱子語類》（七）卷一百，頁2546。）又「季通嘗云：『康節若做，定是四公、八辟、十六侯、三十二卿、六十四大夫，都是加倍法。』想得是如此。」（《朱子語類》（七）卷一百，頁2543。）康節「先天學」所言之數實爲「加倍法」，與程顥之「加一倍法」相同。

〔註19〕　朱熹認爲邵康節之《易》學是出於道家之徒。《朱子語類》（五）卷六十七，頁1648，言：「康節《易》數出於希夷。他在靜中推見得天地萬物之理如此，又與他數合，所以自樂。今《道藏》中有此卦數。」

〔註20〕　邵雍：《皇極經世書》（臺北：廣文書局，1988年）〈觀物外篇上〉，頁320。

〔註21〕　邵雍與二程同居洛邑，交往甚密，然因康節長於數學，不甚喜說，程子嘗謂其「堯夫之學，先從理上推意，言象數言天下之理，須出於四者，……其爲人則直是無禮不恭，惟是侮玩，雖天理亦爲之侮玩。」（《二程集》（一）〈河南程氏遺書卷第二上〉，頁45。）康節於道學上有所得，但「無禮不恭極甚」。（《二程集》（一）〈河南程氏遺書卷第二上〉，頁32。）故朱熹《洛伊淵源錄》即以康節與二程異趣而不取之。《近思錄》中於北宋五子亦只採周敦頤、張載、程頤、程顥四子而不採邵雍。陳榮捷更進一步解釋云：「朱子之所以棄邵子而不採者，無非以其理數之學得自李之才，而李之才得自道士陳摶，道家氣味過濃。邵子雖云『天下之數出於理』，然理只是背境而已。邵子又少談仁義，故不入理學正統。」據陳氏《朱學論集》〈朱子評老子與論其與「生生」觀念之關係〉，頁100。

《易》及象數時，卻多取邵雍之說。〔註22〕邵雍之學是於數中見理，其數簡
言之則爲「一生二，二生四，四生八」，〔註23〕此是闡述《易》而作，朱熹云：

> 《先天》乃伏羲本圖，非康節所自作。雖無言語，而所該甚廣。凡
> 今《易》中一字一義，無不自其中流出者。《太極》卻是濂溪自作，
> 發明《易》中大概綱領意思而已。故論其格局，則《太極》不如《先
> 天》之大而詳；論其義理，則《先天》不如《太極》之精而約。蓋
> 合下規模不同，而《太極》終在《先天》範圍之內，又不若彼之自
> 然，不假思慮安排也。若以數言之，則《先天》之數自一而二，自
> 二而四，自四而八，以爲八卦；《太極》之數亦自一而二，自二而四，
> 遂加其一，以爲五行，而遂下及於萬物。蓋物理本同而象數亦無二
> 致，但推得有大小詳略耳。（《朱熹集》（四）卷四十六〈答黃直卿〉，
> 頁2253。）

朱熹對《先天》與《太極》二書多所尊崇，認爲《先天圖》乃伏羲自作，由
邵雍詮解；而《太極圖》則爲周敦頤自作。其並比較了兩書之差別，其中就
象數而言，《先天》之數「自一而二，自二而四，自四而八」；《太極》之數則
「自一而二，自二而四，遂加其一，以爲五行」，一爲八卦，一爲五行，但「物
理本同而象數亦無二致，但推得有大小詳略耳」，所不同的只是詳略的差別，
其理終無二致。其中值得注意的是，《先天圖》是伏羲本圖，是爲聖人遺旨，
故「自一而二，自二而四，自四而八」始爲聖人所標示的象數之理；雖然周
敦頤據其理而依詳略之異，可改「八卦」爲「五行」，但顯然前半段「自一而
二，自二而四」之數並無法輕易更動。至於程顥的「加一倍法」今於《二程
遺書》並未見得，或與之前朱熹所言的「倍之」意相似。

　　綜上所述，朱熹對《老子》道論方面，尤其是創生型態上的詮解與批評，

〔註22〕《朱子語類》中言康節：「蓋理在數內，數又在理內。康節是他見得一箇盛衰
　　　　消長之理，故能知之。」（《朱子語類》（七）卷一百，頁2546。）「某看康節
　　　　《易》了，都看別人底不得。他說『太極生兩儀，兩儀生四象』，又都無玄妙，
　　　　只是從來更無人識。」（《朱子語類》（七）卷一百，頁2545。）「康節以四起
　　　　數，疊疊推去，自《易》以後，無人做得一物如此整齊，包括得盡。想他每
　　　　見一物，便成四片子。但才到二分以上便怕，乾卦方終，便知有箇姤卦來。
　　　　蓋緣他於起處推將來，至交接處看得分曉。」（《朱子語類》（七）卷一百，頁
　　　　2546。）朱熹仍是認可其於象數之學上的成就。
〔註23〕《朱子語類》（五）卷六十七，頁1648。云：「康節也則是一生二，二生四，
　　　　四生八。」或言「一分爲二」與「一生二」，其意皆同。

皆是依據《易傳》「太極生兩儀，兩儀生四象，四象生八卦」以立論。「一生二，二生四，四生八」的創生型態本是源於《易傳》，是藉著卦爻象數，以說明「太極生陰、陽兩儀，再生四象、八卦」的宇宙創生之過程；而「一生二，二生三」則是老子的創生型態，由無形的道，創生陰、陽萬物的歷程，此間並不牽涉到象數的問題，因爲四象八卦的問題是屬於《易》的系統。老子爲道家之代表人物，其道論爲道家的基本思想；而《易》則爲儒家形上道論之表徵，所標示的創生型態可視爲儒家對宇宙創生的基本態度，以邵雍、程顥來強調重要性，亦只是於儒家系統中立論。換言之，《老子》所言的「道生一，一生二，二生三，三生萬物。」與《易》所言的「太極生兩儀，兩儀生四象，四象生八卦。」本是兩種不同的創生型態，亦各自代表了道家與儒家對宇宙創生的解釋。朱熹一方面對《老子》予以重新詮解，賦予《老子》象數之意義，另一方面又依《易》象數之系統對《老子》提出批評與反駁，不啻是以儒家系統來質疑道家系統，終只是以儒家本位來立論，而非持平之論。

三、取《莊》解《易》

朱熹論《易》時，多次引及莊子語，包括論《易》的綱領，及《易》卦象兩方面。且與老子相較，取莊子處則多作爲正面的引證，朱熹嘗稱許莊子對道體的形容是有見處，與《易》所言之儒家道體相合。

（一）論《易》之綱領——「易以道陰、陽」

首先，最常提及的，即是以「《易》以道陰、陽」爲《易》之綱領。朱熹論《易》首重陰、陽，其曰「《易》，只消道『陰、陽』二字括盡。」，〔註24〕「《易》只是一陰一陽，做出許多般樣。」〔註25〕《易》的變化即是陰、陽的變化。朱熹以「陰、陽」二字來總括《易》的意旨，故《朱子語類》論《易》之綱領時，以「陰、陽」爲首，並屢提及《莊子》「《易》以道陰、陽」之語。「《易》以道陰、陽」一句，出於《莊子·天下》，〔註26〕篇中論及儒家經典《詩》、《書》、《禮》、《樂》、《易》、《春秋》六經，並各以一句來概括其要旨，

〔註24〕《朱子語類》（四）卷六十五，頁 1605。

〔註25〕《朱子語類》（四）卷六十五，頁 1606。

〔註26〕《莊子集釋》〈天下〉，頁 1067，云：「《詩》以道志，《書》以道事，《禮》以道行，《樂》以道和，《易》以道陰、陽，《春秋》以道名分。其數散於天下而設於中國者，百家之學時或稱而道之。」

其中「《易》以道陰、陽」正是說明《易》的義旨。朱熹極力贊揚此句,並多次襲用此句以論《易》之綱領,僅《朱子語類》中即出現過五次。如謂:

> 《易》只是箇陰、陽。莊生曰「《易》以道陰、陽」,亦不爲無見。如奇耦、剛柔,便只是陰、陽做了《易》。等而下之,如醫技、養生家之說,皆不離陰、陽二者。魏伯陽《參同契》,恐希夷之學,有些自其源流。(《朱子語類》(四)卷六十五,頁1605。)

又云:

> 《易》不離陰、陽,千變萬化,只是這兩箇。莊子云:「《易》道陰、陽。」他亦自看得。(《朱子語類》(四)卷六十六,頁1628。)

又:

> 如說「《易》以道陰、陽,《春秋》以道名分」等語,後來人如何下得!它直是似快刀利斧劈截將去,字字有著落。(《朱子語類》(八)卷一二五,頁2989。)

朱熹多次稱贊莊子所說「《易》以道陰、陽」是「不爲無見」、「亦自看得」,且認爲莊子此語「字字有著落」,非後人所能比,此處對於莊子可謂是讚譽有加。

「陰、陽」的觀念最早見於史官對天地自然現象的解釋,在《周易》卦爻辭中尙無陰、陽對舉之辭,後來隨著陰、陽學說的發展,後人始取之解《易》。至道家莊子時以「陰、陽」爲主要思想,[註27]《易‧繫辭》中亦以陰、陽爲道體的主要內容。北宋時,周敦頤《太極圖說》屢以「陰、陽」釋「太極生兩儀」的觀念,再經由北宋五子及朱熹的闡發,陰、陽一詞已儼然成爲中國思想中本體概念的重要內容。今朱熹以陰、陽爲《易》之義理綱要,並多次贊揚莊子「《易》以道陰、陽」一語,是對莊子道體上的極大認可。

(二)取《莊》解《易》之卦象

〔註27〕陳鼓應在《易傳與道家思想》一書中特別強調陰、陽之說在《莊子》書中占有極大的重要性,而「陰、陽」一詞也在《莊子》書中成爲一重要的思想概念。其言:「做過史官的老子曾概括地說過:『萬物負陰而抱陽』,同時代的孫子及范蠡也都運用陰、陽概念解釋自然及社會現象,但都十分具體。而孔子和孟子都不談陰、陽,與此相反,與孟子同時而學本老子的莊子則極爲重視陰、陽的概念。內七篇中,『陰、陽』一詞出現了四次,《莊子》全書則出現了二十多次。」見陳鼓應《易傳與道家思想》(臺北:臺灣商務印書館,1994年),頁113。

　　朱熹認爲莊子不僅識得《易》之綱領，在論《易》之卦辭時，朱熹也常取莊子語以爲說解，如論《周易・艮》卦中言：

> 問：「艮之象，何以爲光明？」曰：「定則明。凡人胸次煩擾，則愈見昏昧；中有定止，則自然光明。莊子所謂『泰宇定而天光發』是也。」（《朱子語類》（五）卷七十三，頁 1851。）

「泰宇定而天光發」出於《莊子・庚桑楚》，是形容當心能靜定時，則能發心照物，所發出者是自然之天光。〔註 28〕朱熹曾言「艮卦是箇最好底卦」，〔註 29〕因爲「動靜不失其時，其道光明」、「剛健篤實輝光，日新其德」皆是〈艮〉之卦象。而爲了說解此〈艮〉卦光明卦象之所由，遂取莊子語以爲說解。

　　朱熹論《周易・復》卦時又曰：

> 「十月坤卦皆純陰。自交過十月節氣，固是純陰，然潛陽在地下，已旋生起來了。……陽生時，逐旋生，生到十一月冬至，方生得就一畫陽。這一畫是卦中六分之一，全在地下；二畫又較在上面則箇；至三陽，則全在地上矣。四陽、五陽、六陽，則又層層在上面去。不解到冬至時便頓然生得一畫，所以莊子之徒說道：『造化密移，疇覺之哉？』」又曰：「一氣不頓進，一形不頓虧，蓋見此理。陰、陽消長亦然。如包胎時十月具，方成箇兒子。」（《朱子語類》（五）卷七十一，頁 1788。）

又云：

> 陽無驟生之理……不是昨日全無，今日一旦便都復了，大抵剝盡處便生。莊子云：「造化密移，疇覺之哉？」這語自說得好。又如列子亦謂：「運轉無已，天地密移，疇覺之哉？」凡一氣不頓進，一形不頓虧，亦不覺其成，不覺其虧。蓋陰、陽浸消浸盛，人之一身自少至老，亦莫不然。（《朱子語類》（五）卷七十一，頁 1789。）

此處引及《莊子》及《列子》之語，以說明「易」，亦即是陰、陽的變化是於潛冥中漸化，非耳目所能察覺。其中「造化密移，疇覺之哉？」一句，於今

〔註 28〕《莊子集釋》〈庚桑楚〉，頁 791，曰：「宇泰定者，發乎天光。」郭象注曰：「夫德宇泰然而定，則其所發者天光耳，非人耀。」成玄英疏曰：「德宇安泰而靜定者，其發心照物由乎自然之智光。」

〔註 29〕《朱子語類》（五）卷七十三，頁 1851。云：「艮卦是箇最好底卦。『動靜不失其時，其道光明』。又，『剛健篤實輝光，日新其德』，皆艮之象也。艮居外卦者八，而皆吉。」

本《莊子》一書中並未出現；而「運轉無已，天地密移，疇覺之哉？」一句則是出於《列子‧天瑞》，﹝註30﹞其後「凡一氣不頓進，一形不頓虧，亦不覺其成，不覺其虧。」亦是出於《列子‧天瑞》。﹝註31﹞朱熹曾言「莊子全寫列子」，﹝註32﹞對於莊、列的傳承，朱熹認為是列子在前，莊子則是承老子、列子的思想再發揮，所以此處莊、列並論，仍可視為與莊子的思想相合。

朱熹對《易》多所著力，曾撰有《周易本義》、《易學啟蒙》等書。魏晉以降，說《易》者多由義理上探求，但朱熹認為讀《易》必須先明本意，乃可推說，其曰：

> 《易》所以難讀者，蓋《易》本是卜筮之書。今卻要就卜筮中推出講學之道，故成兩節工夫。(《朱子語類》(四) 卷六十六，頁 1626。)

《易》的本義只為卜筮，時人強推說義理，遂使《易》深奧難讀。朱熹對當時言《易》者棄卜筮而專講義理的學風甚為不滿，其云：

> 近世言《易》者，直棄卜筮而虛談義理，致文義牽強無歸宿，此弊久矣。要須先以卜筮占決之意求《經》文本義，而復以《傳》釋之，則其命詞之意，與其所自來之故，皆可漸次而見矣。(《朱熹集》(九) 別集卷三〈孫季和〉，頁 5398。)

朱熹教人讀《易》，須先求《經》文本意，再以《傳》來釋之，也就是先將之視為卜筮之書以究其卦象、卦辭，然後再推其義理。若棄卜筮而專求義理，不僅失其本指，也易流為鑿空強說。故朱熹論《易》首重卦爻辭的說解，其並以此批評程子之書「失《易》之本指」，《朱子語類》云：

> 《易》本因卜筮而有象，因象而有占，占辭中便有道理。……故聖人為《彖辭》、《象辭》、《文言》，節節推去，無限道理，此程《易》所以推說得無窮。然非《易》本義也。先通得《易》本指後，道理儘無窮，推說不妨。若便以所推說者去解《易》，則失《易》之本指矣。(《朱子語類》(五) 卷六十八，頁 1695。)

﹝註30﹞ 《列子集釋》卷第一〈天瑞篇〉(臺北：華正書局，1987 年)，頁 29。其文為：「粥熊曰：『運轉亡已，天地密移，疇覺之哉？故物損於彼者盈於此，成於此者虧於彼。損盈成虧，隨世隨死。往來相接，間不可省，疇覺之哉？凡一氣不頓進，一形不頓虧；亦不覺其成，亦不覺其虧。亦如人自世至老，貌色智態，亡日不異；皮膚爪髮，隨世隨落，非嬰孩時有停而不易也。間不可覺，俟至後知。』」

﹝註31﹞ 同上註。

﹝註32﹞ 《朱子語類》(八) 卷一二五，頁 2991。

《易》本爲卜筮之書，由卦象以判吉凶，所以《易》理之基礎，是建立在此卦象上，讀《易》者須先求卦象卦辭，以明其本指。至於義理的推說，則必須是明白本指後，再「推說不妨」。此處可見，朱熹對《易》的義理推衍雖不反對，但基本上仍是以卦象辭爲重，因爲由義理上說《易》，已非《易》的本指。因此，批評伊川《易傳》雖義理精，但與本義不相合，故仍有未盡處。〔註33〕其反對程子《易》說，甚至形成與二程之學對立之情形。〔註34〕朱熹思想多承二程而來，但對《易》學有其獨特的創見與堅持，可見朱熹對《易》的重視。而朱熹屢屢稱許莊子見得《易》的本旨，並多次取《莊子》語以說解卦象，其意義也就更爲重大。

第二節　「有、無」課題的提出

　　朱熹取《易》做爲儒、道對比的著力點，一方面以《易》的創生型態批評老子，另一方面亦作爲莊子見得道體的證明。實則老、莊論理的風格本自不同，老子「猶自守箇規模子去做」，〔註35〕其論理有其條理架構，尤其對道體的創生作用與型態，亦建構了一套完整的理論系統，故可與儒家《易傳》的說法做比較；而莊子「將許多道理翻說，不拘繩墨」，〔註36〕敘述的方式跌蕩虛遠，論理之脈絡難尋，亦難以做一專題式的對比，因此朱熹對莊子的論述，只能鎖定在道體的形容上，做一籠統且隨機式的評論，再加上對於道體

〔註33〕　朱熹思想多承自二程，但對於伊川《易傳》，卻多所批評，《朱子語類》云：「伊川《易傳》亦有未盡處，當時康節傳得數甚佳，卻輕之不問。」（《朱子語類》（五）卷六十七，頁 1653。）又：「《易傳》義理精，字數足，無一毫欠闕。……只是於本義不相合。《易》本是卜筮之書，卦辭爻辭無所不包，看人如何用。程先生只說得一理。」（《朱子語類》（五）卷六十七，頁 1651。）

〔註34〕　周予同認爲「程、朱之《易》學，雖均屬與漢《易》對峙之宋《易》；然程爲宋《易》中之義理派，而朱則爲宋《易》中之象數派，二人之立場固自不同。……在熹之本意，或以爲程頤《易傳》偏於義理，故濟以象數，以維持其哲學上之調和統一的態度；殊不知學術上有絕不能調和統一者，於是程、朱之《易》學陷於敵派之嫌，此實非朱熹初意所及料也。」見《周予同經學史論著選集》〈朱熹〉第四章（上海：上海人民出版社，1983 年），頁 151。李學勤〈孔子朱子論《易》異同〉一文中亦贊同此說，其認爲「他（指朱熹）不滿于程氏《易傳》的，只在其所論義理完全脫離卜筮。」此文收於《朱子學刊》第二輯（福建：福建人民出版社，1990 年），頁 25。

〔註35〕　《朱子語類》（四）卷六十三，頁 1540。

〔註36〕　《朱子語類》（八）卷一二五，頁 2989。

的描述，儒、道兩家並無極大的差別，相形之下，朱熹對莊子的評價顯然就較爲正面。

儒、道二家雖於道體的描述上無甚大差異，但本質上卻有很大的不同，尤其是儒家之「實理」與道家之「無理」大不相同，〔註 37〕此亦是道家被斥爲異端之所在。朱熹藉《易傳》與《老子》相比，以說明儒、道創生過程上的差異，並以此批評道家異端於道體上的謬誤。同樣的情形，亦見於「有、無」的課題上。朱熹取《易》與《老子》中關於「有、無」的相關論述，來說明儒、道二家本質上的差異。

一、朱熹所言周子之「有、無」

朱熹言「《易》不言有無。老子言『有生於無』便不是。」〔註 38〕又言「老氏之言有、無，以有、無爲二；周子之言有、無，以有、無爲一，正如南北水火之相反。」〔註 39〕顯然，老子「有、無」觀的錯誤不是在於言「有、無」，而是言「有生於無」，以有、無爲二。朱熹取《易》與周敦頤《太極圖說》以批評老子的「有、無」說。

取周敦頤與老子相較，主要見於朱熹與陸象山對於周敦頤《太極圖說》「無極而太極」一句的論辯中。〔註 40〕朱熹認爲「然曰『無極而太極』、『太極本無極』，則非無極之後別生太極，而太極之上先有無極也……與老子所謂物生於有，有生於無，而以造化爲眞有始終者正南北矣」，〔註 41〕強調「無極而太極」中「無極」與「太極」是無先後次序始終之別，故「有」、「無」爲一；

〔註 37〕《朱子語類》云：「儒、釋言性異處，只是釋言空，儒言實；釋言無，儒言有。」（《朱子語類》（八）卷一二六，頁 3015。）又云：「謙之問：『佛氏之空，與老子之無一般否？』曰：『不同，佛氏只是空豁豁然，和有都無了，所謂「終日喫飯，不曾咬破一粒米；終日著衣，不曾掛著一條絲」。若老氏猶骨是有，只是清淨無爲，一向恁地深藏固守，自爲玄妙，教人摸索不得，便是把有無做兩截看了。』」（《朱子語類》（八）卷一二六，頁 3011。）儒言實，老言無，釋言空，爲儒、道、釋三家理論之特色。

〔註 38〕《朱子語類》（八）卷一二五，頁 2998。

〔註 39〕《朱熹集》（三）卷三十六〈答陸子靜〉，頁 1579。

〔註 40〕關於朱、陸有關「無極而太極」的爭辯主要針對三點：一爲〈太極圖說〉是否爲周子所作。二爲「無極」一詞來自《老子》，故爲老氏之學。三爲「極」字之義。詳細的論述可參見牟宗三《心體與性體》（一），頁 404～413；唐君毅《中國哲學原論‧導論篇》，頁 419～438；及陳榮捷《朱熹》，頁 39～50。

〔註 41〕《朱熹集》（四）卷四十五〈答楊子直〉，頁 2154。

而老子言「有生於無」，則「無」先於「有」，「有」、「無」爲二。朱熹以「有、無無始終」的原則，來批評老子「有生於無」一句是以無先於有。

朱熹以周敦頤之「太極」與「無極」對比於老子之「有」與「無」。「無極」一詞出於《老子》，「太極」一詞則是出於《莊子》。「無極」與「太極」本皆源於道家學說，但周敦頤援引此二詞立論，朱熹認爲周氏所言與道家並不相同，其曰：

> 周子所謂無，果是虛空斷滅，都無生物之理耶？……老子「復歸於無極」，「無極」乃無窮之義。如莊生「入無窮之門，以遊無極之野」云爾，非若周子所言之意也。今乃引之，而謂周子之言實出於彼，此又理有未明，而不能盡乎人言之意者。（《朱熹集》（三）卷三十六〈答陸子靜〉，頁1576。）

周敦頤所謂的「無」並非是虛空斷滅，無生物之理，此與老子的以「無窮」釋「無極」及莊子之說皆不盡相同。朱熹反對「周敦頤之言出於老、莊」的說法，其極力劃清周氏「無極」一意與道家間的關係，云：

> 周子所以謂之「無極」，正以其無方所，無形狀，以爲在無物之前，而未嘗不立於有物之後；以爲在陰、陽之外，而未嘗不行乎陰、陽之中；以爲通貫全體，無乎不在，則又初無聲臭影響之可言也。（《朱熹集》（三）卷三十六〈答陸子靜〉，頁1575。）

周敦頤所謂的「無極」是用以說明「道」無方所、無形狀的特性，與物無先後之別，與陰、陽無內外之分，無所不在又無聲臭影響可言。著重的是「道」的無所界定，無所分說，與老子所言之「無窮」大不相同。至於「太極」一詞，雖最早見於《莊子》一書，但後世相關理論的發展，實與《易傳》的關係較密切。〔註42〕朱熹即釋「太極」之意爲「理」，其云：

> 太極乃兩儀、四象、八卦之理，不可謂無，但未有形象之可言爾。故自此而生一陰一陽，乃爲兩儀，而四象、八卦又是從此生。（《朱熹集》（六）卷七十一〈記林黃中辨易西銘〉，頁3691。）

「太極」是理，是兩儀、四象、八卦之存在之理，及所以生之理，故不可謂

〔註42〕「太極」一詞最早見於《莊子·大宗師》，其言：「夫道……在太極之先而不爲高，在六極之下而不爲深。」此處的「太極」是與「六極」並立，各指「五氣」與「六合」，與今日的用法不同。其後《易傳·繫辭上》言「易有太極，是生兩儀」，「太極」始爲一實體性的概念，亦爲後世學者所承之。故中國思想史中「太極」之問題，實皆緣《易傳》而出，而非緣於《莊子》。

之「無」。但此「有」又非指有具體形象的「有」，其又云：

> 太極之義，正謂理之極致耳。有是理即有是物，無先後次序之可言。
> 故曰「《易》有太極」，則是太極乃在陰、陽之中，而非在陰、陽之
> 外也。（《朱熹集》（三）卷三十七〈答程可久〉，頁 1660。）

「太極」是理的極致，是物所以生及存在之理，與物無先後次序之別。故「太極」雖爲陰、陽之理，但亦在陰、陽中，而非在陰、陽之外。言「太極」是用以強調其有「理」的特性。

朱熹取周敦頤「無極而太極」一句，以論「有、無」。周敦頤《太極圖說》開宗明義即言「無極而太極」，朱熹釋之曰：

> 上天之載，無聲無臭，而實造化之樞紐，品彙之根柢也。故曰：「無
> 極而太極。」非太極之外，復有無極也。〔註43〕

理之極致爲太極，此至極的「道」是無聲無臭，又爲造化之樞紐，言「無極而太極」只是用以強調「道」無形有理的特性，實則「太極」與「無極」並非二物。朱熹言：

> 「無極而太極」，只是說無形而有理。所謂太極者，只二氣五行之理，
> 非別有物爲太極也。又云：「以理言之，則不可謂之有；以物言之，
> 則不可謂之無。」（《朱子語類》（六）卷九十四，頁 2365。）

又云：

> 「無極而太極」，不是太極之外別有無極，無中自有此理。又不可將
> 無極便做太極。「無極而太極」，此「而」字輕，無次序故也。（《朱
> 子語類》（六）卷九十四，頁 2367。）

「無極而太極」非指無極之外別有太極，言「無極」是著重其無形，言「太極」則是著重其有理，兩者非指二物，但因特性不同，又不可合稱。朱熹視「無極而太極」爲濂溪《太極圖說》的主旨，〔註44〕並承之以作爲其自身宇宙道論的重要概念。朱熹強調「無極而太極」是指「道」無形而有理的特性，

〔註43〕朱熹之解，轉引自曹端《太極圖說述解》所載之原文，見《四庫全書》，頁 697-7。

〔註44〕唐君毅認爲周敦頤「無極而太極」的說法是一創新的主張，「由此語之先劃開無極與太極，復合之爲一，以見其既別於魏晉人之以『無』看太極之空靈，亦異於漢人之以元氣或氣或天或北辰之『有』，看太極之質實者。」、「至於朱子之謂理爲太極，及橫渠之再由氣之至虛之言太極，邵子等以心爲太極之論，其皆爲更進一步對太極之實義，有所規定而成之論，亦皆原爲可能有之思想發展。」見《中國哲學原論・導論篇》第十三章〈原太極上：朱、陸太極之辯與北宋理學中太極理氣思想之發展〉，頁 431、438。

其將「無極」與「太極」的用義明確劃分，依此推論，則「無極」之「極」指的是「形」，「太極」之「極」指的則爲「理」，如此的截然劃分是否合於濂溪的本意？後世學者多有爭議。〔註45〕然就朱熹的理論而言，承自周子「無極而太極」之說再加以闡述引申，已成爲其論「理」的重要依據。

二、老子「有、無」之謬誤

朱熹主張周敦頤所言之「有、無」與老子之「有、無」有著「南北水火」之別，其云：

> 熹詳老氏之言有、無，以有、無爲二；周子之言有、無，以有、無爲一，正如南北水火之相反。（《朱熹集》（三）卷三十六〈答陸子靜〉，頁1579。）

周氏與老子之差別在周氏「以有、無爲一」，老子「以有、無爲二」。周敦頤言「無極而太極」，無形而有理，無極與太極非爲二物，皆是指「道」，而「有」與「無」只是用以形容道體的特性；至於老子所言之有、無呢？《朱子語類》謂：

> 問橫渠「言有、無，諸子之陋也」。曰：「無者無物，卻有此理；有此理，則有矣。老氏乃云『物生於有，有生於無』，和理也無，便錯了！」（《朱子語類》（七）卷九十八，頁2531。）

朱熹認爲老子言「物生於有，有生於無」，理本先於物，故言「有生於無」，

〔註45〕朱熹釋周子「無極」、「太極」是否合於周子本意？近人多持否定的態度，尤其是對於「太極」的定義。唐君毅據《通書》之言云：「吾人於周子《圖說》之所謂無極而太極，便可據《通書》之言，作進一步之規定。如規定太極之爲眞實存在，爲至善，爲無思無爲，超思維而無極限等。然吾人於此，卻未嘗如朱子之確定『太極』一名之所指者爲極至之理，自亦不須如朱子之於無極之極及太極之極，分作二解，謂一極指形，一極指理。」（見《中國哲學原論·導論篇》，頁437。）唐氏以爲無極之「極」指形，太極之「極」指理。朱熹此分說非周子本意。：牟宗三則依「朱子之理只存有而不活動」之立場，批評朱子失周子本意：「只因朱子爲《太極圖說》作注解，要粘附著濂溪原文而說，故其辭語多模稜而有歧義，人遂不易辨，然由于其討論將此問題挑破，其眞意與實義固甚顯，而其所以如此措辭亦有其思理之必然，而凡遇有模稜而可以左右解者亦可得而確定矣。」（見《心體與性體》（一），頁370。）陳榮捷則直言：「周敦頤未視太極同于理。如實言之，周子于太極與理氣間可能關係未作任何提示。唯有朱子始創明太極即理。此一創明，乃朱子本人以新儒學爲理學之發展所必需。」（見《朱子新探索》〈太極果非重要乎？〉，頁221。）

則「無」指無理，「有」為有物。既為「理」何言「無」？連「理」也無了，即是老子「有生於無」的錯誤。

　　老子「有、無」說的錯誤在言「有生於無」，因為理是先於物而存在的，故此處「有」指物，則「無」即是指理。「以理為無」、「理、物為二」是朱熹對老子的兩項批評。以下，則對此兩項批評做一番檢視：首先，針對「以理為無」的弊病，對照於前文對周子之解釋，「道」是無形而有理，是同時具備了「無」與「有」的雙重特性，故可分別以「無」或「有」指稱之。而此處老子所言的「有生於無」，並未指明此「無」為何？換言之，若是將老子所言「有生於無」之「無」，指為道「無形」的特性亦無不可，如此則與周敦頤之說並不相衝突。《老子》書中雖未如朱熹明確地說明「道」無形有理之特性，但「無」既能生「有」，此「無」即非指全然的空無。〔註46〕今朱熹論周敦頤之有、無時，強調「道」同具「有、無」的雙重性，然論老子時，卻純由老子之「理」為「無」論之，是已預設了老子之「無」是指無之理，而非無形。

　　至於第二項「理、物為二」的批評，則是以朱熹的理氣論為基礎。對於理氣，朱熹以「形上之道」與「形下之器」加以分別，其言：

> 天地之間，有理有氣。理也者，形而上之道也，生物之本也。氣也者，形而下之器也，生物之具也。是以人物之生，必稟此理然後有性，必稟此氣然後有形。其性其形雖不外乎一身，然其道器之間，分際甚明，不可亂也。（《朱熹集》（五）卷五十八〈答黃道夫〉，頁2947。）

「理」為形而上之道，是物所以生之理，而「氣」則是形而下之器也，是物形具之本。朱熹雖以道器來區分理氣，但理氣的關係實為一體，《朱子語類》云：

> 或問：「必有是理，然後有是氣，如何？」曰：「此本無先後之可言。然必欲推其所從來，則須說先有是理。然理又非別為一物，即存乎是氣之中：無是氣，則是理亦無掛搭處。氣則為金木水火，理則為仁義禮智。」（《朱子語類》（一）卷一，頁3。）

〔註46〕《老子》有、無的觀念向來多所異解，然王弼在第十四章注「其上不皦，其下不昧，繩繩不可名，復歸於無物，是謂無狀之狀，無物之象。」一句時云：「欲言無邪，而物由以成。欲言有邪，而不見其形。故曰『無狀之狀，無物之象』也。」（見《王弼集校釋》〈老子道德經注‧第十四章〉，頁32。）可知《老子》道體中無形有理的特性，早已被論及。

理與氣是不相離的，亦無先後次序可言，「天下未有無理之氣，亦未有無氣之理」，〔註47〕若強要區分，則以理爲先，但理是存在於氣中，無氣，則理亦無掛搭處，故理氣實非二物。

其又云：

> 所謂理與氣，此決是二物。但在物上看，則二物渾淪，不可分開各在一處，然不害二物之各爲一物也。若在理上看，則雖未有物而已有物之理，然亦但有其理而已，未嘗實有是物也。大凡看此等處須認得分明，又兼始終，方是不錯。（《朱熹集》（四）卷四十六〈答劉叔文〉，頁2243。）

此段「所謂理與氣，此決是二物」，似乎與上段引文截然相反，實則不然。因爲此處是區分地言，以物上言，以理上言，理氣兩者皆有異有同，雖是二物，卻亦是「不可分開」。

朱熹之理氣觀，亦可以太極與陰、陽的關係視之，「太極」爲理之極致，而「陰、陽」則爲氣，「太極與陰、陽」的關係即是「理與氣」的關係，其曰：

> 太極非是別爲一物，即陰、陽而在陰、陽，即五行而在五行，即萬物而在萬物，只是一箇理而已。因其極至，故名曰太極。（《朱子語類》（六）卷九十四，頁2371。）

又云：

> 才說太極，便帶著陰、陽；才說性，便帶著氣。不帶著陰、陽與氣，太極與性那裏收附？然要得分明，又不可不拆開說。（《朱子語類》（六）卷九十四，頁2371。）

太極雖是理，但與氣相即不離，是即陰、陽而在陰、陽，即五行而在五行，即萬物而在萬物。太極是陰、陽之理，亦在陰、陽之中。雖然強要分別時，以「太極」爲理，「陰、陽」爲氣，但若離開了陰、陽，太極亦無所歸附，故兩者雖可分說，但實爲一體。又云：

> 太極者，如屋之有極，天之有極，到這裏更沒去處，理之極至者也。陽動陰靜，非太極動靜，只是理有動靜。理不可見，因陰、陽而後知。理搭在陰、陽上，如人跨馬相似。才生五行，便被氣質拘定，各爲一物，亦各有一性，而太極無不在也。統言陰、陽，只是兩端，而陰中自分陰、陽，陽中亦有陰、陽。（《朱子語類》（六）卷九十四，

頁 2374。）

太極與陰、陽的關係，一如性與氣的關係，氣之理為性，而性又以氣見；一如人跨馬，理搭於陰、陽上，理與陰、陽有別，但又不相離，且須由陰、陽而見理，理又為陰、陽之氣所拘。

　　朱熹之理氣論主張太極與陰陽，理與氣是既相即不離，又無先後次序可言。因此老子言「有生於無」，是以「無」之理生「有」之物，無能生有，此即是「以有無為二」的謬誤。朱熹反對「有生於無」，以理生氣，以太極生陰、陽的說法。然對於《易》「《易》有太極，是生兩儀」的說法，其則解釋為：

> 周子、康節說太極，和陰、陽滾說。《易》中便抬起說。周子言「太極動而生陽，靜而生陰」。如言太極動是陽，動極而靜，靜便是陰；動時便是陽之太極，靜時便是陰之太極，蓋太極即在陰、陽裏。如「《易》有太極，是生兩儀」，則先從實理處說。若論其生則俱生，太極依舊在陰、陽裏。但言其次序，須有這實理，方始有陰、陽也。其理則一。雖然，自見在事物而觀之，則陰、陽函太極；推其本，則太極生陰、陽。（《朱子語類》（五）卷七十五，頁 1929。）

太極是陰、陽之理，亦在陰、陽中，本無先後次序可言，然《易》所言的「《易》有太極，是生兩儀」是就實理處說，推其本是先有理再有陰、陽，故言「太極生陰、陽」，但此「生」是一種涵攝性質的生，〔註48〕太極一方面是陰、陽所以生之理，另一方面太極的作用是由陰、陽裡見，太極與陰、陽之關係既是「生」，但亦非是直貫式的「生」，而是一種含有「依傍」、「掛搭」形式的特殊意義。

　　綜上所述，朱熹批評老子「有生於無」，是以有、無為二，「有、無」有先後之別，與周子「以有、無為一」的說法大不相同。然朱熹雖主張「有、無為一」、「理氣相即不離」，但另一方面亦強調分解地說時，可言「理生氣」、「太極生陰、陽」，理、氣是為二物。如此，則老子所言的「有生於無」是否

〔註48〕關於朱熹「理生氣」的說法，後世仍多爭議，而對於此「生」一意，近代學者亦有所說明。如唐君毅言：「如視理原不離於氣，則此理之生氣，即氣之依理而生，依理而行，如人之依道路而自有其『行走』；則理之生氣之義，即不難解。」見《中國哲學原論・導論篇》〈原太極中：天地之根原問題，與太極一名之諸義〉，頁 485。陳榮捷言：「予謂『生』字非『生子』『生花』之生。若然則時有先後且可離為二，而是『生事』『生心』之『生』，含有本原之意，亦有存在所由之意，即上面所言必然之理也。」見陳氏《朱熹》〈朱子論理氣〉（臺北：東大圖書公司，1990 年），頁 61。

可屬於分解地說？朱熹對此亦未多加論述，或許其基本立場已預設了老子思想中本無分解地說、或整體性地說的差別。再者，若歸結到上節中所論「生」一意的詮解上，老子的「生」是本原上的生，本身缺乏涵攝性質，所以由「無」生「有」，即爲直貫式的演生，自不需要區分分解地說或整體地說的區別。換言之，儒家與道家，朱熹與老子間「有、無」的課題又將回歸到「生」一義的爭議上。

第三節　儒、道工夫論的差別

《朱子語類》中曾對佛、老異端的優劣處作了一番評述，其云：

> 如佛、老之學，它非無長處，但它只知得一路。其知之所（以）及者，則路逕甚明，無有差錯；其知所不及處，則皆顛倒錯亂，無有是處，緣無格物工夫也。（《朱子語類》（一）卷十五，頁 302。）

朱熹認可佛、老之學並非無長處，「知之甚高」〔註49〕即是其長處。然只知一路，而「無格物工夫」則是其不及處。缺乏工夫向來是朱熹對道家的主要批評，所謂的「工夫」指的即是格物工夫。

一、道家之弊——無格物工夫

「格物」一詞出於《大學》，〔註50〕朱熹謂「格物、致知、誠意、正心、脩身、齊家、治國、平天下」，爲《大學》之八大條目。其中「格物」爲最基礎工夫，也是《大學》的核心概念。〔註51〕何謂「格物」？朱熹曰：

> 格物者，格，盡也，須是窮盡事物之理。若是窮得三兩分，便未是格物。須是窮盡得到十分，方是格物。（《朱子語類》（一）卷十五，頁 283。）

〔註49〕《朱子語類》（四）卷六十三，頁 1523。云：「問：『知者如何卻說「不行」？賢者如何卻說「不明」？』曰：『知者緣他見得過高，便不肯行，故曰「不行」；賢者資質既好，便不去講學，故云「不明」。知如佛、老皆是，賢如一種天資好人皆是。』」

〔註50〕《大學》中言：「古之欲明明德於天下者，先治其國；欲治其國者，先齊其家；欲齊其家者，先脩其身；欲脩其身者，先正其心；欲正其心者，先誠其意；欲誠其意者，先致其知；致知在格物。」見朱熹《四書章句集注》〈大學章句〉，頁 3。

〔註51〕《朱子語類》（一）卷十四，頁 255。云：「（《大學》）此一書之間，要緊只在『格物』兩字，認得這裏看，則許多說自是閑了。」

「格」爲盡也、「猶至也」，〔註52〕格物即是要窮盡事物之理。因爲「事事物物，各自有箇事物底道理」，〔註53〕要了解事理，就須窮物之理，而「理」無所捉摸，惟有由物中可見，〔註54〕故窮理首重格物，由物中以求理。朱熹言：

> 窮理者，因其所已知而及其所未知，因其所已達而及其所未達。人之良知，本所固有。然不能窮理者，只是足於已知已達，而不能窮其未知未達，故見得一截，不曾又見得一截，此其所以於理未精也。然仍須工夫日日增加。今日既格得一物，明日又格得一物，工夫更不住地做。如左腳進得一步，右腳又進一步；右腳進得一步，左腳又進，接續不已，自然貫通。（《朱子語類》（二）卷十八，頁392。）

所謂的「窮理」即是由已知以推求未知。人的良知雖本然具有的，但對應於外在的事理仍有不及處，故須靠格物的工夫，漸進地由已知以推究未知，始能明辨是非善惡。〔註55〕且此「格物」的工夫是需要日積月累，接續不斷，始能自然貫通。朱熹並引伊川之言，說明這種格物窮理的工夫，並非是須盡窮天下之理，或是只窮一理必能推及，而是須「積累多後，自當脫然有悟處」。〔註56〕

〔註52〕 《朱子語類》（一）卷一五，頁283。云：「格物。格，猶至也，如『舜格于文祖』之『格』，是至于文祖處。」

〔註53〕 《朱子語類》（一）卷十五，頁289。云：「所謂窮理者，事事物物，各自有箇事物底道理，窮之須要周盡。若見得一邊，不見一邊，便不該通。窮之未得，更須欵曲推明。蓋天理在人，終有明處。『大學之道，在明明德』，謂人合下便有此明德。雖爲物欲掩蔽，然這些明底道理未嘗泯絕。須從明處漸漸推將去，窮到是處，吾心亦自有準則。窮理之初，如攻堅物，必尋其罅隙可入之處，乃從而擊之，則用力爲不難矣。孟子論四端，便各自有箇柄靶，仁、義、禮、智皆有頭緒可尋。即其所發之端，而求其可見之體，莫非可窮之理也。」

〔註54〕 《朱子語類》（一）卷十五，頁289。云：「格物，不說窮理，卻言格物。蓋言理，則無可捉摸，物有時而離；言物，則理自在，自是離不得。釋氏只說見性，下梢尋得一箇空洞無稽底性，亦由他說，於事上更動不得。」

〔註55〕 《朱子語類》（一）卷十五，頁310。云：「聖人教人窮理，只道是人在善惡中，不能分別得，故善或以爲惡，惡或以爲善；善可以不爲不妨，惡可以爲亦不妨。聖人便欲人就外面攔截得緊，見得道理分明，方可正得心，誠得意。」

〔註56〕 《朱子語類》（七）卷一一七，頁2822。云：「程先生曰：『窮理者，非謂必盡窮天下之理，又非謂止窮得一理便到。但積累多後，自當脫然有悟處。』又曰：『自一身之中以至萬物之理，理會得多，自當豁然有箇覺處。』今人務博者，卻要盡窮天下之理；務約者又謂反身而誠，則天下之物無不在我，此皆不是。且如一百件事，理會得五六十件了，這三四十件雖未理會，也大概可曉了。」原文爲「所務於窮理者，非道須盡窮了天下萬物之理，又不道是窮

　　窮理須由格物做起，而格物就要從實處累積。〔註 57〕「格物」的工夫不僅須日積月累，亦須由自身「切己處理會去」，〔註 58〕也就是由日常生活中做起，朱熹曰：

> 「格物」二字最好。物，謂事物也。須窮極事物之理到盡處，便有一箇是，一箇非，是底便行，非底便不行。凡自家身心上，皆須體驗得一箇是非。若講論文字，應接事物，各各體驗，漸漸推廣，地步自然寬闊。如曾子三省，只管如此體驗去。（《朱子語類》（一）卷十五，頁 284。）

又云：

> 聖人只說「格物」二字，便是要人就事物上理會。且自一念之微，以至事事物物，若靜若動，凡居處飲食言語，無不是事，無不各有箇天理人欲。須是逐一驗過，雖在靜處坐，亦須驗箇敬、肆。敬便是天理，肆便是人欲。如居處，便須驗得恭與不恭；執事，便須驗得敬與不敬。有一般人專要就寂然不動上理會，及其應事，卻七顛八倒，到了，又牽動他寂然底。又有人專要理會事，卻於根本上全無工夫。須是徹上徹下，表裏洞徹。如居仁，便自能由義；由義，便是居仁。「敬以直內」，便能「義以方外」，能「義以方外」，便是「敬以直內。」（《朱子語類》（一）卷十五，頁 287。）

「格物」即是窮盡事理，此「物」是指事物，人須窮究事物之理，始能了解是非行止。且此工夫須由自家身心上去體驗，包括讀書講論、應接事物等飲食起居言語，無一不是事，無一不含有是非，惟須一一透過天理人欲的體驗工夫，將良知漸次推廣，始能求得致知。換言之，「格物」即是一種身心力行

　　得一理便到，只是要積累多後，自然見去。」見《二程集》（一）〈河南程氏遺書卷第二上〉，頁 43。

〔註57〕《朱子語類》（五）卷七十五，頁 1935。云：「『形而上者』指理而言，『形而下者』指事物而言。事事物物，皆有其理；事物可見，而其理難知。即事即物，便要見得此理，只是如此看。但要真實於事物上見得這箇道理，然後於己有益。『為人君，止於仁；為人子，止於孝。』必須就君臣父子上見得此理。《大學》之道不曰『窮理』，而謂之『格物』，只是使人就實處窮竟。事事物物上有許多道理，窮之不可不盡也。」

〔註58〕《朱子語類》（一）卷十五，頁 284。云：「格物，須是從切己處理會去。待自家者已定疊，然後漸漸推去，這便是能格物。」

的實踐工夫，目的在求得仁義道德之天理，其進路則是「敬」，〔註59〕而方式則包括了讀書、〔註60〕接物處世、靜坐等。

反觀道家的思想，並無朱熹所言的「格物」工夫。道家不僅主張「絕聖棄智」，〔註61〕反對文飾巧智；甚至還謂「絕學無憂」〔註62〕、「為學日益，為道日損」〔註63〕認為求學反使人心學會狡詐，離樸質之道更遠；至於接物處世方面，莊子不言應世，而老子雖言應世，卻是以柔弱謙下為表，以達到保全其身的自私目的。

其中，最大的差別，即是儒、道本質上對「道」的定義不同。儒家的「道」是含有仁義道德的天理，而道德本身即具有實踐性，必須由日常人倫中去證成，所以藉由人文社會中禮樂法制的實踐，可窮得道德天理，此是一種下學而上達的工夫。然而，就道家而言，所謂的「道」是以「虛靜無為」為主旨，著重的是生命自得無待的境界，至於人文社會中的仁義禮樂，則皆視為是外在的人為束縛，所以主張「絕仁棄義」，甚至絕滅倫理，藉否定以達到超越的目的。而朱熹對此種說法極為不滿，批評老、莊是「不識道」，〔註64〕是如孟子所斥責的「無君無父」之說。〔註65〕

〔註59〕《朱子語類》（一）卷十四，頁269。云：「《大學》須自格物入，格物從敬入最好。只敬，便能格物。敬是個瑩徹底物事。今人卻塊坐了，相似昏倦，要須提撕著。提撕便敬；昏倦便是肆，肆便不敬。」

〔註60〕《朱子語類》（一）卷十，頁167。云：「讀書是格物一事。」

〔註61〕《老子》第十九章，云：「絕聖棄智，民利百倍；絕仁棄義，民復孝慈；絕巧棄利，盜賊無有。此三者，以為文不足。故令有所屬；見素抱樸，少私寡欲。」

〔註62〕《老子》第二十章，首段云：「絕學無憂。唯之與阿，相去幾何？善之與惡，相去若何？人之所畏，不可不畏。」

〔註63〕《老子》第四十八章，云：「為學日益，為道日損。損之又損，以至於無為，無為而無不為。取天下常以無事，及其有事，不足以取天下。」

〔註64〕《朱子語類》（一）卷十三，頁231。云：「道者，古今共由之理，如父之慈，子之孝，君仁，臣忠，是一箇公共底道理。德，便是得此道於身，則為君必仁，為臣必忠之類，皆是自有得於己，方解恁地。堯所以修此道而成堯之德，舜所以修此道而成舜之德，自天地以先，羲黃以降，都即是這一箇道理，亙古今未常有異，只是代代有一箇人出來做主。做主，便即是得此道理於己，不是堯自是一箇道理，舜又是一箇道理，文王、周公、孔子又別是一箇道理。老子說：『失道而後德。』他都不識，分做兩箇物事，便將道做一箇空無底物事看。吾儒說只是一箇物事，以其古今公共是這一箇，不著人身上說，謂之道。德，即是全得此道於己。他說：『失道而後德，失德而後仁，失仁而後義。』若離了仁義，便是無道理了，又更如何是道！」這是朱熹批評老子「失道而後德」的主張。

〔註65〕《朱子語類》（八）卷一二五，頁2991。云：「列、莊本楊朱之學，故其書多

二、道家的「工夫」與「修養」

　　第四章中，曾說明了朱熹對儒、道「靜坐」的看法，此處則再進一步探討朱熹所論儒、道二家在「敬」工夫上的不同。道家思想中「致虛極，守靜篤」的概念，向來被視為其修道工夫的重要主張，〔註66〕朱熹文章中亦有多起相關的論述。「致虛極，守靜篤」出自《老子》，朱熹視其為老子思想中主要的特色與手段。〔註67〕其中「虛靜」的觀念較常提及，尤其是將「敬」與「虛靜」合論。朱熹為學為道首重「敬」的工夫，而「敬則虛靜」，其云：

　　　　且看敬則如何不會聰明！敬則自是聰明。人之所以不聰不明，止緣身心惰慢，便昏塞了。敬則虛靜，自然通達。（《朱子語類》（三）卷四十四，頁1146。）

人之所以不明事理，是因為身心惰慢所致，因此只要能夠做到「敬」的工夫，人心自能虛靜，「人心虛靜，自然清明」，〔註68〕亦自然能通達事理。故要能

　　　　引其語。莊子說：『子之於親也，命也，不可解於心。』至臣之於君，則曰：『義也，無所逃於天地之間。』是他看得那君臣之義，卻似是逃不得，不奈何，須著臣服他。更無一箇自然相胥為一體處，可怪！故孟子以為無君，此類是也。」此是針對莊子義、命二分的主張。

〔註66〕道家的修養工夫中包括「虛靜無為」、「專氣致柔」、「守樸抱一」、「心齋坐忘」等主張，其中「虛靜」的概念朱熹較常提及，且與二程的「敬」相論稱，意義甚為特別。而牟宗三於《中國哲學十九講》第六講〈玄理系統之性格──縱貫橫講〉中亦曾比較了儒、道工夫論的差別，其云：「道家要達到它所嚮往的無為、自然的境界，或是莊子之逍遙無待的境界，需要通過怎樣的實踐工夫？譬如孔子講『下學而上達』，實踐『仁』道；孟子講『擴而充之』；《大學》、《中庸》則講慎獨；這些是儒家的道德實踐的工夫。道家的入路不是道德意識的，因此工夫與儒家不同，但仍有修道的工夫。」、「《道德經》中所說的『致虛極、守靜篤』就代表道家的工夫。……這就是『虛一而靜』的工夫，在靜的工夫之下才能『觀復』。」（見頁113、222）牟氏亦以「致虛極、守靜篤」為道家的工夫，因此本文中取之為道家工夫之代表。

〔註67〕《朱子語類》（八）卷一二五，頁2996。云：「老子之學只要退步柔伏，不與你爭。才有一毫主張計較思慮之心，這氣便粗了。故曰『致虛極，守靜篤』；又曰：『專氣致柔，能如嬰兒乎？』又曰：『知其雄，守其雌，為天下谿；知其白，守其黑，為天下谷。』所謂谿，所謂谷，只是低下處。讓你在高處，他只要在卑下處，全不與你爭。他這工夫極離。常見畫本老子便是這股氣象，笑嘻嘻地，便是箇退步占便宜底人。雖未必肖他，然亦是它氣象也。只是他放出無狀來，便不可當。」

〔註68〕《朱子語類》（七）卷九十八，頁2517。云：「陽明勝則德性用，陰濁勝則物欲行。只將自家意思體驗，便見得。人心虛靜，自然清明；才為物欲所蔽，便陰陰地黑暗了，此陰濁所以勝也。」

明道知理，「敬」是爲首要的工夫，而「虛靜」則是「敬」的作用之一。

然「敬則虛靜，不可把虛靜喚作敬」，〔註69〕「敬」雖能達到「虛靜」的作用，但「虛靜」卻未必能等同於「敬」，因爲「虛靜」卻並不一定全是好的，朱熹云：

> 且只要識得那一是一，二是二。便是虛靜，也要識得這物事；不虛靜，也要識得這物事。如未識得這物事時，則所謂虛靜，亦是箇黑底虛靜，不是箇白底虛靜。而今須是要打破那黑底虛靜，換做箇白底虛靜，則八窗玲瓏，無不融通。不然，則守定那裏底虛靜，終身黑淬淬地，莫之通曉也。（《朱子語類》（七）卷一二〇，頁2909。）

要達到「虛靜」的境界須先「識理」，不識理的虛靜只是「黑底虛靜」，不是眞的身心清明的虛靜；唯有識理的虛靜，虛明顯敞，〔註70〕才是白的，亦即是眞的「虛靜」。此處區分了黑的虛靜和白的虛靜，是用以強調若無「識理」爲基礎，此「虛靜」終非眞正的心身聰明透徹。

如此而論，道家雖也言「虛靜」，但其否定文飾巧智的主張，則成爲不識理的「虛靜」，故朱熹云：

> 蓋顏子只是見得箇道理透，故怒於甲時，雖欲遷於乙，亦不可得而遷也。見得道理透，則既知有過，自不復然。如人錯喫烏喙，才覺了，自不復喫。若專守虛靜，此乃釋、老之謬學，將來和怒也無了，此成甚道理？聖賢當怒自怒，但不遷耳。見得道理透，自不遷不貳。
>
> （《朱子語類》（三）卷三十，頁771。）

釋、老亦主「虛靜」，但無仁義道德的內涵，行爲舉止無仁義倫常的規範爲依據，其「虛靜」成爲一種謬學，此即是「不識理」的結果。朱熹認可「虛靜」是爲道爲學的工夫，但此工夫若無「識理」爲前提，無仁義規範爲基準，終非眞的工夫。

除了「虛靜」的工夫外，道家的「無爲」亦是重要的工夫論。〔註71〕「自

〔註69〕 《朱子語類》（五）卷七十四，頁1896。云：「然虛卻不可謂之理，理則虛爾。亦猶『敬則虛靜，不可把虛靜喚作敬』。」

〔註70〕 《朱子語類》（八）卷一二一，頁2937。云：「所謂虛靜者，須是將那黑底打開成箇白底，教他裏面東西南北玲瓏透徹，虛明顯敞，如此，方喚做虛靜。若只確守得箇黑底虛靜，何用也？」

〔註71〕 《老子》第三十七章云：「道常無爲而無不爲。侯王若能守之，萬物將自化。化而欲作，吾將鎭之以無名之樸。無名之樸，夫亦將無欲。不欲以靜，天下將自正。」第四十八章云：「爲學日益，爲道日損。損之又損，以至於無爲。

然無為」是老子思想中一個首要的概念，其謂「道」的作用是「無為而無不為」，能夠順其自然不妄加作為，則能達到無所不至的效果。此「無為」的工夫，可運用於政治或修道上，以達到極至的效用。但朱熹批評老子的「無為」是「全不事事」，並舉孔子之「無為而治」為例，認為孔子之「無為」才足以治天下。〔註72〕比如《易》中曾提及「無為」的概念，朱熹於〈答林擇之〉一文中云：

> 「戒夫作為」，此對老子之「無為」而言。既不為老子之「無為」，又非有所作為，此便是「天命流行，鳶飛魚躍」之全體。「感而遂通天下之故」，未嘗離此，然體用自殊，不可不辨。但當識其所謂「一源」者耳。(《朱熹集》(四) 卷四十三〈答林擇之〉，頁 2050。)

又云：

> 《遺書》云：「《易》無思無為也，此戒夫作為也」。向來欲添「非」字，以今觀之，似不必然。此意蓋明聖人之所謂無，非漠然無所為也，特未嘗作為耳。只此便是天命流行，活潑潑地。戒之者，非聖人之自戒，特以作為為不可耳。大抵立言欲寬舒平易。(《朱熹集》(四) 卷四十三〈答林擇之〉，頁 2049。) 〔註73〕

《易》言「無思也，無為也，寂然不動，感而遂通天下之故。」程頤對此詮解曰「《易》無思無為也，此戒夫作為也。」〔註74〕朱熹認為程子所謂「戒夫作為」是針對老子之無為而言的，用意在說明聖人的無為，並非是如老子「全不事事」的無為，而是一種順應天理流行的無為，此處的天理是活潑潑地，流動不息的天理。且「戒夫」二字亦非指聖人刻意去壓抑作為，而是聖人自能順應這流動天理，自能順應自然而無所作為。由此可知，聖人的無為與老

無為而無不為。取天下常以無事，及其有事，不足以取天下。」皆是主張「無為而無不為」的工夫。

〔註72〕有關老子與孔子「無為」論的討論，見第二章第二節之〈為政之道〉，此處不擬贅述。

〔註73〕關於「戒夫作為」一句，《朱子語類》(七) 卷九十七，頁 2503。亦云：「問：『《遺書》中云：「聖人於《易》言『無思無為』，此戒夫作為。」此句須有錯。』曰：『疑當作「此非戒夫作為」。』」可知加一「非」字為朱熹以前一貫的主張，後來才覺其非。

〔註74〕《二程書》(一)〈河南程氏遺書卷第五〉，頁 76。云：「老子曰『無為』，又曰『無為而無不為』。當有為而以無為為之，是乃有為為也。聖人作《易》，未嘗言無為，惟曰『無思也，無為也』，此戒夫作為也；然下即曰『寂然不動，感而遂通天下之故』，是動靜之理，未嘗為一偏之說矣。」

子之無爲，最大的不同在於「天理」的內容，因爲聖人的天理是流行不己、感而遂通的活潑之理，故無爲即是順應此自然流行的天理；而反觀老子，老子的「道」缺乏仁義道德的內容，是爲「空理」，因此無爲只流爲漠然空虛，終爲全不事事。此處朱熹取《易》與《老子》對比，由「無爲」的工夫議題，再次突顯道家與儒家「理」上的差別。

　　此外，道家的修道工夫中，還有一些養生之法。對於道家思想中的養生之法，朱熹則多以「修養」一詞稱之。以《朱子語類》一書爲例，「修養」一詞出現約二十次，〔註75〕用法皆是用以指稱道家或道教的養生煉丹之法，可知朱熹大體地區分了「修養」與「工夫」兩個語詞的用法。「修養」指的是形軀方面，身心上的修煉，作用僅在延年養生，而無法上達天理。若要體現「道」，通達天理，則只有靠「工夫」，「工夫」是具有道德實踐的意義。所以，不論是老子的「形神合一」、莊子的「庖丁解牛」，或是道教的默坐數息，朱熹雖予以認可，甚至深入研究力行，但此終究是次一層的，因爲「道家修養之說只是爲己，獨自一身便了，更不管別人」，〔註76〕脫離了人倫綱常的道德實踐，終非爲道的基本之法。所以朱熹云：

> 格物，致知，是極粗底事：「天命之謂性」，是極精底事。但致知、格物，便是那「天命之謂性」底事。下等事，便是上等工夫。。（《朱子語類》（一）卷十五，頁293。）

「天命之謂性」是上等的工夫，而「格物致知」則是下等粗地事。然要能上達天命，體現天理，則須由此粗地「格物致知」的事做起。換言之，含有道德實踐的工夫才是真的工夫，因爲所謂的「道」皆是以仁義道德爲內容。而道家既否定了「道」所包含的仁義道德，也就否定了「工夫」存在的必要性。所以就朱熹看來，道家根本無「工夫」。

第四節　小　結

　　朱熹以《易》之「太極」開展理、氣二分及宇宙創生的理論，其論述時

〔註75〕《朱子語類》中「修養」一詞分別出現於第3、9、13、63、67、74、96、121、125、126、137等章。

〔註76〕《朱子語類》（八）卷一二六，頁3009。云：「人說孟子只闢楊、墨，不闢老氏。卻不知道家修養之說只是爲己，獨自一身便了，更不管別人，便是楊氏爲我之學。」

屢屢取道家思想作爲儒家思想的對比，其批評老子「道生一，一生二，二生三，三生萬物」的主張，是將「生」作爲直貫式的單一演生義，違背陰、陽相生相合的原理。朱熹並取周敦頤、邵雍、程頤等人的說法，來說明老子在宇宙生成論上的謬誤。雖然，朱熹亦取莊子之言來說明《易》的綱領與卦象，其承襲程頤之說，認可莊子能「見得道體」，但其對莊子的援引，仍只限於道體的形容，而無涉及理論的差異。

　　由「太極」、「無極」之說，朱熹也比較了周敦頤與老子「有無觀」的不同。周敦頤以「有無爲一」，而老子則以「有無爲二」，二家之說實有「南北水火」之別，此也代表了儒、道二家在宇宙生成論上的主要差異。而缺乏「格物工夫」更是朱熹批評道家的主要焦點，其認爲道家因不識「理」，無法由「虛靜」達到「敬」的格物工作，故僅有「致虛極，守靜篤」一類靜坐修養之法，而無眞正的爲道工夫。

第七章　結　語

第一節　朱熹對道家的態度與立場

　　宋代學術的發展是在儒、釋、道三家的消長中進行的，朱熹在此時代氛圍下，一方面力倡道統，攘斥異學，積極地確立儒學正統地位；另一方面又無可避免地出入佛、老而多所涉獵，晚年甚至曾用心於丹藥養生之術。透過朱熹對道家的評論，大體可看出宋代理學家面對「異端」的處理態度。

一、綜論部分

　　本論文中，關於綜論的部分是以「佛、老異端」及「儒、道會通」為兩大課題。就「佛、老異端」而言，釋、道二家常以「佛、老」並稱，做為與儒家對立的異端之學，然道、釋二家的思想卻是有同有異。其中，「有體而無用」及對心性觀的誤解乃是佛、老之學的共同弊病，也是其被斥為異端之所在；而老、佛兩家，在發展歷程中既相互抄襲雜揉，亦有高下之別，老氏主「無」，釋氏主「空」，若要評斷二者優劣，則是以道家為上，因為釋氏入主中國後的經典多是剽竊老、莊之精華而成，其原本典籍的思想頗為粗陋，且更重要的是，釋氏絕滅人倫的程度較道家徹底，對道德倫常的危害更甚，故兩家相較，朱熹則取道家。

　　至於儒、道交鋒的問題，朱熹主要以《易》為中心。《易》為儒家形上哲理之代表，正與道家重視「道」論的特色相互接榫，是宋代儒、道會通的議題上一個重要的通孔。然而由第六章的討論中，可知朱熹對《易》、《老》的

論述，實是以《易》批《老》，一方面已預設老子所言道體之「生」只爲直貫式的演生義，另一方面又進一步取《易傳》的創生型態，來批評老子道論的創生作用與有、無觀。此是以儒家的立場爲基準，做爲批評道家之依據，而非客觀的持平之論。同樣地情形亦見於「工夫論」的探討上，「只知一路」、「無格物工夫」是朱熹對道家弊病的總結，「只知一路」指的道體方面的謬誤，「無格物工夫」則是批評道家缺乏以道德爲主體的修道工夫。朱熹認爲所謂的「工夫」必須是以道德爲主體，因此道家的「虛靜無爲」及「心齋坐忘」等養生之法，缺乏仁義道德的內涵，只能稱爲「修養」，而非「工夫」。

由上可知，雖然在枝節的問題上，朱熹曾給予道家多方的認可，但對於本體道論的部分，朱熹則一概以仁義道德爲基準，而全然否定了道家的存在之理。朱熹對道家的讚揚處是道家與儒家相近的部分，而批評處則是與儒相異處。在此前提下，朱熹對道家的評論，原則上只是一種以儒家爲本位的評論。

二、分論部分

針於老子、莊子個人的思想與人格，及道教的相關問題，朱熹亦皆有個別且獨特的批評和討論。

朱熹約略將道家的發展分爲三大階段：第一階段是以思想的成形與發展爲主，重在思想哲理上的論述，以老、莊二人爲代表；第二階段則指兩漢時期道家理論之實踐，此時的黃老之學雖於政治上達到「小道易行，易見效」的成果，但終究不脫老子權詐之術的運用；而第三階段則是指廣義的道教，是摻雜了巫祝行法之宗教色彩的道家後學。其中，朱熹對於第二階段黃老之學的評論多採泛論性質，並無特別深入的分析，故本論文中將之置於第五章綜論的部分來論述，而分論的部分則取老子、莊子及道教爲代表。

首先於二、三章中分別論述老子與莊子。道家向以老子與莊子爲代表人物，朱熹認爲道家是由老子啓其端，而莊子則是承襲老子、列子思想，再加以發揮而成。老、莊的思想有其差異處，朱熹對兩人評論的態度亦有所不同。朱熹雖謂老子思想也有可取之處，但對其道體的創生作用與權詐自私的應世之學，朱熹的批評卻也是毫不留情，其攻擊老子在道論方面是「察理不精」，在倫理方面是「不見實理」，甚至譏其「心最毒」，而唯一較認可的部分則爲形、神、氣的養生之法；與評老子的嚴厲態度相較，朱熹對莊子的批評顯然就和緩許多，雖然「無禮」、「無細密工夫」亦是莊子的弊病，但在道體的形

容上，朱熹卻給予莊子極大的肯定，甚至推測莊子能見得堯、舜氣象，可能是承自孔門之徒。此態度上的差異，亦反映在用法上，當以「老、莊」並稱時，朱熹多將其視爲異端的立場而大加抨擊，然而單獨論述時，朱熹則強調莊子與孔門間的關係，以突顯與老子的不同。

除了老、莊之學外，對於道家後學，朱熹亦有所論及，其雖視道教爲道家之末流，是爲虛謬鄙陋之說，但對於道教中《周易參同契》與《陰符經》二書卻是極爲用心，前者爲丹經之代表，後者則爲老子兵法之後學，朱熹不僅不諱言兩書中的龍虎鉛汞之術，甚至爲《周易參同契》作了《考異》，讚揚書中所蘊含的天機及陰、陽之理。此外，對於道教中的神仙長生之說，朱熹亦未加否定，反而更進一步以氣、形的觀念，說明神仙乃氣之所聚，氣終會漸漸銷蝕，神仙並非不死，只是若能養得清虛之氣，確也可得以長生。而道教中默坐數息及煉丹等修行之法，朱熹亦未排斥，不僅有所涉獵，甚至身體力行。雖然此與朱熹晚年久病求醫的經歷有關，但對於道教的態度，朱熹明顯地多不從學術道統的立場來討論。換言之，對於「道家」之意，朱熹雖未刻意劃分老、莊之學與道教之用法，但在學術的範疇中，能與儒家對立的異端之學，指的仍是以老、莊之學爲主，是指道家中的哲理思想。

第二節　問題的反思

由論文討論的過程中，亦透顯出一些頗爲玩味的訊息：

一、批評的準則與立場

朱熹對道家的批評實則不外「體」、「用」兩方面：在「體」的方面，主要是指本體的理論內容，朱熹所言道家的「體」多是由「道體」而言，「不識道體」是道家的主要弊病，尤其是對老子創生型態的說法，朱熹更是予以嚴厲批判；而在「用」的方面，則是針對現實生活中的實踐，「無細密工夫」是老、莊共有的基本缺失，此「細密工夫」指的是格物的工夫，無格物的工夫則無法順倫理而行，終使道家流爲無禮無本之徒。

而此體、用兩方面的批評，亦適用於釋氏。朱熹認爲「有體而無用」和「以性體爲空」，皆爲道、釋二家共同的弊病。且朱熹強調體、用相即不離，由於道、釋二家在「體」方面的誤解，以「道」、「性」爲清靜寂滅之物，「體」

既已空虛失落，「用」則無所依據，勢必導致工夫上的闕如。此體、用上的錯誤亦成為道、釋之所以為異端的原因。

但雖然道、釋二家在體、用上有同樣的弊端，但兩者相較，朱熹仍以道家為高，其原因在於人倫關係的態度上，道家絕滅人倫的程度，不若釋氏徹底。道家所謂的「無」之理，是半截有、半截無，著重保全其身，仍是要理會自身，故「絕滅義理未盡處」；而反觀釋氏的「空」之理，則是連「有、無」都化消了，一以天下萬物為幻化，甚至以「生」為寄，連「身」都捨棄了，遂將一切義理亦皆滅盡。故就此絕滅義理的觀點而言，朱熹認為未盡絕義理的道家為高。

換言之，此時評判的標準又回歸於人倫義理上，而契合於傳統以來分判異端的準則。本論文的首章中，曾概述了北宋闢異端的特色，是由唐代倫理方面的批駁，進入了思想本質的探討。而朱熹在闢異端的過程中，的確也針對了本體道論的內容進行了深入的分析，現實層面的倫理標準雖仍是分判異端與否的準則，但已非屬唯一或主要之衡量。只是，今日論及異端中的高、下時，朱熹卻捨棄了思想內涵上的分析比較，而反由「倫理」做為主要的判準。仁義道德本是儒家所謂「實理」的內容，亦是傳統以來分判正統與異端的標準，現今這個準則，不僅運用在闢異端，甚至用以分判異端中的異端。引申而論，雖同樣是異端，但與儒家距離的遠近，即決定了其中的優劣高下。對於異端之學，朱熹仍未能給予一客觀的評價，其不僅以儒家倫理的標準來評判「儒、道」和「儒、釋」之優劣，甚至亦以此做為評斷「道、釋」高下的衡量。

二、對道家的基本評價

再者，檢視了朱熹對道家的評論後，不禁導出一個基本的疑問，朱熹對於道家是否有其獨特讚揚的部分？亦即是朱熹眼中的道家是否有積極存在的價值？由論文可知，朱熹對道家並非全然的否定，如對莊子道體形容上的稱譽，以及養生工夫上的讚許，皆是其取於道家者。只是，在這些所取的部分中，多只見消極的認可，而乏積極的肯定。

此處僅以體、用概分的方式加以說明：「體」的方面，朱熹對道家「無」之理大加批判，對老子的創生過程更全盤否定，唯一稱許過的，是莊子所形容的道體，其理由是因為莊子所形容的道體合乎堯、舜氣象；而「用」的方

面，道家於現世層面的運用，不論是老子的權詐之術，或是莊子的無細密工
夫，皆在朱熹批駁的範疇內，唯一較特別的，是關於道家的養生之法，由老、
莊的養生，以至道教的默坐煉丹，甚至羽化昇天之說，不僅朱熹的批評少見，
甚至還明言鑽研於此，並於作品中提及身體力行的心得。可見此養生之法在
朱熹的生活中影響甚大。

然再進一步檢視，關於莊子所形容的道體，朱熹讚許的理由是其近於堯、
舜氣象，也就是以儒家的聖人之道，做為評判的標準，實則不能算是對道家
真正的認可；至於養生之法，是道家的特色之一，也是其異於儒家之處，朱
熹對此養生之法所表現出的態度可謂是極為肯定，只是，在作品中，朱熹卻
很少明確地予以讚揚。尤有甚者，其在作品中似乎有意區分儒家的「工夫」
與道家的「修養」兩種語詞的運用情形，論聖人之道、道德修養時，以「工
夫」為進德修業的進路；謂「修養」則是偏重外在形軀的長生之道。明顯地，
朱熹將「工夫」與「修養」分為不同的層次，儒家的「工夫」是得以成德，
得以下學上達的方法；而道家的「修養」雖然在生活中可加以運用，亦有長
生保身之效，但終究只能修煉外在的身心，故已屬於次一個層級了。換言之，
朱熹評判的標準皆以仁義道德為主，縱使對道家的養生之法多所傾心，但站
在一個成德修業的儒者立場，朱熹仍未予道家一個積極的肯定。

三、對道家經典的態度

對於老、莊二人，朱熹顯然對老子的批評較為嚴厲，對莊子的評論反而
相對地和緩，甚至不乏讚許處。其原因在於朱熹認為莊子雖是承自老子之學，
但其「也不是專學老子，吾儒書他都看來」，莊子思想中亦摻和了孔門之說，
故比老子更近於孔子。這些問題已於論文第三章第一節處加以論述，茲不贅
言。此處要討論的是，朱熹對《莊子》書的態度。

對於《莊子》一書，朱熹曾言「〈人間世〉及〈漁父〉篇以後，多是說孔
子與諸人語，只是不肯學孔子，所謂『知者過之』者也」，亦即是以〈人間世〉、
〈漁父〉、〈列禦寇〉、〈天下〉四篇為主，由篇中所載孔子之事，做為上述觀
點的例證。然今日可知，《莊子》一書至郭象時定為三十三篇，分內、外、雜
三部分，除了內篇外，外、雜篇多非莊子之語，而是由莊子後學或是後人摻
雜而成，郭象的這個論點普遍為歷來學界所接受。然上述朱熹所言之四篇中，
除了〈人間世〉屬內篇外，〈漁父〉、〈列禦寇〉、〈天下〉則為《莊子》末三篇，

皆屬最不可信的雜篇,是否可做爲道家思想之代表,早已受到質疑。非僅如此,朱熹所讚揚莊子形容道體處的「語道而非其序,非道也」、「在谷滿谷,在坑滿坑」及「天德而出寧,日月照而四時行,若晝夜之有經,雲行而雨施」三句引文,亦皆分別出於第十三篇的〈天道〉及第十四篇的〈天運〉,屬外篇的範圍。朱熹所取爲例證者,皆爲雜揉後學的外、雜篇,殊爲可議。

再者,今觀此四篇的內容,〈人間世〉中藉孔子之口以闡述道家「心齋」的主張;〈漁父〉全篇則爲譏諷孔子之記載;〈列禦寇〉雖未言及孔子,但亦有譏諷儒者之語;唯〈天下〉篇含有濃厚的儒家色彩。但,在《朱子語類》中,朱熹曾評論蘇轍的《古史》曰:

> 《古史》中多有好處。如論《莊子》三、四篇譏議夫子處,以爲決
> 非莊子之書,乃是後人截斷《莊子》本文攙入,此其考據甚精密。
> 由今觀之,《莊子》此數篇亦甚鄙俚。(《朱子語類》(八)卷一三九,
> 頁 3312。)

蘇轍在《古史》一書中,曾提及《莊子》書中譏議孔子的數篇皆非莊子所作,而是後人摻雜而成。朱熹對此稱許「考據甚精密」,是《古史》書中的佳處。甚至,朱熹更進一步提出自己的看法,其言「《莊子》此數篇亦甚鄙俚」。雖然朱熹未明言「此數篇」所指爲何,但與上文對照,其態度正自相矛盾。

朱熹爲學著重考據疑古,尤其對於經典幾乎到了字字斟酌的地步。對道家典籍亦不偏廢,其曾爲《老子》做過字句章節上的校辨(註1)、爲《周易參同契》作《考異》、辨《陰符經》及《麻衣易說》等,唯獨對於《莊子》一書,他卻是不加深究,每於緊要處含糊帶過,甚至對此歷來公案,未嘗提及隻字片語。朱熹以儒者的立場對莊子的部分內容加以讚賞,只是所舉的例證卻多是出外、雜篇的範圍,是否朱熹基本上否定郭象有關內、外、雜篇的分法?若以寬泛的角度而論,視《莊子》雜揉了老、孔思想,故「譏諷」孔子處當爲後人所僞,則〈漁父〉篇中的思想可否作爲莊子「理會」孔子的例證呢?對此,朱熹皆未明言,然其在〈答滕德粹〉一文中曾云:

> 示喻讀《莊周》書,泛觀無害,但不必深留意耳。……向來相聚,
> 見德粹似於此理見得未甚端的,且尚不能無疑於釋子之論。今若更

〔註1〕 朱熹對《老子》的校辨,包括字句上,如〈答程泰之〉(《朱熹集》(三)卷三十七,頁 1670。);斷句上,如《朱子語類》卷 125 及內容上,有關老聃是否爲老子的爭議等。

以莊周之說助之，恐爲所漂蕩而無以自立也。(《朱熹集》(四) 卷四
十九〈答滕德粹〉，頁 2391。)

「泛觀無害，但不必深留意耳」是朱熹對《莊子》一書的基本態度，因爲莊
子與釋氏終爲異端之學，故教人不必深留意之。或可推論，因《老子》一書
弊端較《莊子》甚，爲害更大，因此朱熹也就較多留意於此書；相較之下，《莊
子》的危害較輕，許多疑點也就輕易忽略。如此，則朱熹對道家經典的校釋，
最終仍著重在指陳弊端攘斥異學的目的上。

主要參考書目

一、古　籍

1. 〔宋〕朱熹：《朱子語類》（臺北：文津出版社，1986 年）。
2. 〔宋〕朱熹：《朱子文集》（臺北：允晨出版社，1999 年）。
3. 〔宋〕朱熹：《朱熹集》（北京：四川教育出版社，1996 年）。
4. 〔宋〕朱熹：《近思錄》（臺北：臺灣商務印書館，1991 年）。
5. 〔宋〕朱熹：《楚辭集注》（臺北：文津出版社，1987 年）。
6. 〔宋〕朱熹：《四書或問》，收於《景印文淵閣四庫全書》（臺北：臺灣商務印書館，1984 年）。
7. 〔宋〕朱熹：《雜學辨》，收於《景印文淵閣四庫全書》（臺北：臺灣商務印書館，1984 年）。
8. 〔宋〕朱熹：《周易參同契考異》，收於《景印文淵閣四庫全書》（臺北：臺灣商務印書館，1984 年）。
9. 〔宋〕朱熹：《陰符經考異》，收於《景印文淵閣四庫全書》（臺北：臺灣商務印書館，1984 年）。
10. 〔唐〕韓愈：《韓昌黎集》（臺北：河洛圖書出版社，1975 年 3 月臺 1 版）。
11. 〔宋〕程顥、程頤：《二程集》（臺北：漢京文化事業有限公司，1983 年）。
12. 〔宋〕朱熹：《二程子語錄》（臺北：廣文書局，1987 年）。
13. 〔宋〕張載：《張載集》（臺北：漢京文化事業公司，1983 年）。
14. 〔宋〕邵雍：《皇極經世書》（臺北：廣文書局，1988 年）。
15. 〔宋〕陸九淵：《象山全集》（臺北：臺灣中華書局，1987 年）。
16. 〔宋〕陸九淵：《陸九淵集》（臺北：里仁書局，1981 年）。

17. 〔元〕脫脫:《宋史》(臺北:鼎文書局,1978年)。

18. 〔明〕曹端:《太極圖說述解》,收於《景印文淵閣四庫全書》(臺北:臺灣商務印書館,1984年)。

19. 〔清〕紀昀等:《四庫全書總目提要》(臺北:藝文印書館,1979年2月臺8版)。

20. 《十三經注疏》(臺北:藝文印書館,1989年1月11版)。

21. 〔清〕黃宗羲原著·全祖望補修:《宋元學案》(臺北:華世出版社,1987年9月臺1版)。

22. 樓宇烈:《王弼集校釋》(臺北:華正書局,1992年12月初版)。

23. 郭慶藩:《莊子集釋》(臺北:華正書局,1994年8月)。

24. 楊伯峻:《列子集釋》(臺北:華正書局,1987年9月初版)。

二、專 著 (依作者姓名筆畫排序)

1. 方東美:《原始儒家道家思想》(臺北:黎明文化事業公司,1985年11月二版)。

2. 王明:《道家和道教思想研究》(北京:中國社會科學出版社,1984年6月一版)。

3. 王淮:《老子探義》(臺北:臺灣商務印書館,1990年12月九版)。

4. 王瑞明、張全明:《朱熹集導讀》(四川:巴蜀書社,1992年6月一版)。

5. 王懋竑:《宋朱子年譜》(臺北:臺灣商務印書館,1987年8月二版)。

6. 中國哲學史學會、浙江省社會科學研究所編:《論宋明理學》宋明理學討論會論文集(浙江:浙江人民出版社,1983年10月一版)。

7. 田浩:《朱熹的思維世界》(臺北:允晨文化公司,1996年5月一版)。

8. 朱子學刊編輯部:《朱子學刊》(總第二輯)(福建:福建人民出版社,1990年10月一版)。

9. 朱子學刊編輯部:《朱子學刊》(總第四輯)(福建:福建人民出版社,1991年11月一版)。

10. 朱子學刊編輯部:《朱子學刊》(總第五輯)(福建:福建人民出版社,1993年11月一版)。

11. 牟宗三:《心體與性體》(臺北:正中書局,1968年5月一版)。

12. 吳光:《儒道論述》(臺北:東大出版社,1994年6月一版)。

13. 吳以寧:《朱熹及宋元明理學研究資料》(北京:國際文化出版公司,1990年6月一版)。

14. 林慶彰:《朱子學研究書目》(臺北:文津出版社,1992年5月一版)。

15. 周予同:《周予同經學史論著選集》(上海:上海人民出版社,1996 年 7 月二版)。

16. 周紹賢:《道家與神仙》(臺北:臺灣中華書局,1987 年 3 月四版)。

17. 金中樞:《宋代學術思想研究》(臺北:幼獅文化事業公司,1998 年 3 月一版)。

18. 金春峰:《朱熹哲學思想》(臺北:東大圖書公司,1998 年 5 月一版)。

19. 范壽康:《朱子及其哲學》(臺北:臺灣開明書店,1995 年 2 月三版)。

20. 胡遠濬:《莊子詮詁》(臺北:臺灣商務印書館,1980 年 12 月二版)。

21. 姜廣輝:《理學與中國文化》(上海:上海人民出版社,1994 年 6 月一版)。

22. 唐君毅:《中國哲學原論‧原道篇》(臺北:臺灣學生書局,1986 年 10 月校訂版)。

23. 唐君毅:《中國哲學原論‧導論篇》(臺北:臺灣學生書局,1986 年 9 月校訂版)。

24. 徐洪興:《思想的轉型——理學發生過程研究》(上海:人民出版社,1996 年 12 月一版)。

25. 徐復觀:《中國思想史論集》(臺北:臺灣學生書局,1959 年 10 月一版)。

26. 卿希泰主編:《中國道教史》(四川:四川人民出版社,1992 年 7 月一版)。

27. 張立文:《朱熹思想研究》(臺北:谷風出版社,1986 年 10 月一版)。

28. 張立文:《宋明理學研究》(北京:中國人民大學出版社,1985 年 7 月一版)。

29. 張立文:《宋明理學邏輯結構的演化》(臺北:萬卷樓圖書有限公司,1993 年 1 月一版)。

30. 張克文:《道》(北京:中國人民大學出版社,1989 年 3 月一版)。

31. 陳來:《朱熹哲學研究》(北京:中國社會科學出版社,1993 年 3 月一版)。

32. 陳正夫、何植靖:《朱熹評傳》(江西:江西人民出版社,1984 年 12 月一版)。

33. 陳榮捷:《朱子門人》(臺北:臺灣學生書局,1982 年 3 月一版)。

34. 陳榮捷:《朱子新探索》(臺北:臺灣學生書局,1988 年 4 月一版)。

35. 陳榮捷:《朱學論集》(臺北:臺灣學生書局,1988 年 4 月二版)。

36. 陳榮捷:《朱熹》(臺北:東大圖書公司,1990 年 2 月一版)。

37. 陳榮捷:《宋明理學之概念與歷史》(臺北:中研院文哲所籌備處,1996 年 6 月一版)。

38. 陳榮捷:《近思錄詳註集評》(臺北:臺灣學生書局,1992 年 8 月一版)。

39. 陳榮捷:《新儒學論集》(臺北:中研院文哲所籌備處,1995 年 4 月一版)。

40. 陳鼓應：《老子今註今譯》（臺北：臺灣商務印書館，1991 年 5 月十四版）。

41. 陳鼓應：《老莊新論》（臺北：五南圖書出版公司，1993 年 3 月一版）。

42. 陳鼓應：《易傳與道家思想》（臺北：臺灣商務印書館，1994 年 9 月一版）。

43. 陳鼓應編：《道家文化研究》第六輯（上海：上海古籍出版社，1995 年 6 月一版）。

44. 曾春海：《晦庵易學探微》（臺北：輔仁大學出版社，1983 年 5 月一版）。

45. 曾春海：《陸象山》（臺北：東大圖書公司，1988 年 7 月一版）。

46. 晨曦：《道家思想文化》（臺北：中華民國宗教哲學研究社，1994 年 3 月一版）。

47. 楊素寰：《黃帝陰符經譯注》（北京：軍事科學出版社，1994 年 8 月一版）。

48. 葛兆光：《道教與中國文化》（臺北：臺灣東華書局，1989 年 12 月一版）。

49. 董玉整：《中國理學大辭典》（廣州：暨南大學出版社，1995 年 12 月一版）。

50. 鄔永賢：《朱熹思想叢論》（福建：廈門大學出版社，1993 年 1 月一版）。

51. 鄧克銘：《宋代理概念之開展》（臺北：文津出版社，1993 年 6 月一版）。

52. 蔣義斌：《宋代儒釋調和論及排佛論之演變》（臺北：臺灣商務印書館，1988 年 8 月一版）。

53. 劉述先：《朱子哲學思想的發展與完成》（臺北：臺灣學生書局，1995 年 8 月三版）。

54. 劉國樑：《新譯周易參同契》（臺北：三民書局，1999 年 11 月一版）。

55. 劉樹勛：《閩學源流》（福建：福建教育出版社，1993 年 12 月一版）。

56. 錢穆：《朱子新學案》（臺灣：三民書局，1989 年 11 月三版）。

57. 鍾彩鈞：《國際朱子學會議論文集》（臺北：中央研究院中國文哲研究所籌備處，1993 年 5 月一版）。

58. 蕭登福：《黃帝陰符經今註今譯》（臺北：文津出版社，1996 年 12 月一版）。

59. 龔鵬程：《道教新論》（臺北：臺灣學生書局，1991 年 8 月一版）。

三、期刊論文（依作者姓名筆畫排序）

1. 朱日耀：〈略論程朱理學之援佛入儒〉，《論宋明理學》宋明理學討論會論文集（1983 年 10 月）。

2. 朱漢民：〈朱熹本體論的時空關係〉，《中國文化月刊》146 期（1991 年 12 月）。

3. 汪學群：〈論錢穆朱子學〉，《中國文化月刊》187 期（1995 年 5 月）。

4. 余明光、譚建輝：〈黃老學術向黃老道教之轉變〉，《湘潭大學學報（哲學社會科學版）》第十九卷第 5 期總號第 70 期（1995 年 10 月）。

5. 沈享民：〈批判檢視朱熹對老子哲學的理解——對陳榮捷的詮釋的一個考察〉，《東吳哲學學報》21 期（2010 年 2 月）。

6. 姚瀛艇：〈試論理學的形成〉，《論宋明理學》宋明理學討論會論文集（1983 年 10 月）。

7. 黃廣琴：〈朱熹的理學與道家、道教的關係〉，《湘潭大學學報社會科學版》第 3 期總號第 40 期（1988 年 7 月）。

8. 黃瑩暖：〈朱熹的鬼神觀〉，《國文學報》29 期（2000 年 6 月）。

9. 黃瑩暖：〈朱子理解佛教「性空」義的檢視〉，《國文學報》30 期（2001 年 6 月）。

10. 陳德和：〈淮南道家與黃老道家的對比性考察——《淮南子》性格的再標定〉，《鵝湖月刊》第 25 卷第 2 期總號第 290（1997 年 4 月）。

11. 曾春海：〈朱熹理學與佛學之交涉〉，《哲學與文化》26 卷第 9 期（1999 年 9 月）。

12. 漆俠：〈宋學的發展和演變〉，《文史哲》（1995 年 1 月）。

13. 劉仲宇：〈道教影響下的朱熹〉，《中州學刊》第 1 期總號第 43 期（1988 年 1 月）。

14. 陸建華、孫以楷：〈朱熹視界中的老子〉，《哲學與文化》30 卷 10 期總號 353（2003 年 10 月）。

15. 簡光明：〈莊子思想源於田子方說辨析〉，《鵝湖月刊》第 19 卷第 10 期總號第 226（1994 年 4 月）。

16. 詹石窗：〈論朱熹對道教的影響〉，《福建師範大學學報哲學社會科學版》第 1 期（1989 年 1 月）。